습관의 지배자
행복의 포로

습관의 지배자 행복의 포로

ⓒ장인수 Printed in Seoul

초판발행 2012년10월 26일 2쇄 2014년 5월 14일 지은이 장인수 발행인 박찬
우 편집인 우현 디자인 박은후,강주영 펴낸곳 파랑새미디어 등록번호 제313-
2006-000085호 주소 서울특별시 마포구 서교동 357-1서교프라자 318 전화
02-333-8311 팩스 02-333-8326 메일 thebbm@korea.com 가격 25,000
원 ISBN 978-89-93693-72-0 03040

습관의 지배자
행복의 포로

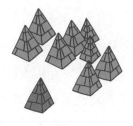

• 장인수 지음 •

파랑새미디어

머리말

저는 20여 년간 신고리원자력 건설현장과 KEDO원자력건설현장, 영흥화력발전소 건설현장 등 일선산업현장에서 안전관리업무를 수행하면서 근무자들의 안전의식을 높이기 위한 교육 자료를 다양하게 작성하여 활용해왔습니다.

물론 예전과 달리 지금은 각 분야별 안전보건에 대한 정보가 안전 관계기관의 홈페이지에 다양하게 구비되어 있습니다. 하지만 안전정보의 홍수 속에서도 안전의식을 높일 수 있는 구체적이고 실용적인 교육 자료가 미비하여 안전기술과 관련 정보를 무미건조한 일방적 전달방식으로 안전교육을 실시하는 현장이 아직도 많은 실정입니다.

그 결과 안전수칙이나 작업방법을 몰라서 재해를 당한 경우보다는 실천의지가 부족하여 알면서도 지키지 않았기 때문에 재해를 당하여 막대한 재산을 잃거나 소중한 생명을 잃는 경우가 많았습니다.

이제 재해를 줄이기 위해서는 안전정보와 기술을 단순 전달하는데 그치지 않고, 안전도 우리 삶의 일부분인 만큼 국민 모두가 실생활에서 스스로 안전을 지킬 수 있도록 생생하게 체득해야 할 것입니다.

왜냐하면 안전 문제는 알고 보면 개인사를 넘어서 가정과 한 나라의 역사를 바꿔놓기도 하기 때문입니다. 그러므로 안전관리의 최종 주체인 개인 스스로 안전에 대한 인식이 전환된다면 재해는 현저하게 줄 것임을 확신합니다. 하지만 몸에 익은 나쁜 습관이나 행동을 변화시키기는 쉽지 않습니다.

오랫동안 자리매김하고 있던 생각과 인식을 바꿔야 하기 때문입니다. 그래서 오랜 망설임 끝에 그동안 활용했던 교육 자료와 경험을 기록한 메모를 토대로 한 권의 책을 출판하여 보기로 했습니다.

제가 용기를 낼 수 있었던 것은 저의 책을 보고 한 사람이라도 생명을 구하는데 도움이 된다면 기꺼이 부끄러움을 감수할 가치가 있다고 생각했기 때문입니다.

이 책은 단지 기업이나 산업현장의 안전 문제만이 아니고 개인이나 가정생활에서도 안전을 중시하고 신중한 대비를 해야 행복한 나날을 보낼 수 있다는 메시지를 담았습니다.

그래서 책의 품격을 높이기 위하여 고상한 단어나 난해한 문장을 나열하는 어설픈 시도를 하기보다는 모든 분들이 편안하게 읽고 공감할 수 있도록 일상생활과 산업현장에서 일어난 잘 알려지지 않은 실화와 사례를 바탕으로 내용을 엮었습니다.

이 책은 지난 20여 년간 많은 사람들이 저에게 교육을 이수한 후 안전의식과 근무태도에 긍정적 변화를 준 내용을 골라 담았으므로 가정이나 산업현장에서 언제 닥칠지 모르는 불행한 사고를 예방하는데 도움이 될 것으로 생각됩니다.

아무쪼록 이 책이 여러분 가정과 직장에서 건강과 행복을 지키는데 도움이 되시기를 희망합니다.

차 례

PART 7. 생각을 바꾸면 성공이 보인다

Part 1.

세상을 보는 눈의 차이가
경쟁력의 차이다

어느 폭격기 승무원의 구사일생

적기와 교전 중
비행기 밖으로 튕겨 나갔으나…

2차 대전 말기 미군의 주력 폭격기는 B29였다.

조종사, 부조종사, 항법사, 기총사수 등 10~14명의 승무원이 탑승하는 이 폭격기가 폭탄을 탑재하면 속도가 느려져 적 전투기의 주요 공격대상이 될 수밖에 없었다.

적기는 구름 속에 숨어 있다가 이 중무장 폭격기를 뒤에서 공격하기 일쑤였다. 그래서 폭격기는 측면과 후미에 기관총을 장착하여 적 전투기의 기습공격에 대비했다.

어느 날 폭격기 후미의 기관총 사수는 적진을 향하면서 생각에 잠겼다.

－이 비행기가 무사히 돌아와 착륙할 수 있을까?

－적기가 구름 속에 숨어 있다 뒤에서 갑자기 공격하면 내가 가장 먼저 죽게 될 거야.

–언제 나타날지도 모르는 적기의 총알이 나를 향해 정면으로 날아오면 어쩔 수 없는 일이야.

–또 저놈들이 집중 사격을 하면 내 주변에 큰 구멍이 뚫릴지도 모를 일이야. 만약 이런 일이 벌어진다면 기압 차이로 내 몸은 순식간에 밖으로 쓸려 나가버릴 수도 있겠어. 그렇게 된다면 나는 기체 밖으로 쓸려나가서 꼼짝없이 죽는 거야.

–쳇, 총에 맞아도 죽고, 기체에 구멍이 뚫려도 죽을 판이군. 무슨 수를 쓰긴 써야겠는데…… 살아날 방법이 없을까?

그는 곰곰이 생각한 끝에 이런 아이디어를 떠올렸다. 즉 동체 천장의 철제 구조물에 밧줄을 건 다음 자신의 허리를 묶는 것이다.

–자, 이 정도면 기체에 구멍이 뚫려도 별 일 없을 거야. 설사 내가 죽더라도 비행기만 무사히 귀환한다면 고향에 묻힐 수 있겠지.

그는 그 후로 기관총좌에 앉기만 하면 천장에 고정한 밧줄에 자신을 묶는 작업을 잊지 않았다. 어느 날 적기의 맹렬한 공격이 시작되었다. 그리고 그가 염려하던 일이 실제로 일어나고 말았다.

적기의 총알이 날아들어 자신의 옆에 꽤 큼지막한 구멍이 뚫린 것이다. 기내 공기가 급격하게 빠져 나가면서 그의 몸뚱이도 기체 밖으로 순식간에 휩쓸려 나가는 게 아닌가. 하지만 그는 공중 추락하지 않고 로프에 묶인 채 기체 밖으로 대롱대롱 매달렸다. 그 결과 비행중인 기체의 추진력에 의해 몸이 뒤로 젖힌 채 머리가 계속 동체에 부딪쳤다. 그러나 B29는 다행히 격추되지는 않아 기지로 귀환하면서 그도 무사히 땅을 밟을 수 있었다.

이 비행 과정에서 머리에 찰과상을 입은 그는 이렇게 투덜거렸다.

- 로프를 너무 길게 묶는 바람에 괜한 고생했네. 다음 출격 때는 로프를 좀 더 짧게 묶어야겠어!

아무튼 생사가 불투명한 전쟁터에서도 잠재적 위험요인을 찾아내고 대처함으로써 극적으로 생환한 것이다.

전투기나 폭격기 편대가 이륙하면 착륙할 때까지 후면에 설치된 고성능 카메라가 작동하게 된다. 특히 적지에 투입되면 이 카메라는 전후좌우로 정밀 촬영하게 된다.

적지에 대한 정보수집이 주목적이지만, 목표물에 대한 폭격 성과나 적 전투기 격추 여부에 대한 객관적 증거를 확보하기 위한 것이기도 했다.

B-29폭격기 뒤쪽 배면에 매달린 채 기적적으로 생환한 기관총수의 일화는 당시 작전에 함께 참여한 또 다른 미군 폭격기가 촬영한 사진에 의해 널리 알려지게 되었다.

성주와 포도주

화합주 포도주통에는
비양심 맹물만 가득

중세시대 영국의 한 지방에서 있었던 일이라고 한다.

어느 날 성주가 곧 돌아올 자신의 생일에 고을 백성들과 큰 잔치를 벌이기로 하였다. 성주는 소리쳤다.

"음식은 성주인 내가 준비하고 백성들은 집에서 담근 포도주를 가져와 잔치를 열리라!"

이윽고 약속된 날에 백성들이 포도주를 들고 성 안으로 모였다. 자신의 생일을 축하하려 모여든 백성들을 보고 한껏 기분이 들뜬 성주는 큰소리로 외쳤다.

"저기 준비된 커다란 오크통에 각자가 가지고 온 포도주를 모두 부어라. 온 백성이 하나가 되는 화합의 잔치를 열리라!"

백성들은 각자가 가지고 온 포도주를 오크통에 부었고, 성주는 준비해둔 푸짐한 안주를 내놓았다.

　잠시 후 오크통 속의 포도주가 술잔에 담겨지고 있었다. 그런데 술잔에는 붉고 향기로운 포도주가 아니고 맹물이 채워지고 있는 게 아닌가?

　의아해서 맛을 본 성주는 깊은 한숨을 쉬며 말했다.

　"맛있는 포도주가 채워져야 할 술잔에 웬 물이 담겨 있단 말인가?"

　하지만 모두 고개를 숙이고 있을 뿐 성주의 질문에 대답을 하는 백성은 나타나지 않았다. 그곳의 모든 백성들이 자신의 포도주 한 병을 아끼기 위해서 이렇게 잔머리를 굴렸던 것이다.

　－ 이 많은 사람들이 포도주를 한 병씩 붓는데, 나 하나쯤 맹물 한 병을 부어봤자 아무도 모를 거야.

　그러나 이러한 생각의 결과는 오크통 전체가 맹물이 되는 결과를 낳았다. 성주는 좌우를 둘러보며 말했다.

　"어리석은 백성들이여, 포도주 한 병에 양심을 속인단 말이냐? 신하들이여, 명심하라. 사람 마음을 알기가 이토록 어렵느니라."

결국은 '나 하나쯤이야 괜찮겠지' 하는 생각으로 너도나도 포도주 대신 물을 채워 넣은 비양심적인 심보 때문에 즐거워야 할 잔치 분위기를 망치고 자신들의 속마음을 모두에게 들킴으로써 서로 불신을 확인한 자리가 된 것이다.

사람이 많이 모이는 곳에는 규칙을 지키지 않는 사람들이 더러 있다. 대부분 법을 준수하고 남을 배려하지만 몇 사람의 이기적인 행동이 많은 사람들의 눈살을 찌푸리게 하곤 한다.

산업현장에서도 근무자 대부분은 안전규정을 지키려고 노력하지만 몇 명의 비협조자가 안전 분위기를 망친다. 이런 부류의 사람들은 대체로 안전뿐만 아니라 근무태도도 불성실하다.

안전교육이나 회사 행사에도 갖은 핑계를 대며 참석하지 않으려한다. 이런 사람들이야말로 사고를 당할 확률이 높기 마련이다.

불행을 겪지 않으려면 '나 하나쯤이야'를 '나부터 해야지'로 의식을 바꿔야 한다.

사자 앞에 선 두 친구

신발 끈을 고쳐 묶은 친구 曰
"너보다 빨리 뛰면 돼"

미국의 두 사업가가 아프리카로 사파리 여행을 갔다. 그들은 멋진 하루를 보내고 초원 위의 텐트에서 저녁 식사를 즐기며 우정을 다졌다.

식사를 마친 그들은 간편한 복장으로 붉게 물든 석양의 아름다움을 보며 산책을 하고 있었다. 그런데 저만치에서 사자 한 마리가 어슬렁거리며 다가오고 있는 게 아닌가!

그들은 엽총이 있는 텐트를 뒤돌아봤으나 너무 멀리 왔음을 깨달았다.

둘은 당황한 나머지 '이제 꼼짝없이 죽게 되었다'는 깊은 절망감으로 자리에 털썩 주저앉고 말았다. 한 사람은 점점 다가오는 사자를 보며 공포심을 견디지 못해 부들부들 떨고 있는데, 다른 한 사람은 느슨한 신발 끈을 고쳐 메고 있었다.

이때 점점 다가오는 사자를 보며 몸 둘 바를 모르던 친구가 외쳤다.

"이 친구야, 사자가 저기 오는데 신발 끈을 묶으면 뭐해?"

그러나 그 친구는 못 들은 체하며 신발 끈을 단단히 묶었다. 이윽고 신발을 고쳐 신고 일어선 친구가 잔뜩 웅크리고 바들바들 떨고 있는 친구를 내려다보며 말했다.

"음, 그게 말이야…… 신발을 고쳐 신은 이유는 자네보다 빨리 뛰기 위해서지."

그 후 어떤 일이 있었는지는 모른다.

그러나 죽음의 공포를 벗어나지 못하고 한숨만 쉬고 있었던 사람보다 운동화 끈을 고쳐 맸던 사람이 살아났을 확률이 매우 높다고 생각한다.

이 이야기는 누군가 경쟁력의 중요성을 일깨워주려고 지어낸 이야기일 수도 있다. 하지만 현대인들은 치열한 경쟁 속에서 살고 있다는 것은 분명한 사실이다.

비정한 것 같지만 자본주의 사회란 게 그렇다.

능력이 곧 경쟁력인 것이다.

어떤 분야에서든 능력 있는 사람들은 풍요로움과 행복을 누리면서 살지만 경쟁력이 떨어지는 사람들은 본인이 원치 않는 삶을 강요당하면서 살 수밖에 없다.

정도가 심한 사람들은 국가가 베푸는 최소한의 복지에 의존하며 하루하루를 연명하기도 한다. 그런데 우리 주변에는 유능했던 사람들이 각종 사고를 당하여 불편한 몸으로 고통스럽게 사는 경우도 많다.

한때는 유능한 사람이었지만 장애를 입으면 경제적인 어려움을 수반하기 마련이다. 우리는 장애인에 대한 편견의 벽이 높은 나라에 산다는 사실을 잊곤 한다.

요즈음 같은 심각한 취업난 시대에는 뛰어난 기술과 지식이 있어도 장애인이라면 취업이 어려운 게 현실이다. 탁월한 능력을 갖고 있을지라도 일부 기업이나 사회의 편견 때문에 자신의 실력을 발휘할 기회가 좀처럼 주어지지 않는다.

신체 건강한 정상인들에게 상대적인 경쟁력에서 밀리는 것이다.

기업주들의 몰인정함에 화가 날지도 모르겠다. 하지만 기업은 이윤을 추구하는 집단이지 자선사업단체가 아니다.

우리들의 기대와는 달리 현실은 얼음처럼 차갑다는 사실을 인정해야 한다. 국가에서도 공공기관과 기업에게 장애인 고용의무비율을 법제화하여 고용을 촉진하고 있지만 크게 효과가 없어 보인다.

솔선수범해야 할 공공기관도 고용의무비율을 지키지 않으며 이윤추구를 위한 기업들도 몇 백억 원의 벌금을 내면서까지 장애인을 채용하지 않고 있는 게 현실이다. 건강이란 자신의 일을 수행하는데 지장을 받지 않는 상태라고 말할 수 있다.

그렇다면 컴퓨터를 활용하여 업무를 보는 직업이라면 다리가 불편한 장애는 별 문제가 없다. 그러나 공공기관이나 기업은 사정을 봐주지 않는다. 그래서 육체노동자와 정신노동자도 건강한 신체는 경쟁력 유지의 필수조건이다.

그러나 안타깝게도 산업 현장이나 가정과 도로에서 불행한 사고가 계속 일어나고 있다.

문제는 대부분이 안전에 대한 무관심에서 오는 사소한 부주의로 빚어진 일이라는 얘기다.

우리는 생명과 직결된 안전에 대해 좀 더 진지하게 생각해야 한다. 생업에 종사할 수 있도록 몸이 건강한 것에 대해서 감사한 마음과 함께 자신과 가족에게 고통을 안겨주는 사고는 당하지 말아야겠다는 인식이 필요하다.

능력이 부족하면 열심히 노력하여 부족함을 채우면서 훌륭한 사회 구성원이 될 수 있다. 그러나 생명을 잃거나 심각한 장애를 입는다면 갖고 있는 능력마저도 발휘 할 기회가 사라지기 때문이다.

개인의 행복은 물론 국가를 위해서도 건강을 유지하는 것만큼 가치 있는 일은 없다.

빛의 무서움

고대의 노예,
포로보다 빚쟁이가 더 많았다

고대 도시 바빌로니아를 둘러싼 거대한 성벽은 높이가 50
미터, 길이가 18킬로미터, 넓이가 말 여섯 마리가 나란히 달
릴 수 있는 큰 규모의 성이었다.

이처럼 거대한 성을 축조한 사람들은 누구였을까? 물론 수
많은 노예들이다.

뜨거운 태양 아래에서 무거운 벽돌을 나르던 노예들의 생
존 기간은 3년이 채 되지 않았다고 한다.

일단 노예가 되면 열 명 중 아홉 명은 현장에서 죽어갔다.
노예들이 지쳐 쓰러지면 채찍을 휘둘렀고 그래도 일어나지
않으면 성 위에서 떨어뜨리고 작업을 강행했다.

고대 7대 불가사의의 하나로 여겨지는 바빌로니아 성은 그
렇게 축조되었다.

한 가지 흥미로운 점은 성 축조에 동원된 노예들 중 전쟁포로는 예상 외로 많지 않았다는 것이다.

동원된 인력의 2/3가 빚 때문에 자유를 잃어버린 바빌로니아인들이었다.

그들은 중죄인도 아니고 단지 빚 때문에 노예와 똑같이 비참하게 최후를 마친 것이다. 이처럼 옛날이나 지금이나 경제적 어려움은 인생의 영역을 그늘지게 한다.

사람들이 돈 관리에 실패하는 이유는 두 가지가 있다고 본다. 예상치 못한 불행으로 경제적인 곤궁에 빠지는 경우와 다른 하나는 눈앞의 기쁨을 위해 대책 없이 남의 돈을 차용하는 경우다.

요즈음 신용카드의 과도한 사용으로 각종 범죄와 가정파탄 등 사회적으로 문제가 야기되고 있다.

결국 그들은 빚 때문에 바빌로니아 성 축조에 강제 동원된 사람들처럼 파멸의 늪에 빠지는 것이다.

그들이 적은 돈이라고 별 생각 없이 쓰는 것과 산업현장에서 숙련 작업자들이 딴 생각을 하면서 작업을 하는 것은 사실 다를 바 없다. 둘 다 신중하게 생각하지 않다가 돈의 노예가 되거나 대형 사고를 당하기 때문이다.

때때로 산업현장에서 상식으로는 도저히 이해가 안 되는 사고가 발생하기도 한다. 정상인이라면 도저히 할 수 없는 엉뚱한 행동으로 생명을 잃는 것이다.

누구나 큰 근심거리가 있다면 자나 깨나 머리에 맴돌며 괴롭힐 것이다.

그래서 근심걱정을 하느라 의식은 전혀 다른 곳에 두고 습관적인 동작만으로 작업을 하는데서 불행이 초래된다.

어느 용접작업자가 산소 절단기를 사용하여 철판을 절단하고 있었는데 철판 위에 있던 산소고압호스도 함께 절단하면서 고압산소통이 폭발하면서 목숨을 잃은 사고가 있었다.

용접작업자라면 산소절단기의 위험성을 누구보다도 잘 알 터인데도 어처구니없는 사고로 목숨을 잃은 것이다.

왜 그런 사고가 일어났을까?

그가 숙련공이 아니고 초보자였다면 결코 그런 일은 일어나지 않는다. 초보자는 작업환경이나 일에 익숙하지 않기 때문에 최대한 긴장하고 조심스럽게 절단작업을 했을 것이기 때문이다.

하지만 산소절단기가 몸에 밴 숙련공은 일에 집중하지 않고 집안걱정이나 딴 생각을 하면서 작업을 하기 때문에 어이없는 사고가 발생하는 것이다.

사고를 수습하기위해 유족과 대화를 하다보면 빚 문제 때문에 부부갈등이 심한 경우가 많았음이 이를 뒷받침한다.

어떤 사람은 고공에서 자기가 딛고 있는 작업발판을 절단하여 추락사한 경우도 있다. 어이없는 사고지만, 웃을 수만도 없는 노릇이다.

아무리 숙련공일지라도 의식이 다른 곳에 있다면 어린아이와 다를 바 없다.

결국 상당수의 중대재해는 과도한 빚에서 비롯됐다고 해도 무리는 아니다.

이것이 바로 유능한 숙련자가 사고를 당하는 주된 이유다.

사람이 돈을 지배해야지 돈이 사람을 구속하도록 해서는 안 된다. 그래서 빚을 얻거나 돈을 쓸 때는 신중히 생각해야 할 일이다. 돈 관리를 잘못하거나 분수에 넘치는 행동을 하면 결국 돈의 노예가 되고 그 때문에 불행해진다. 숙련 작업자들도 마땅히 이러한 돈 관리처럼 신중하게 작업을 해야 불행한 사고로부터 자신을 지킬 수 있다.

출선의 정신

뱃머리가 모두 바다로 향한 정박선들

1998년 여름에 일본과 한국에 집중호우를 동반한 대형태풍이 동시에 몰아닥쳤다. 시간 단위당 강수량도 비슷했다.

당시 지리산 뱀사골에 놀러갔던 야영객 600여 명이 실종되어 사회적 문제가 되었었다. 야영객 가운데 불과 몇 사람만이 구조되었을 뿐이다.

이와 반면에 일본의 경우는 이웃마을에 다녀오던 할머니 2명만이 강풍에 휩쓸려 실종되는 변을 당하는 정도였다.

우리보다 인구가 많고 면적도 넓은 일본의 태풍 인명피해가 오히려 적었던 이유가 뭘까?

일본인의 의식 속에는 '출선의 정신'이 있다.

그들은 항구에 배를 정박시킬 때 항상 뱃머리를 바다를 향하도록 한다.

바다에 일이 있을 때 신속하고 안전하게 바다로 나갈 수 있도록 미리 준비하는 것이다.

그들 의식을 지배하고 있는 출선의 정신은 비단 배뿐만 아니라 사회 구석구석 실생활에 적용되고 있다.

일본 식당을 몇 군데 가봤다.

그들은 식당에 들어서면서 스스로 신발 코를 밖을 향해 돌려놓고 들어가는 모습을 볼 수 있었다.

나는 평상시처럼 신발을 벗고 그냥 들어갔다가 나와 보니 신발 코가 돌려져 있었다.

식사를 마치고 나가는 손님의 편의를 위한 배려이겠지만, 만약 화재나 예기치 못한 일이 일어났을 때 신속하게 대피하라는 출선의 정신을 엿볼 수 있었다.

필자가 들렀던 식당에서도 신발 코가 밖을 향해 정돈된 모습을 볼 수 있었다.

지진이나 쓰나미 등 자연재해가 많아서인지 그들의 안전생활은 빈틈이 없어 보였다. 호텔에서 자체적으로 실시하는 소방훈련도 실제 상황처럼 이뤄지고 있었다.

오사카의 쇼핑몰에서 우연히 목격한 일이다.

한 노인이 갑자기 쓰러지자 주변에 있던 사람들이 우르르 달려가더니 한 사람은 인공호흡을 시키고 몇 사람은 몸을 주물러 주었다. 또 한 사람은 다급하게 전화를 했다.

아마도 119 구급대와 통화하는 것 같았다.

그들은 태풍이나 쓰나미 등에 대한 훈련에도 진지하게 동참하고 있었다.

쓰러진 노인에게 달려가 응급조치를 하는 행인들.
한 어린이가 걱정스런 표정으로 지켜보고 있다.

이렇듯 우리는 지리산 뱀사골에서 600여 명이 희생당할 때, 그들은 재난대비 경고방송을 진지하게 듣고 빈틈없이 이행하며 안전을 일상생활의 일부로 여기고 있었던 것이다.

그해 뱀사골은 계곡휴식년제를 실시 중이어서 야영은 물론 흐르는 물에 발조차 담글 수 없는 곳이었다. 그래서 다수의 사람들은 공원당국의 방침에 따라 오던 길을 되돌아갔다.

그러나 일부 휴가객들의 생각은 달랐다. 왜냐하면 그곳은 다른 곳보다 계곡물이 훨씬 깨끗하고 야영하는 사람도 적어 조용히 휴가를 보내기에 안성맞춤이었다.

그들에게 계곡휴식년제를 알리는 입산금지 안내간판은 안중에 없었다.

국립공원 직원들이 위험을 알리는 안내방송을 계속했지만 아무런 소용이 없었다. 일부 야영객들은 강제로 끌려 나올까봐 더 깊숙한 계곡으로 숨어들어가 공원 직원들을 피해 다녔다.

결국 우려했던 대로 게릴라성 폭우가 쏟아져 계곡에 있던 사람들이 휩쓸려간 것이다. 그들은 집중호우 때 집채만 한 급류가 순식간에 쏟아져 내려오는 계곡의 무서움을 몰랐다.

아내와 딸을 잃은 후에야 가족을 데리고 온 가장은 통한의 눈물을 쏟으며 탄식했다.

"야영금지구역 경고문을 보고도 무시한 내 탓에…."

원칙과 기본을 등한시 하고 관계자의 안전지시를 철저히 무시한 '나 하나쯤이야'라는 안이한 생각이 빚은 참극이다.

한편 항구에 정박한 우리의 배들은 지금도 여전히 뱃머리가 육상을 향하고 있다. 그래서 바다로 나갈 때는 시간을 지체하며 한참 후진했다가 바다로 나가고 있다.

남해안의 어느 해안도시에서 목격한 일이다.

항구에 정박한 경비정이 하루 종일 엔진을 가동시키고 있었다. 의아한 생각에 선실에 있는 관계자에게 물어봤다.

"왜, 하루 종일 시동을 켜고 있습니까?"

"긴급출동 대기 중입니다."

몇 초라도 빨리 출동하기 위해서 비싼 연료를 소모하고 있었지만, 뱃머리가 육상을 향하고 있는 것은 다른 어선과 마찬가지였다.

일본인에게 출선의 정신이 있다면 우리에게는 "유비무환"이라는 훌륭한 정신유산이 있다. 하지만 유비무환 정신은 개발도상국가시절을 거치면서 알게 모르게 멀어져 갔다.

그 결과가 2명과 600여 명의 인명피해의 차이로 나타난 것이다.

사람마다 인격의 높낮이가 있듯이 나라 간에도 국격이 있다.

후진국형 안전사고는 나라의 품위와 격을 떨어뜨리는 주요 요인이다.

이제는 조상들의 빛나는 정신유산이 더 이상 초라해지지 않도록 해야겠다.

모두가 '지킬 것은 지키고 해야 할 것은 빈틈없이 하는 것'이 유비무환 정신을 살리는 길이며 국가의 품격을 높이는 방법이 아닐까?

장충체육관

세계최고 기술력,
안전 때문에 불이익 감수?

70년대에 박치기가 주특기인 김일 선수가 장충체육관에서 일본선수나 거구의 미국 레슬러들과 벌이는 프로레슬링은 민족자긍심을 높이는 최고 인기스포츠였다.

그 당시 장충실내체육관은 실내스포츠의 요람이자 명물이었다.

우리나라 유일의 돔^{Dome} 형식으로 지어진 건물이었기 때문이다.

놀랍게도 이 건물은 필리핀 건설회사의 기술지원을 받았다고 한다,

중앙에 기둥이 없는 돔 형태의 건물을 지어본 경험이 없어 국제입찰에서 가장 저가입찰한 필리핀 건설회사가 맡았다.

그 당시 필리핀은 다방면에서 우리보다 나았던 것이다.

지금의 필리핀과 우리나라의 국력이나 건설 시공능력을 생각하면 격세지감을 느낀다.

현재 대한민국 건설회사의 시공능력과 기술은 세계최고라고 한다.

세계 건설시장에서 기술력이 부족해서 수주를 못하는 경우는 거의 없다.

우리만의 자화자찬이 아니다.

중동국가들과 싱가포르 등 대형 발주처들이 국제입찰을 하면서 우리 건설사들이 적극 참여하도록 권장한다는 사실이 이를 증명한다.

안타까운 것은 세계최고의 기술력에도 불구하고 안전부분은 미흡하다고 한다. 그래서 발주처는 구미의 일류 건설사를 공동도급사로 공사에 참여시킨다. 하지만 유럽이나 미국의 일류 건설회사가 공사에 기여하는 부분은 많지 않다.

시공능력이 우리만 못하기 때문이다.

단지 외국회사는 안전보건환경에 대한 이행과 모니터링이 뛰어나다는 이유 하나만으로 편하게 공사를 수주하고 공사비를 챙겨 간다.

왜 이처럼 자존심이 상하는 일이 일어나고 있을까?

외국의 발주처나 세계일류 건설회사와 우리의 안전의식 차이에서 비롯됐다고 본다.

그들은 시공능력을 따질 때 품질, 안전, 환경, 공사기간 준수 등을 꼽지만, 우리는 공기단축과 품질관리를 시공능력의 전부라고 생각하고 있기 때문이다.

결국 안전보건 분야가 우리 건설사들의 국제경쟁력을 좀먹고 있는 것이다.

우리가 안전보건환경을 보다 철저히 관리 감독하여 재해율을 낮춘다면 단독시공도 얼마든지 가능하다고 한다.

이제는 근로자의 피와 희생으로 공사기간(이하 '공기'라 한다)을 단축하려는 경영방식은 전근대적 방식이다. 수단방법 안 가리고 어떻게든 공기를 단축하여 원가를 절감하겠다는 비윤리적인 생각을 버려야 일류 건설회사로 거듭나는 계기가 될 것이다.

국내 건설시장은 갈수록 위축되는 추세다.

아파트는 미분양사태가 지속되고 있으며 도로 등 국가기반시설 발주도 줄고 있다. 이제 일감이 많은 해외로 눈을 돌려야 한다.

해외에서 더 많은 기회를 잡기 위해서는 하루빨리 안전보건환경 시스템을 활성화해야 한다. 경쟁력 확보를 위해서라도 더 이상 안전을 소홀히 해서는 안 된다.

부사장이 된 기계 수리공

나를 항상 지켜보는
그가 기회를 주는 사람

어느 공장에서 말단 수리공이 고장 난 기계를 수리하고 있었다. 때마침 서울 본사에서 회장이 내려와 공장을 돌아보게 되었다.

회장은 기계 수리공의 진지한 작업태도를 보고 몇 마디 물어볼 참으로 그의 어깨를 두드렸다. 하지만 그는 동료가 장난치는 줄 알고 고개도 돌리지 않고 대꾸했다.

–야, 장난하지 마. 기계가 고장 났단 말이야.

회장은 다시 그의 어깨를 두드렸다.
그는 여전히 고장이 난 기계에서 시선을 떼지 않은 채 신경질적으로 말했다.

-야 임마, 이 기계 빨리 고쳐야 한단 말이야. 지금 몇 사람이 대기하고 있는 줄 알아?

회장은 조용히 물러섰다. 하지만 강한 책임감으로 자신이 맡은 일에 집중하는 사람을 놓칠 리가 없다. 몇 년 후 그는 초고속 승진하여 생산책임자가 되었다.

그 자신도 능력과 경력에 맞지 않는 승진에 의아해 했지만 한가하게 이런저런 생각을 할 겨를이 없었다. 업무에 충실하다 보니 하루하루가 너무 짧았다.

그는 직급이 올라갈수록 탁월한 실적을 쌓아갔다.

훗날 그는 부사장 임명장까지 받게 되었다.

회장은 그때서야 그를 부사장에 발탁한 이유를 털어 놓았다고 한다.

"그날 자네의 어깨를 친 사람은 동료가 아니라 날세."

이처럼 누가 있건 없건 자신의 일에 충실하면 어떤 형태로든 보상을 받게 마련이다.

얼핏 생각하면 그가 성공의 기회를 우연하게 잡은 것 같지만, 사실은 필연적이다.

회사에 대한 마음가짐이나 일에 대한 책임감은 평소 그의 됨됨이와 동전의 양면처럼 궤를 같이하기 때문이다.

그는 회장의 눈에 띄기 전부터 회사에 대한 애착이나 인격이 남달랐던 것이다.

이처럼 직장인에게는 능력에 우선하여 마음가짐이 중요하다. 기술이나 업무능력은 배우면 되지만, 회사에 대한 마음가짐이나 주인의식은 좀처럼 형성되기가 쉽지 않기 때문이다.

우리 주변에는 사람이 있을 때와 없을 때의 행동이 달라지는 사람이 있다.

근무자 중에도 '눈치 보는 안전'을 하는 사람이 있다. 안전관계자가 나타날 때만 안전수칙을 지키는 척한다.

몰인정하지만 안전사고는 그런 사람을 분명하게 가려내 쫓아간다.

누가 보건 말건 맡은바 소임에 충실하면 건강과 행복이라는 보상을 받는다.

당신의 몸값은 얼마입니까?

자신의 몸을 말보다
못한 대우를 해서야…

요즈음 유명한 경주마들은 한 마리에 수십 억 원대에 거래
된다고 한다.

큰 경기에서 우승한 말은 가치가 치솟기 마련이어서 평범
한 애완동물과는 사육방법부터가 다르다. 정기적으로 건강검
진을 받으며 전문 관리사와 영양사의 세심한 보살핌을 받는
다. 비싼 몸값만큼 극진한 대우를 받는 것이다.

그런데 사람의 몸값은 얼마나 될까?

안전교육을 하면서 근무자들에게 물어봤다.

어떤 사람은 자신이 받는 하루 일당을 말하기도 하고 한 달
봉급이 내 몸값이라고 하기도 했다.

그래서 이렇게 말해줬다.

"자신의 몸값이 얼마인지 잘 모르시겠습니까?"

그렇다면 제가 현금 10억을 줄 테니 누구를 대신하여 죽어 달라고 한다면 죽어줄 수 있겠습니까? 만약 그렇다고 한다면 당신의 몸값은 10억입니다.

아니면 여기 현금 20억을 내놓고, '나 대신 죽어준다면 이 돈을 당신 가족에게 줄 테니 죽어주시오!' 한다면 그렇게 죽을 사람 있습니까?

아마도 없을 겁니다.

그럼 10억을 줄 테니 다리 한쪽을 절단할 수 있습니까?

어디든지 가고 싶은 대로 데려다 주는 소중한 신체의 일부분인 다리를 돈과 맞바꿀 수는 없을 겁니다.

무한한 창의력을 가진 우리의 머리를 세상에서 가장 성능이 좋은 컴퓨터와 바꾸겠습니까?

당신의 입은 어떻습니까?

단어 하나를 정확하게 발음하려면, 입 주변의 27개의 근육들이 순서에 의해서 정확하게 움직여야 하는 게 당신의 입입니다.

그 입술과 혀를 무엇과 바꿀 수 있겠습니까? 인간의 생명은 무엇과도 바꿀 수 없는 보물덩어리인 것입니다.

기껏 몇 십억밖에 안 되는 경주마도 그토록 정성을 들여 관리하는데, 아무리 많은 돈으로도 바꿀 수 없는 여러분 자신에 대한 관리는 어떻게 하고 계십니까?

자동차 운전을 할 때마다 시간이 촉박하다며 날아갈 듯 과속하지는 않으셨습니까?

귀찮다는 핑계로 안전을 소홀히 하며 위험한 작업을 계속하지는 않습니까?

"날마다 과음을 하거나 몸에 이상이 있어도 심각하지 않다며 치료를 뒤로 미루고 계시지는 않습니까?"

안타깝게도 잠깐의 편리와 쾌락을 위해서 자신의 몸에게 경주마보다 못한 대우를 하는 사람을 흔히 볼 수 있다.

자기 몸값만큼 자신을 스스로 보살펴야 하는 것은 너무도 당연한 일이다.

건강을 지키는 것은 자신과 가족의 행복뿐만 아니라 인구증가율이 감소하는 나라에서 나라를 사랑하는 마음의 작은 실천이기도 하다.

바퀴벌레와 맘모스

무한경쟁시대의 생존조건,
곤충의 적응력에서 배워야

지구상에는 인류보다 훨씬 많은 수의 곤충들이 살고 있다.

독특하고 탁월한 생존능력으로 혹독한 빙하기를 견뎌낸 그
들은 위대한 승리자들이다. 그러나 빙하기를 거치면서 하늘
과 땅에서 번성했던 공룡들은 사라지고 말았다.

코끼리보다 덩치가 컸던 맘모스(매머드)도 멸종되었다.

오늘날 힘세고 강인했던 공룡들은 화석으로만 남아 있지
만, 곤충들은 혹독한 기후변화에 적응하며 살아남았다는 사
실이 놀랍다. 특히 작고 보잘 것 없는 바퀴벌레의 변화에 대
한 적응력은 실로 경이로워 인간의 끝없는 박멸 노력에도 지
구의 모든 대륙에 퍼져 있을 만큼 보란 듯이 번성하고 있다.

심지어 어미를 죽여도 뱃속에 든 알은 부화하는 왕성한 번
식력으로 대응한다고 한다.

이런 점에서 현시대에 생존하는 곤충들은 위대한 승리자들이다.

지금은 눈부신 과학발달과 더불어 각 분야마다 무한 경쟁하는 시대가 됐다. 회사도 경영환경이 급격하게 바뀌고 있다.

개인이나 회사도 바퀴벌레처럼 변화에 능숙하게 적응해야 생존할 수 있다고 본다.

특히 기업과 산업현장에서의 안전은 생명이 좌우되는 문제이므로 더욱 시대의 변화요구에 따라야 한다.

문명이 발달할수록 인간의 편리를 위한 기계와 장비들이 계속 만들어지고 있다. 하지만 문명의 이기를 잘 사용하면 편리하지만 잘못 사용하면 인간을 해치는 흉기가 된다.

과속, 음주운전, 정비 불량으로 인한 교통사고만 살펴보더라도 쉽게 알 수 있다.

산업현장에서 각종 기계나 장비로 인한 사고도 흔히 발생한다.

그로 인하여 귀중한 생명을 잃기도 하고 단란했던 가정이 흩어지기도 한다.

인간은 누구나 건강과 행복을 추구할 권리가 있는데도 그들은 안전을 소홀히 함으로써 고귀한 권리를 스스로 포기한 셈이다. 산업안전보건법이나 도로교통안전법 등 안전관련 법

규가 갈수록 강화되는 것도 국민의 행복을 지키기 위함임을
깊이 인식해야겠다.

예전과 달리 지금은 기술이 탁월하지만 안전을 등한히 하는 사
람보다는 능력은 부족하지만 원칙을 지키며 성실하게 일하는 사
람이 각광을 받는다.
이제는 어느 기업을 막론하고 재해율이 높으면 경쟁력이 떨어질
수밖에 없다. 그러므로 개인이나 기업도 안전이 강조되는 시대
의 흐름에 동승해야 생존할 수 있고 남과 경쟁할 수 있다.

어느 작업반장 식당

일반인도 몰려오는 현장근무자 식당,
왜일까?

대전의 건설현장에서 있었던 일이다.

현장 내에 근무자 식당을 지으려 했으나 현장과 인접한 식당주인들의 민원 때문에 식당을 운영할 수 없었다.

근무자들은 어쩔 수 없이 인근식당에서 식사를 할 수밖에 없었는데, 음식의 질이 떨어져 도저히 식사하기가 곤란한 지경에 이르렀다.

식당주인에게 하소연 해봤지만 별 효과가 없었다.

참다못한 작업반장이 부인과 함께 식당을 개업했다.

근무자들의 심정을 잘 알고 있던 그는 다른 식당들처럼 야박하게 득실을 따지지 않았다.

육체노동을 하는 동료들의 입맛에 맞게 성의껏 음식을 조리하니 자연스럽게 손님들이 늘어나기 시작했다.

다른 식당은 텅 비어 있었지만 근무자들은 반장 부부의 식당 앞에서 줄을 서서 기다리다가 먹곤 했다.

당황한 주변 식당들도 식사의 질을 높여 봤지만 너무 늦은 뒤였다.

고객의 건강을 위하는 마음으로 정성껏 요리한 음식과 돈 욕심에 눈이 먼 식당 음식을 구분 못하는 바보는 없다.

주변을 오가던 외부인들이 식당 앞에 줄이 서있는 장면을 눈여겨보기 시작했다.

"저 식당은 맛이 굉장한 모양이군."

"뭔가 특별한 구석이 있으니까 저렇게 줄을 서있지."

긍정적 인식이 심어진 반장식당은 뜻하지 않은 손님들로 문전성시를 이루었다.

소박한 음식이었지만 손님의 건강만을 생각하는 반장식당에 대한 입소문이 널리 퍼지는 데에는 그리 많은 시간이 필요치 않았다.

그 건설현장은 이미 오래전에 공사가 종료되었지만 지금도 반장 부부가 운영하는 식당은 몰려오는 고객들로 호황을 누린다고 한다.

이처럼 동기가 순수하고 올바르면 세상이 돕는다. 그게 정의이고 진리가 아닐까? 그런데 안전업무 종사자에게는 정의와 진리가 통하지 않는 것 같다.

그들 대부분은 사고를 예방해야 한다는 일념으로 전력을 다해 근무하지만 안전의식이 없는 근무자들로부터 질시와 모욕을 당하기 일쑤다.

교통단속을 하는 교통경찰에게 호의적인 시선을 보내지 않는 것과 같다.

교통단속은 사고를 예방하기 위함이라는 것을 다 알고 있지만 교통위반 범칙금 고지서 등 자신에게 불이익이 돌아오는 것에 대한 반감이 우선하는 것이다.

교통단속이나 안전관리업무나 규정을 지키지 않는 사람을 통제하는 업무이기 때문이다.

이제는 인명을 존중하는 선의의 마음으로 사고예방을 위해 애쓰는 안전관련 종사자들이 대전의 반장 부부 식당처럼 뭇사람들로부터 인정을 받았으면 좋겠다.

진심어린 마음으로 타인의 생명을 지키기 위해 정성을 다하는 안전관리 업무종사자들을 따뜻하고 긍정적인 시선으로 격려한다면, 훨씬 건강하고 안전한 사회가 되지 않을까?

야생동물의 지혜

25만 명이 목숨 잃을 때,
야생동물은 모두 대피

2004년 12월은 지구의 노여움(?)이 폭발한 달이었다.

인도네시아, 스리랑카, 태국 등 남아시아를 강타한 쓰나미로 인하여 25만여 명이 순식간에 목숨을 잃었다.

스리랑카에서는 당시 해일로 2만1천여 명이 숨진 것으로 집계되었다.

그 나라 남동부 해안에 위치한 최대 야생동물보호구역인 얄라 국립공원 내륙 3킬로미터까지 깊숙이 해일이 밀려와 외국인 관광객 등 200여 명이 목숨을 잃었다.

하지만 아시아에서 표범이 가장 많이 서식한다는 이 공원에는 아시아 코끼리, 악어, 멧돼지, 물소, 회색랑구르원숭이, 사슴 등 많은 동물들은 예전과 다름없이 그대로 살아있는 모습이 포착됐다고 한다.

당시 얄라 지역은 나무뿌리가 송두리째 뽑히고 자동차가 뒤집어졌으며, 어떤 차는 나무 위에 걸린 채 발견될 정도로 해일의 위력이 컸다.

그럼에도 동물의 사체가 전혀 발견되지 않아 전문가들도 놀라움을 표시했다.

공원 내에서 호텔을 운영하는 직원은 "매우 놀랍다. 목숨을 잃은 사람은 많이 봤으나 숨진 동물은 아직 보지 못했다"고 말했다.

"동물들이 다가오는 뭔가를 감지하고 일찌감치 안전한 고지대로 피했기 때문인 것 같다, 아무래도 동물들이 인간과는 또 다른 육감을 갖고 있다는 말이 맞는 것 같다"고 덧붙였다.

국립 야생동물보호국 관계자도 "토끼 한 마리도 죽지 않았다"면서 "동물들은 예지능력을 갖고 있으며 해일이 언제 일어날지 알고 있다"고 말했다.

최첨단 기상관측장비를 상시 가동하면서도 수십 만 명의 희생자가 발생한 인간과는 달리, 아무런 도구나 장비도 없이 다가오는 위험을 미리 예측하고 자신의 안전을 위해 사전 대비하는 야생동물의 모습은 경이로운 일이 아닐 수 없다.

이외에도 미래에 닥칠 자연재해를 미리 예측하고 대비하는 야생동물의 사례는 많다.

2008년 5월 12일 중국의 쓰촨성에서 7만 4천여 명의 인명을 앗아간 대지진 때도 자연의 예고가 있었다.

자연은 무섭기도 하지만 다가올 위험에 대하여 미리 대피하도록 알려주는 자비를 베풀기도 한다.

당시 지진발생 지역에 사는 수십 만 마리의 두꺼비가 지진 3일 전에 대이동을 시작하여 스스로 생존의 길을 찾아 나선 것이다.

도로를 건너는 두꺼비가 차와 사람에게 치이거나 밟혀 죽으면서도 아랑곳하지 않고 한 방향으로만 이동하는 모습을 본 주민들은 불안에 떨었다.

하지만 현지 공무원은 "비가 오고 수온이 올라 산란을 위해 이동하는 것이다"라고 하며 주민을 안심시켰으나 그의 예측은 빗나가고 말았다.

훨씬 오래 전 중국 랴오닝성 하이청에서는 거위가 날아다니고 동면에 들어갔던 뱀들이 기어 나오자 지진이 일어날 조짐이라고 판단한 당국이 100만 주민을 대피시켜 3일 후 닥친 대지진의 피해를 예방했지만 같은 해 허베이 성 탕산에서는 야생동물들의 지진예고를 무시한 탓에 27만 명이 목숨을 잃었다.

이처럼 뭇 야생동물은 스스로 안전을 도모한다.

야생동물이 어떤 방법으로 위험을 미리 알아내는지 밝혀지지는 않았다. 하지만 이들의 예측은 너무도 정확하다는 것이다.

기상청은 몇천 억 원짜리 슈퍼컴퓨터를 동원하여 기상예보를 하고 있지만 가끔씩 빗나가 질타를 받기도 한다.

갑자기 발생하는 지각변동이나 기후변화는 제아무리 첨단장비를 동원해도 한계가 있을 수밖에 없다. 이제 자연의 재앙을 줄이기 위해서는 좀 더 겸손한 마음으로 정확한 일기예보자인 야생동물의 움직임을 존중할 필요가 있다.

누가 알려주지 않아도 스스로 자신을 지켜내는 그들이야말로 위대한 승리자들이다.

우리 인간들은 어떤가? 위험한 줄 알면서도 '설마……'에 의존한 채 사전대비를 소홀히 하여 불행을 자초하기도 한다. 인간은 야생동물처럼 본능적인 예지능력이 부족하지만 탁월한 지혜와 이성을 가지고 있다. 그러므로 평상시 안전대책을 철저히 강구하고 실천한다면 자연재해가 닥쳐도 안전하고 행복한 삶을 누릴 수 있다.
다가올 위험에 미리 대비하는 야생동물로부터 교훈을 얻어 자신을 스스로 지켜야 하겠다.

자승자박

좋은 운은 예견, 나쁜 운은 오판의 결과

'자승자박'이란 말이 있다.

'도끼로 제 발등 찍는다'라는 유사한 의미를 가진 말도 있다. 자신의 잘못으로 자신이 화를 입으니 항상 조심하라고 풀이할 수 있겠다.

역사적으로도 스스로 화를 자초하여 파멸의 길을 간 사람이 많다.

프랑스 전제군주 시절 파리 시장의 운명도 그랬다.

그는 바스티유 감옥을 건설한 사람이었으나 그 감옥에 수감되는 죄수 1호가 되고 말았다.

프랑스의 악명 높은 사형기구인 단두대를 만든 죠제프 이그나스 기요탱이란 사람도 단두대에 의해 머리를 잘렸다는 일설도 있다.

그래서 '국가의 칼날'이라는 별칭으로 불리던 단두대를 그의 이름을 따 '기요틴'으로 명명되었는지도 모른다.

이처럼 역사에는 제 줄로 제 몸을 읽아 묶는 사례가 적지 않다.

'콩 심은데 콩 나고 팥 심은데 팥 난다'라는 속담이 있다.

사람들은 다른 사람의 행운을 보고 '운이 좋다'고 말한다.

또한 사고를 당하여 사망하거나 다친 사람을 '운이 없는 사람이다'고 한다. 그러나 좋은 결과든 나쁜 결과든 그것은 어떤 행위의 필연적인 결과일 뿐이다.

철학자 스피노자는 '운에는 좋은 운과 나쁜 운이 있다'며 '좋은 운은 예견에 대한 부산물이고, 나쁜 운은 오판에 대한 형벌이다'라고 정의하였다.

고용노동부의 재해통계에 따르면 산업현장에서 발생하는 사고 중 천재지변은 1%가 채 안된다고 한다. 사고의 99%는 어떤 행위로 인해 초래된 나쁜 결과인 것이다. 그 중 상당수는 재해자 본인의 과실과 안전에 대한 무관심에서 비롯된다.

때때로 본인만 피해를 입는 것에 그치지 않고 아무 잘못이 없는 동료에게 치명적인 피해를 입히기도 한다.

현행 산업안전보건법은 사고발생시 사업주에게 무한책임을 묻고 있다. 그러므로 재해율에 따라 정부로부터 각종 제재를 감수해야 한다. 그래서 대기업은 많은 비용을 들여 사고예 방을 위해 애를 쓴다.

하지만 많은 시간과 비용을 들여 안전관리를 강화하더라도 한계가 있을 수밖에 없다. 소수의 관리감독자가 다수의 근로 자를 관리 감독하기는 말처럼 쉽지 않기 때문이다.

사고예방을 위한 투자와 지도지원은 사업주의 몫이다. 하 지만 안전관리의 주체인 개인의 안전의식이 향상되지 않은 한 사업주의 아낌없는 투자와 노력도 수포로 돌아간다. 각자 자신을 존중하고 스스로 안전을 도모해야 악령과도 같은 사 고를 줄일 수 있다.

이는 마치 말을 물가에 끌고 갈 수는 있지만, 강제로 물을 먹일 수 없는 이치와 같다.

어떤 사람은 회사의 안전관리 방침을 준수하려는 노력은 하지 않 고 '지나친 간섭과 통제가 아니냐?'며 반감을 표시하기도 한다.

참으로 헛되고 무의미한 일이다. 무엇과도 바꿀 수 없는 소중한 자신의 생명을 스스로 지키려 하지 않고 타인이 마련해 놓은 안전 관리규정조차 귀찮게 여기는 것은 매우 위험하고 어리석은 일이 기 때문이다.

사업주가 밥상을 차려주었으면 스스로 먹어야 한다.

인생은 역할의 연속

영혼이 깃든 몸을 훼손하면
신에 대한 모독

인생은 '역할의 연속'이라고 한다.

부모, 남편, 자식, 동생 ,형, 그리고 상사, 부하, 사회적 역할 등 역할의 연속이다.

이 역할은 세상에 태어난 이상 원하든 원하지 않던 해야 할 일들이다.

어떤 이유로든 주어진 역할을 충실히 수행하지 못하면 무능하고 무책임한 사람이 된다. 그래서 사람들은 이 역할을 충실히 하기 위하여 부단히 노력한다.

마땅히 해야 할 역할을 하는 행위가 곧 인간의 삶이며 숙명이다. 그러나 사고나 질병으로 목숨을 잃거나 신체불구가 된다면 가정에서의 역할은 물론 사회적 역할도 수행하기 어렵다. 오히려 다른 사람의 도움을 받아야 하는 짐스러운 존재로 전락하기 쉽다.

한순간의 실수나 잘못으로 타인의 도움을 받아가며 생명을 연장하는 것은 자존심이 상하는 일이다.

그래서 자신이 맡은 역할을 다하기 위해서라도 사고를 당하지 않도록 최선의 노력을 기울여야 한다.

인간은 신으로부터 단 한 번의 생명을 부여 받은 피조물이다. 그래서 신은 인간에게 '이성'이라는 무기를 주었다.

이성을 잃은 행동으로 영혼이 깃든 신체를 훼손하거나 파괴한다면 신에 대한 모독이다. 어떤 종교든 모든 역할을 포기하는 자살을 최악의 죄를 범하는 행위로 간주하는 것도 다 그 때문이다.

Part 2.

사소한 실수가
역사를 바꾼다

어느 당직 장교

'무책임한 당직 장교가 치욕적인
진주만 피해 불러…'

제2차세계대전사를 읽다보면 슬픔과 분노가 치밀어 오르는 때가 있다.

일본이 하와이 진주만 해군기지를 폭격하던 때의 일이다.

일본군의 기습공격으로 미군이 당한 참상은 처참했다.

폭격으로 파괴된 함정과 비행기에서 흘러나온 연료가 바다를 뒤덮었다.

지형이 항아리 모양이라서 물 위에 뜬 연료는 먼 바다로 흐르지 못하고 항구 내에서 맴돌았다. 물 위에 떠있던 연료에 불이 붙자 말 그대로 불바다가 되어 수많은 수병들이 침몰하는 배와 함께 가라앉았다.

가라앉는 배에서 가까스로 뛰어내린 수병들도 불이 붙은 바다 위에서 화상을 입는 형국이었다.

물속에 있자니 숨을 못 쉬고 물위에는 불길이 악마의 혀처럼 날름거렸다.

있는 힘을 다해 가까스로 육지에 도달하여 손을 내밀며 구조를 요청했지만, 육상에 있던 사람이 팔을 잡아당기자 익을 대로 익은 피부가 벗겨지며 수병은 가라앉아 버렸다.

기습공격에 성공하였다는 일본 지휘관이 본토에 무전을 송신할 때까지 미국은 대공포는 물론 소총 한 발조차 쏘지 못했다.

왜 이처럼 속수무책으로 당했을까?

일본군의 공격이 있기 며칠 전 진주만 해안에서 일본군이 사용하던 2인용 잠수정이 발견되었다.

일본 잠수함대가 발진시킨 잠수정이었다.

해안에 접근하여 함정 위치 등 정보 수집을 하던 중 잠수정이 고장 나 해류에 떠내려 온 것이다. 하지만 미군은 일본 해역에서 훈련 중 떠내려 온 것으로 판단하고 무시해 버렸다.

일본의 기습공격 계획이 발각될 뻔했지만 별일 없이 지나가 버렸던 것이다.

이무렵 일본군의 무전내용을 엿듣던 미군 무전병은 평상시와는 달리 무전교신 횟수가 엄청 늘어났음을 수상히 여겨 보고했으나 그에게 귀를 기울이며 관심을 갖는 사람은 없었다.

미국 태평양함대의 주력 모항 진주만에 전쟁의 어두운 그림자가 다가오고 있었다.

"설마 그놈들이 5,000킬로미터 이상 날아와서 폭격할 리가 있겠어?"

진주만에서 근무하는 미군 대부분의 생각이었다.

일본군의 진주만 폭격 당일이 되었다.

일요일이라서 수병들은 육상에서 휴일을 즐기고 일부 병력이 당직근무를 하고 있었다.

진주만이 폭격 당하기 몇 시간 전, 레이더를 담당하는 수병이 다급히 당직 장교에게 보고했다.

"스크린에 평상시보다 항공기가 많이 보입니다."

마침 미국 월드시리즈 야구 결승경기가 열려 중계방송을 듣던 당직 장교가 대꾸했다.

"일본군들이 대규모 훈련을 하는 모양이지."

제자리에 돌아갔던 레이더병이 긴장한 표정으로 다시 보고했다.

"레이더에 항공기가 엄청나게 나타났습니다."

야구중계에 몰두하던 당직 장교는 대수롭지 않은 표정으

로 말했다.

"아마 본토에서 대규모 훈련을 하는 걸 거야."
"한번 확인하는 것이 좋지 않을까요?"
뉴욕 양키즈 팬이었던 그는 자신이 응원하는 팀이 지고 있는 터라서 신경질적으로 말했다.

"별일 아니니까 걱정하지 말란 말이야."
얼마 후 레이더병은 다시 와서 확신에 찬 목소리로 "적기가 분명하다"고 보고했다. 하지만 너무 늦은 후였다.
적기가 육안으로 보일 정도였기 때문이었다.

2회에 걸친 일본군의 기습공격으로 진주만에 있던 3,500여 명의 미군이 전사하고 항공기 400여 대와 주력함정 대부분이 파괴되거나 침몰했다.

한 사람의 안이하고 무책임한 근무자세가 빚은 참혹한 결과다. 그가 책임감을 가지고 임무에 충실했더라면, '그날의 치욕을 잊지 말자'는 전쟁기념관은 세워지지 않았을 것이다.

그 기념관은 침몰된 전함 아리조나호 위에 지어져 있다. 모두가 각자의 위치에서 자신의 일에 충실히 수행한다면 이와 같은 치욕을 겪지 않을 것이다.

가정이나 산업체의 근무자들도 맡은 역할에 대한 마음가짐을 새롭게 했으면 좋겠다.

타이타닉호의 교훈

'빙산을 조심하라'는 숱한 경고
무시하고 쾌속 항진

　몇 해 전에 '타이타닉'이라는 할리우드 대작 영화가 개봉되어 우리나라에서만 1천만 명 이상 관람이라는 놀라운 흥행기록을 세운 적이 있었다.

　1912년 처녀항해 중에 침몰한 배의 비극적 실화를 영화화한 작품이다.

　세계최대 호화 여객선이었던 타이타닉호는 당시 세계각지에 식민지를 갖고 있던 '해가 지지 않는 나라' 대영제국의 상징이었다.

　당시 영국인들은 타이타닉을 해양대국의 조선기술이 총망라된 세계최고의 배라는 자만심에 들떠 있었다. 그래서 선장은 거대한 빙산이 수없이 떠다니는 북해를 항해하면서도 '타이타닉은 침몰하지 않는 배'라는 오만함에 사로잡혀 빙산이라는 두려운 장애물을 무시한 채 유럽과 북미대륙 간 횡단기록을 갱신하기 위해 쾌속으로 항해하였다.

그런데 첫 출항한지 불과 4일 만에 기항 예정지인 미국에 도착해보기도 전에 빙산과 충돌하여 차디찬 물속에 승객 1,500여 명과 함께 가라 앉아버린 것이다.

이 배는 침몰하기 전 하루 동안 인근 해역을 지나는 배로부터 일곱 차례나 '빙산을 주의하라'는 경고를 받았다.

마지막 경고는 타이타닉호가 거대한 빙산과 충돌하기 50분 전에 있었다.

"밤이 다가오니 항해를 중지하는 게 낫겠다"는 신호였다.

하지만 침몰할 위기가 코앞에 있었던 그 순간에도 선실 안에서 호화파티를 즐기던 1등석 승객들은 타이타닉호가 최대 속도를 낼 때가 언제쯤인가를 두고 내기를 하고 있었다고 한다.

주변 해역을 잘 아는 다른 여러 선박들로부터 숱한 경고를 무시한 오만과 아집이 결국은 귀중한 1,500여 명의 인명을 앗아가고 대영제국의 자존심도 배와 함께 침몰되어 버린 것이다.

거대한 빙산과 대적하려고 했던 무모함과 능력이상의 자만심이 얼마나 위험한지 알려준 교훈이 아닐 수 없다.

또한 주위의 충고에 귀를 기울이지 않는 교만이 얼마나 참혹한 결과를 가져올 수 있는지 보여주는 것이기도 하다.

산업현장의 안전도 마찬가지다.

자기 일에 대한 자만심으로 타인의 건전한 충고를 받아들이지 않고 독단적인 행동을 고수하는 사람들을 종종 보게 된다.

타이타닉호의 선장이 물위의 얼음덩이만 보고 빙산을 가볍게 여겼듯이, 산업현장에서 근무하는 많은 사람들이 눈에 보이는 물건과 현상만을 보고 행동한다.

정작 무서운 것은 수면 아래의 거대한 얼음덩이처럼 보이지 않는 위험요인인데도 안이하게 대처하려는 것이다.

나이가 많거나 근무경력이 오래되었을수록 원칙과 기본을 종종 무시하고 자신의 경험에만 의존한다. 타이타닉호의 선장도 경험이 풍부하고 능력이 출중한 사람이었을 것이다.

그러나 아무리 노련한 선장일지라도 원칙과 기본을 지키지 않아 그 자신은 물론 승객과 배를 지키지 못했듯이 산업현장의 오랜 경험이 자신을 지켜주지는 않는다.

오히려 방심과 오만함에서 오는 실수로 인하여 자신과 동료의 목숨을 잃는 경우가 허다하다.

경험은 소중하지만 잘못된 습관은 개선해야 한다.

잘못된 습관으로 인해 목숨을 잃은 사람이 많다는 것을 많은 사람들이 알지 못한다.

생명을 잃은 사람은 자신이 잘못된 작업방법이나 습관 때문에 목숨을 잃었다는 사실을 증언해줄 수 없기 때문이다.

다만 사고기록으로 남아 있다가 2~3년 후에는 그마저도 희미해지면서 이내 뭇사람의 기억에서 지워지게 된다.

이것이 같은 유형의 사고가 수없이 반복되는 이유다.

경험에만 의존한 잘못된 습관과 한순간의 실수가 중복될 때 커다란 재앙이 덮치기 마련이다.

사고를 당하여 덧없이 목숨을 잃고 잊혀져가는 존재가 되지 않기 위해서는 타인의 진심어린 충고에 귀를 기울여야 한다.

많은 경험에 대한 자만심을 버리고 항상 초심으로 돌아가 원칙과 기본을 준수해야 자신은 물론 동료의 안전과 생명을 지켜줄 수 있다.

사소한 실수가 역사를 바꾼다

농부의 고갯짓에 나폴레옹이 패망하다

고개를 옆으로 한 번 흔든 것만으로 세계의 역사를 바꿔 놓은 사나이가 있다. '라코스트'라는 이름을 가진 사람이다.

그는 나폴레옹과 웰링턴의 대결전장인 워털루 인근에 사는 이름 없는 마을의 한 농부였다.

그는 나폴레옹 주력부대의 길 안내인으로 징발되어 있었다. 결전장인 몽상장 고지의 이쪽저쪽 지형을 훤히 잘 알고 있었기 때문이었다.

쌍안경으로 고지의 능선을 훑어보던 나폴레옹이 곁에 있던 라코스트에게 작은 소리로 뭣인가를 물었다.

이에 라코스트는 양옆으로 고개를 흔들었다.

그런 지 수분 후에 나폴레옹은 그의 정예부대인 흉갑기병 사단에 돌격명령을 내렸다.

정상에 쇄도한 대부대는 그 반대편 수십 미터나 되는 벼랑에서 추락, 몰살해 버렸다.

전력을 다해 달려가던 여세를 멈추기에는 너무 갑작스런 낭떠러지였던 것이다. 이것이 실마리가 되어 나폴레옹은 영국의 웰링턴에게 패배하고 만다.

만약 이 작전이 성공했다면 영, 독 연합군의 중앙돌파로 나폴레옹은 유럽의 황제로 군림했을 것이다. 그러나 라코스트의 고갯짓 하나가 세계사를 뒤바꿔 놓고 말았다.

나폴레옹이 물었던 것은 고지의 저편 지세(地勢)였을 것이다. 라코스트는 '노(No)'하고 고개를 흔들었다.

돌격해서는 안 된다는 '노(No)'였을 것이다.

하지만 나폴레옹은 장애가 없다는 '노'로 받아들이고 총공격 명령을 내렸던 것이다.

이 어이없는 실수가 역사의 흐름을 바꿔 놓은 것이다.

이 사건 이후 하찮은 실수가 가공할 결과를 몰아오는 것을 '라코스티즘'이라 부르기 시작했다.

20세기를 대표하는 지성인으로 꼽히는 영국의 학자 버트런드 러셀은 3차 세계대전이 어떤 우연한 실수, 곧 라코스티즘에 의해 일어날 것으로 예언하기도 했다.

그는 지구의 멸망도 인간의 이성을 노예로 만든 고도의 기계가 하찮은 실수를 유발하여 발단될 것이라고 주장했다.

우리는 컴퓨터에 종속되다시피 할 만큼 과학문명이 발달하고 인류를 몇 번이나 멸망시킬 만큼 핵무기가 많은 세상에서 언제 어떤 하찮은 실수 때문에 불행한 일을 당할지 모르는 겁나는 세상에 살고 있다. 그러므로 큰일을 할 때는 물론 조심해야 하겠지만, 우리가 흔히 무시하기 쉬운 작은 일들에도 관심을 갖고 세심한 주의를 기울여야 한다.

작고 사소한 일이라고 생각하는 것이 사실은 매우 중요한 일인 것이다.

큰일을 성취하기 위해서는 매순간 순간 작은 일들이 정상적으로 진행돼야 가능하기 때문이다.

일상생활은 물론 매순간 작업환경이 변하는 산업현장에서도 어떤 행동을 하기 전에 반드시 주변상황에 대한 판단이 옳은지 확인을 하고 행동에 옮겨야 한다.

산업현장에서 발생하는 대부분의 안전사고는 작업 상황에 대한 자신의 판단이 옳은지 그른지를 확인하지 않고 조급하게 행동에 옮겼기 때문이다.

인간의 가장 큰 약점은 실수하는 동물이라는데 있다.
실수를 줄이기 위한 가장 효율적인 방법은 확인하는 습관을 가지도록 훈련을 하는 것이다.
사고예방의 지름길인 안전 확인의 중요성은 아무리 강조해도 지나치지 않음을 깊이 인식해야겠다.

한 여자가 일으킨 300년 전쟁

구레나룻 수염 때문에 300년간 전쟁

프랑스의 왕 루이 7세는 '기엔느'와 '프와투'라는 두 지방을 다스렸던 공작의 딸 엘레나와 결혼했다.

공작은 딸의 결혼 지참금으로 두 지방을 왕에게 헌납했다.

그런데 공작의 딸이 루이 7세와 결혼하게 된 것은 그의 멋진 구레나룻 수염 때문이었다는 이야기가 전해진다.

왕의 구레나룻에 매력을 느껴 청혼하였고 결혼을 하게 된 것이다. 그러나 결혼 후 십자군 전쟁에 참전하고 돌아온 루이 7세는 어느 날 자신의 트레이드마크나 다름없던 구레나룻 수염을 깎아 버렸다.

그러자 허영심이 많았던 엘레나는 더 이상 남편에게 성적 매력을 느낄 수 없다며 이혼과 동시에 지참금으로 가져온 남부 프랑스 두 지방의 소유권을 되찾아 갔다.

그리고 영국의 헨리2세와 재혼해 버렸다.

머리끝까지 화가 난 루이7세는 선전포고와 함께 영국을 침공했다.

이 전쟁은 1152년부터 1453년까지 무려 301년간 계속됐다.

사소한 구레나룻 때문에 벌어진 웃지 못 할 전쟁이 발발된 것이다.

참혹한 전쟁이 길어지다 보니 이 기간 중 사망자는 역사에 기록조차 되지 않았다.

어이없는 계기로 대재앙을 불러오는 것은 개인의 인생사도 마찬가지라고 생각한다.

수많은 사람들이 사소한 실수나 울분을 참지 못하여 전 재산을 잃어버리기도 하고, 순간적인 판단착오로 사고를 당하여 일생을 궁핍하고 고통스럽게 지내기도 한다.

건강하면 잃어버린 재산을 회복시킬 수 있지만, 안전사고나 중대한 질병에 걸리면 원상복구에 많은 시간과 고통이 따른다. 그러므로 큰일이건 작은 일이건 행동으로 옮기기 전에 '내가 이렇게 하면 어떤 결과가 나올까?'라는 문제의식을 가져야 한다. 판단과 결정은 자유롭게 하되 얼음처럼 차가운 이성으로 행위에 따른 결과를 미리 예측하는 신중함을 가진다면 국가나 개인이나 불행한 재앙을 피할 수 있다고 본다. 행동에 옮기기 전에 대비하고 확인하는 습관은 행복의 또 다른 이름이다.

휴먼 에러란 뭔가?

작은 구멍이 거대한 배를 침몰시킨다

　몇 년 전 발전소 건설현장에서 근무 중 기존 발전소 부지에 있던 숙소가 정전되어 선풍기가 멈추자 작업자들이 이해할 수 없다는 표정으로 투덜거렸다.

　"여기서 100미터도 안 되는 곳에 발전소가 있는데 어째서 전기가 안 들어올 수 있단 말이야?"

　노동 강도가 높은 작업자들이 충분한 휴식과 수면을 취해야 하는데 잠을 못 자니 짜증이 날만도 했다.

　전기는 계통적이며 계속적인 특성 때문에 발전소에서 일반 수용가까지 최종 도달하기 위해서는 복잡한 송배전 절차와 수전과정을 거쳐야 한다는 것을 잘 알지 못해서 일어난 촌극이다.

　이처럼 전기는 평상시에는 고마움을 모르다가 잠시라도 정전되면 몹시 불편함을 느낀다.

얼마 전 고리 1호기 원자력발전소에서 전력공급을 중단하는 사태가 발생했다.

원전 일류국가로 도약하려는 시점에서 발생된 이번 사고로 자칫 원전후진국으로 전락되지 않을까 우려스럽다.

사고원인은 예방정비의 일환으로 주제어실에서 발전기 보호계전기 동작시험 중 작업자의 실수에 의해서 일어났다.

3개의 계전기 가운데 2개가 작동하면 전원차단기가 동작하는 구조인데 1번 계전기를 시험한 뒤 정상상태로 원위치하지 않고 2번 계전기를 동작시키면서 전원차단기가 작동되어 정전사태를 불러왔다.

단순 휴먼에러로 끝날 상황이었는데도 사태를 악화시킨 주된 요인은 작업자의 실수에 의해서 전원이 차단되었을 때 비상발전기가 자동으로 가동되어야 하는데 이것이 고장이 났던 것이다.

그렇지 않아도 후쿠시마 원전 방사능 누출사고로 원전에 대한 불안을 떨쳐버리지 못하고 있었던 터에 이번 사고로 부정적 인식이 확산되지 않을까 걱정스럽다.

원전은 안전하게 운영되므로 불안해하지 말라고 주장하기보다는 사소한 사고도 국민에게 알림으로써 신뢰도를 높여가야 하는데 사고를 은폐했다니 이제껏 쌓아온 긍정적인 인식도 훼손됐다.

이번 사고가 알려진 계기 역시, 원전관계자들이 식사를 하던 중 대수롭지 않게 떠드는 이야기를 옆 좌석에 있던 시의회 의원이 듣게 되어 알려졌다.

아무튼 이번 사태로 원전운영에 대한 국민의 요구 수준에 한참 미흡한 것으로 밝혀지면서 큰 사고로 확산되지 않은 것에 대한 안도의 한숨을 쉬면서도 불안과 걱정스러운 눈으로 사태를 지켜보고 있다.

업무일지에 이번 사고에 대한 기록도 하지 않고 교대근무자와 인수인계도 없었다고 하니 과거에 이와 유사한 사고가 얼마나 많았을까? 돌이켜보면 많은 사람들을 공포로 떨게 했던 대형 원전사고도 작은 실수로 시작되었다.

1986년에 일어났던 체르노빌 원전참사도 직원이 원자로 가동중단에 대비한 비상발전기 시험 중에 실수로 원자로 출력을 급격히 올리면서 과열로 인한 핵연료가 파열되면서 일어났다.

미국의 스리마일 원전사고도 냉각장치를 급속 가동해야 하는 상황인데도 오히려 운전정지를 시키면서 노심이 용융되어 방사능 물질이 유출된 사고다.

지난해 발생한 후쿠시마 원전사고도 진도 9.0규모의 지진과 15m 이상의 쓰나미로 인한 천재지변에 가까운 불가항력적인 사고였다고 생각했다.

하지만 최근 밝혀진 바에 의하면 사고를 방지하거나 피해를 최소한으로 줄일 수 있는 위기관리 대응절차를 간과하거나 무시하여 피해를 확산시켰다고 한다.

이번 고리 1호기 원전도 작업자의 조작실수와 비상발전기 고장이 겹치면서 정전된 사고로써 하마터면 엄청난 재앙으로 이어질 뻔했다.

모두가 전형적인 휴먼 에러^{Human Error}로 빚어진 참극이다.

인간은 어떤 일을 수행할 때 절차와 순서를 생략하고 수월하게 하려는 지름길 습성이 있다. 휴먼 에러의 원인은 긴장해이, 착각, 생략행위, 예측판단 등이 있는데 휴먼 에러가 빈번한 사업장은 몇 가지의 특징이 있다.

첫째, 명문화된 업무절차와 약속보다는 상사의 지시에 의한 의사결정이 많고 암묵적 약속이 자주 일어난다.

둘째, 공정이 촉박하면 안전이나 규칙보다 공정자체가 우선업무로 전환된다.

셋째 업무실수에 대해서 전사적인 대책수립과 계도를 하기보다는 해당부서에서 조용히 처리된다.

암묵적으로 처리하므로 사고기록이 전수될 리 없고, 조직원들도 향후 본인의 실수에 대비하여 실수한 동료를 감싸준다.

또 실수를 보고하면 정확한 원인파악과 대책수립보다는 윗선으로 올라갈수록 심한 질책과 불이익이 따른다.

이런 상황이 지속되다보면 중요한 실수도 숨기게 됨으로써 좀처럼 개선되지 않고 악순환이 계속되다가 큰 화를 불러오는 것이다. 그러므로 휴먼 에러를 저감시키기 위해서는 책임추궁과 처벌보다는 조직전체의 문제로 인식하고 원인규명과 대책을 수립하여 전 조직원이 공유해야 한다.

인간의 특성이며 최대 약점인 휴먼 에러를 예방하기 위한 대책을 수립할 때 4M이 구체적으로 모색되어야 하고 빈틈없이 실행되어야 한다.

Man(인간관계, 개인의 안전의식), Machine(기계설비의 인간공학적인 안전설계와 배려), Media(안전한 작업조건과 방법의 표준화), Management(안전관리 조직 및 규정, 점검, 지휘감독, 교육)을 고려한 계획이 수립되어야 한다.

휴먼 에러를 최소화하기 위한 가장 수월하고 효율적인 방법은 다음과 같다.

첫째, 정리정돈이다.

사람은 오감을 통해 외부정보를 받아서 대뇌에서 분석 처리함으로써 행동으로 나타난다.

특히 시각은 사람의 오감 중 가장 많은 정보를 수집하여 대뇌로 전달하므로 착시현상이나 선입견이 작용하여 잘못된 정보를 대뇌로 보내면 휴먼 에러와 직결된다. 그러므로 작업장 주변에 불필요한 자재나 물건이 없도록 하고 필요한 물건은 정해진 위치에 있어야 한다.

둘째, 모든 업무절차는 표준화해야 한다.

작업순서와 업무절차를 정확히 정하고 관계자 모두가 알기 쉽게 작성해야한다.

셋째, 교육과 훈련을 지속적으로 해야 한다.

획일화된 교육보다는 직종별로 세분화하여 실효성이 있도록 해야 한다. 분야별 교육 자료를 작성하여 지속적으로 교육을 실시하면 근무자들의 안전의식이 향상된다.

넷째, 행동에 옮기기 전에 자신의 판단이 옳은지 그릇된 것인지 확인해야 한다.

특히 이번 사고에서 아쉬운 것은 기기를 조작하기 전에 작업지휘자와 작업자가 의사소통을 충분히 하여 상호확인을 좀 더 철저하게 했더라면 예방할 수 있었던 점이다.

군인들이 사격장에서 사격단계별로 복명복창을 철저히 하는 것처럼, 지휘자가 절차서에 맞게 작업자에게 전달하고 수행했더라면 이번 사고를 촉발시킨 휴먼에러는 일어나지 않았을 것이다.

작업특성상 지휘자와 작업자가 각각 다른 장소에 있었다면 복명복창을 더욱 철저히 해야 한다.

아무리 안전한 운영시설과 완벽한 운전절차서를 갖췄다 하더라도 작업자의 실수, 비상발전기의 허술한 관리 및 뒤이은 사고은폐는 운영자의 의식문제에서 비롯되었다고 본다.

사고를 은폐했다는 것은 관계자들이 심각하게 인식하지 않았음을 말해준다.

결국 원전을 운영하는 사람의 의식이 바뀌지 않는 한 아무리 정교한 안전시스템도 무용지물이 되기 쉽다.

기술이 고도로 발전할수록 휴먼 에러의 발생율도 높아지고 있다.

아이러니하게도 IT기술이 발달하면서 시스템에 대한 신뢰성이 높아질수록 운영자들의 긴장감이 해이되고 주의력을 떨어뜨린다. 그러므로 복잡한 기계나 시설일수록 자동화되는 추세이므로 컴퓨터 자판을 하나라도 잘못 건드리면 발전소가 정지된다는 인식을 가지고 긴장의 끈을 놓지 말아야 한다.

작은 구멍이 거대한 배를 침몰시킨다는 교훈을 깊이 새겨야 한다. 특히 국가의 중추시설에서 근무하는 사람들은 사소한 실수가 불러오는 파국적인 악영향을 깊이 인식하고 무거운 사명감을

가지고 근무해야 한다.

원전에 대한 증폭된 국민의 불안감이 해소되려면 얼마나 많은 시간과 노력이 필요할까? 실추된 신뢰감과 명예를 회복하기 위해서는 원전관계자들의 획기적인 의식전환과 피나는 노력이 있어야겠다.

강한 책임감과 주인의식으로 무장하고 가일층 분발하여 원전일류국가로 거듭나야 한다.

무엇이 보입니까?

자신에게 유리한 방향으로
인식하는 인간

인간은 어떤 현상이나 사물을 인식할 때 시각, 청각, 후각, 촉감 등 감지기관을 통해서 입수된 정보를 기초로 한다.

그중 대부분은 시각에 의존하여 구분하고 판단한다.

그러나 인간은 매우 주관적이라서 자신에게 유리하고 편리한 방향으로 인지하고 판단하려는 경향이 있다.

이와 같은 현상이 인간의 가장 큰 약점으로 작용하여 때때로 치명적인 손실을 입기도 한다.

우리 눈에 보이는 어떤 현상이나 사물은 보는 방향과 기준, 선입관에 따라서 실체의 모습과는 전혀 다른 모습으로 보이기도 하는 것이다. 이는 보는 사람에 따라, 사물이나 현상에 대한 양면성이 존재한다는 것을 의미한다.

위 그림이 무엇으로 보이는가? 대개의 경우 '엉켜 있는 남녀의 모습'으로 보일 것이다. 하지만 놀랍게도 취학 전 어린이에게 이 그림을 보여주면 헤엄치는 돌고래 떼가 보인다고 한다.

(만약 독자 중에 돌고래가 보이는 사람이 있다면, 그는 어린이처럼 순수한 마음을 가진 사람일지도 모른다. 또는 돌고래 연구에 전념하는 해양 동물학자이거나······.)

이와 같이 보는 사람의 선입관이나 의식과 기준에 따라서 전혀 다른 방향으로 각각 해석하고 판단한다.

보는 사람의 관점의 틀에 따라서 인식하는 이미지가 결정되는 것이다. 위의 그림에서 남녀가 보이는 사람에게는 별도로 설명해주지 않는 한, 물속에서 한가롭게 유영하고 있는 돌고래들의 모습은 보이지 않는다.

(남녀가 보이는 배경의 어두운 부분에 돌고래들이 헤엄치는 모습이 있다.)

눈은 있는 그대로 정보를 전달하지만 두뇌는 다양한 기억과 상황을 종합하여 이미지를 구성하고 고착화시킴으로써 또 다른 이미지는 잘 보이지 않는 것이다. 그래서 맨 처음 고착된 이미지를 고정불변의 진리처럼 판단하고 행동한다.

하지만 그 판단이 실체와 정확하게 일치하지 않는데서 착시현상과 실수가 일어난다.

또한 주목해야할 것은 양면성을 띄고 있는 두 이미지를 알게 되었을지라도 동시에 볼 수는 없다.

비트겐슈타인의 오리-토끼 도형

위 그림처럼 하나의 도형을 보는 방향과 선입관에 따라서 오리와 토끼가 보이지만, 두 이미지가 동시에 보이지는 않는다.

카니자의 삼각형 ▶

위 그림에서 흰 삼각형이 보이지만 사실은 그려져 있지 않다. 하지만 흰 삼각형은 주변의 흰색보다 더 밝아 보이면서, 시각 심리적으로 존재하지 않는 삼각형을 완성시키려한다.

이처럼 인간의 눈과 인지능력은 생각보다 정확하지 않으며, 그로인한 착시현상과 실수가 사고발생의 원인이 된다.

작업장에서도 이와 동일한 법칙이 적용된다.

예를 들면, 어떤 작업자가 가느다란 플라스틱 파이프가 급히 필요할 때 그는 여기저기 돌아다니며 필요한 물건을 찾을 것이다. 그러다가 비슷한 굵기의 전선이나 철근이 눈에 띄면 플라스틱 파이프로 착각을 하게 된다.

주위가 어두워질 때는 착각을 일으킬 확률이 더욱 높아질 것이다.

다른 사람이 볼 때 명백한 전선인데도, 그 사람에게는 틀림

없는 파이프인 것이다. 그래서 전선을 플라스틱 파이프로 생각하고 작업을 하다가 치명적인 사고로 연결된다. 그러므로 시각에 의존하여 판단한 결과를 확인하지 않고 행동에 옮기는 것은 매우 위험하다.

어떤 행동을 하기 전에 자신의 판단이 옳은지 그른지 반드시 확인한 후에 행동에 옮겨야 불행한 사고를 예방할 수 있다.

안전사고의 대부분은 제대로 확인하지 않고 행동으로 옮긴 나쁜 결과다. 생명을 지키는 것보다 먼저 다급히 해야 할 일은 없으므로 안전 확인을 습관화하여야 한다.

확인하는 습관은 안전뿐만 아니라, 일상생활에도 한층 안정된 삶을 보장할 것이다.

이 사실을 확인하고 싶거든 사업에 실패한 사람에게 실패원인을 물어보면 생생하게 증언해줄 것이다.

우리조상들의 '돌다리도 두드리면서 건너라'는 말씀이 새삼 경이롭게 생각되는 것도 그 때문이다.

마음의 적

고장 난 냉동화물칸에서 얼어 죽다?

옛 소련의 철도청에서 일어난 일이다.

한 직원이 화물을 옮기다가 냉동시설이 되어 있는 화물열차 칸에 들어갔는데 실수로 문이 밖에서 잠겨버렸다.

문은 굳게 닫힌 채 열리지 않았다.

누가 문을 열어주지 않는 한 결코 나갈 수 없게 되었다.

차츰차츰 시간이 지날수록 그 사람은 절망감을 느끼며 공포에 사로잡힌 채 자신이 죽어가고 있다고 생각했다.

점점 추워지는 것을 느끼며 그는 쓰러졌다.

시간이 흐른 뒤 다른 직원이 냉동 칸을 열어보자 '몸이 차가워지고 있다. 나의 몸이 얼어가고 있다. 나는 죽음에 임박해 있다'는 글이 벽에 적힌 채 그는 죽어 있었다.

그런데 알고 보니 그 냉동 칸은 오래 전부터 고장이 나있었다고 한다.

숨쉴만한 충분한 공기도 있었고 싸늘한 정도의 온도였을 뿐 결코 사람이 동사할 만한 상황은 아니었던 것이다.

결국 그를 죽게 만든 건 외부환경이 아니라 자신의 마음가짐 때문이었다.

스스로 느낀 절망감이 그런 상황을 만든 것이다.

이처럼 사람은 마음가짐 하나만으로도 스스로를 죽일 수도 있고 살릴 수도 있다.

하늘이 무너져도 솟아날 구멍이 있다는 말이 있듯이 자신의 생각과 판단이 옳은지 냉철하게 사실 확인을 했더라면 지레 겁먹고 죽지는 않았을 것이다.

이와 유사한 사례는 우리 주변에서 자주 일어난다.

어느 아버지가 퇴근하여 늦은 저녁식사를 하고 있었다.

그런데 딸이 밤늦게 도서관에 간다며 외출하려 했다.

아버지는 딸의 태도가 수상쩍어 "집에서 공부하라"며 외출을 허락하지 않았다.

하지만 딸은 아버지의 만류를 좀처럼 듣지 않았다.

몇 번을 타일러도 말을 듣지 않자 아버지는 딸을 세게 밀쳐 버렸다.

딸은 벽에 부딪치며 쓰러져 움직이지 않았다.

쓰러진 딸을 본 아내가 울부짖으며 소리쳤다.

"당신이 애를 죽였어요."

순간 아버지는 눈앞이 깜깜했다.

"내가 내 딸을 죽이다니……."

있을 수 없는 일이 일어난 것이다.

"딸을 죽인 아버지"라는 비난을 생각하니 도저히 견딜 수 없었다.

절망에 빠진 아버지는 창가에 올라가 투신해 버렸다.

하지만 잠시 후 죽은 줄 알았던 딸은 정신을 되찾아 배시시 일어났다.

습관화된 조급성이 빚어낸 참극이다.

자신의 판단을 행동으로 옮기기 전에 확인하는 습관이 있었더라면 집안에서 흔히 일어나는 일이 가장의 죽음으로 이어지진 않았을 것이다.

Part 3.

안전이 국력을 결정한다

사람이 자원인 나라

지하자원-관광자원 부족,
출산과 사고예방이 대안

　우리나라는 전후 근대화 산업이 진행된 이래 300만 건 이상의 재해가 발생했다고 한다. 이는 한국전쟁의 실종자를 포함한 사상자 수와 맞먹는다. 그래서 안전사고를 '소리 없는 전쟁'이라고 한다. 이는 개인의 손실은 말할 것 없고 국가적으로도 큰 손실이다.

　국부를 창출하여 국가를 유지 발전시키기 위한 자원은 인적자원과 지하자원, 관광자원 등이 있다. 하지만 우리는 변변한 지하자원이나 관광자원이 없다.

　무연탄이 약간 묻혀 있지만 열량이 부족해서 제철용이나 화력발전용으로는 사용하지 못하는 저급석탄이다. 그나마 채산성이 없어 생산이 거의 중단됐다.

　캐나다, 호주에는 열량이 높은 석탄이 무궁무진할 만큼 널려 있다. 또 땅속 깊이 묻혀 있는 우리나라와는 달리 노천탄광이 항구가 인접한 곳에 있으므로 화물선에 바로 적재하여 수출한다고 한다.

우리 무연탄이 그들과 경쟁이 안 되는 이유다. 그래서 철광석 등 다른 지하자원과 마찬가지로 석탄도 대부분 수입에 의존하고 있는 실정이다. 굳이 경쟁력이 있는 지하자원을 꼽자면 시멘트 원료인 석회석이 많다는 것을 위안삼아야 할 정도다.

관광자원과 인프라도 썩 좋은 편이 아니다.

이탈리아는 관광수입이 국가재정의 50% 이상을 차지하고 중동의 몇 나라는 지하자원으로 나라살림의 90% 이상을 꾸려가고 있다.

이집트, 이탈리아, 스페인 등 몇몇 나라는 수천 년 된 유적을 보러 세계의 관광객이 몰려든다.

캐나다와 브라질은 드넓은 국토를 깨끗한 자연환경으로 보존하여 관광객을 유혹한다.

잘 보존된 자연과 고대유적은 훌륭한 관광자원으로서 그 나라의 품격을 높이기도 한다. 굴뚝산업처럼 환경오염을 유발시키지 않는 관광산업을 각국이 육성하는 이유다.

우리도 세계에 자랑할 만한 문화유산과 관광자원이 있다.

하지만 외국인 시각에서 보면 석굴암과 불국사 등 경주의 유적지보다는 로마유적이나 피라미드, 만리장성 등 세계의 문화유산을 우선할 수밖에 없다.

제주도 같은 휴양지도 세계 곳곳에 널린 것이 사실이다.

이웃하고 있는 일본과 중국인이 우리나라를 찾는 주요 관광객일 뿐이다. 하지만 우리도 해외여행에서 그만큼 돈을 쓴다. 다시 말해서 지하자원도 변변치 않고 관광자원도 겨우 수지균형을 맞추고 있는 실정이다.

미국, 캐나다, 브라질, 아르헨티나처럼 넓은 국토도 없다.

크지 않은 땅마저 분단된 작은 나라다.

결국 대한민국은 사람이 자원이고 재산인 나라다.

우리가 내세울 수 있는 자원은 지식으로 무장하고 잘 훈련된 사람밖에 없다.

우수한 인력을 양성하여 지속적인 국부창출이 가능해야 생존할 수 있는 나라다. 그래서 우리는 극성스러울 만큼 교육열이 높은지도 모른다.

어느 사회나 시대에 따라서 국가정책도 변하기 마련이다.

한때 농경사회 시절에는 부족한 식량사정 때문에 출산제한이 국가의 주요 추진정책이었다.

당시 정부 부처에 인구증가를 억제하기 위한 가족계획국을 두고 대대적인 산아제한 정책을 펼쳤었다.

'하나씩만 낳아도 삼천리는 초만원'이라는 포스터가 마을

마다 붙어 있을 만큼 인구증가 억제정책은 광범위하고 강력했었다. 하지만 이제는 시대가 변하여 개발도상 국가를 거쳐 고도의 산업화가 진행되고 있다.

산업사회는 농경사회와 달리 사람을 많이 낳아 우수한 인력으로 양육하여 기술을 개발해야 먹고 살 수 있다.

특히 지하자원이 변변치 못한 우리나라는 원자재를 싸게 들여와 부가가치가 높은 제품을 생산 수출해야 국가가 유지 발전된다. 그런데 인구감소로 생산 활동을 할 미래의 자원들이 점점 줄고 있어 나라의 큰 걱정거리가 된 것이다.

산업국가에서 인구감소는 곧 국력쇠퇴를 의미한다.

우리나라의 출산율은 1.19명으로서 도시국가인 홍콩을 제외하면 세계최저 출산국이며 OECD국가 중 가장 빠른 속도로 고령화되는 사회라고 한다. 그래서 정부는 저출산 추세를 심각하게 고민하고 있다.

보건복지부 진수희 전 장관은 재임시절 인구감소는 심각한 국가위기라며 '아이 낳는 것보다 더 큰 애국은 없다'며 출산을 촉구하기에 이르렀다.

이미 '우리는 단일민족이다'라는 민족적 자긍심도 버린 지 오래다.

이민족에 대한 배타심을 버리고 다양한 민족을 이민자로 받아들여 인구증가를 꾀하고 있는 실정이다.

우선 눈앞의 걱정은 각종 사고로 인하여 한창 생산 활동에 전념해야 할 국가의 소중한 자원들이 무수히 손실되고 있는 현실이다.

정부의 안전정책이 갈수록 강화되는 이유도 여기에 있다.

아직도 진정한 선진국을 향한 갈 길이 멀지만 이제는 개발도상국가 시절처럼 희생을 치러가며 일할 때는 지났다.

출산장려정책도 중요하지만, 우선 발등의 불은 부가가치를 창출하는 소중한 인력들이 안전사고를 당하지 않도록 전력을 다해야 한다는 점이다.

개인적으로도 이보다 큰 불행은 없다.

어떤 이유로든 부모님에게 물려받은 목숨을 수명대로 살지 못하는 것은 무책임하며 가장 큰 불효다.

아무리 재력이 넘치는 가정일지라도 가장이나 자녀 중 한 사람이라도 불의의 사건사고 등으로 온전치 못한 삶을 살고 있다면 그 가정은 행복할 수 없을 것이다.

9.11테러 사태 교훈

이중안전이 세계 경제대란 예방해…

2001년에 미국에서 발생한 9.11테러 사태는 다수의 무고한 인명이 희생됨으로써 세계인의 경악과 분노를 샀었다.

당시 무너진 두 개의 고층건물은 세계 무역센터로서 말 그대로 세계경제의 심장부라고 할 만큼 중요한 기관들이 입주하고 있었다.

자칫 세계경제의 근원이 흔들릴 판이었다. 하지만 사람들의 우려와는 달리 잠시 하강하던 경제지표는 이내 제자리를 찾았다. 세계 금융시스템도 정상작동 되었다.

세계무역센터의 모든 전산내용이 멀리 떨어져 있는 다른 건물과 이원화되었기 때문이다.

'만약 이 건물이 무너지거나 대형화재가 발생한다면 어떻게 될까?'라는 생각으로 미리 대비한 결과다. 그래서 순식간에 건물이 무너졌어도 세계경제에 별다른 타격이 없었다.

103

그들은 겹겹이 안전(Fail safety)을 생활화하고 있었던 것이다. 이처럼 안전을 지키면 피해를 최소화할 수 있다.

그들은 사고를 당하고 난 후 국가에게 책임을 전가하거나 남의 핑계를 대지 않고 평상시에 사고를 당하지 않도록 안전을 생활의 일부로 실천하고 있는 것이다.

개인이나 국가나 항상 '대비하는 마음'이 필요하다.
그들에게 배워야 할 것은 거창한 기술보다도 일상생활에 스며있는 안전시스템과 이를 철저히 실행하는 의식을 우선 본받아야 한다.

안전이 국가 명운 좌우

안전표지판 하나 때문에
남북관계 악화일로

금강산은 우리민족의 정기가 흐르는 명산이다. 그래서 몇 년 전 금강산 관광이 시작되자 많은 국민들이 앞다퉈 갔었다.

그러던 중 우리 관광객 한 명이 관광구역을 벗어나 북한군 초병에 의해 피살되었다.

이 사건으로 인하여 남북 화해무드가 얼어붙으면서 어렵게 개방된 금강산 관광은 지금껏 중단되고 있다.

당시 신문을 보면 사건의 발단은 우리 관광객이 출입금지 구역을 넘어갔기 때문으로 풀이하고 있다.

물론 비무장 민간인에게 사격을 가한 그들 잘못이 훨씬 크지만 거대한 병영국가의 무장초병에게 정상참작을 바라기는 기대난망이다.

사건의 주요발생원인은 출입금지구역을 알리는 아무런 안내표시가 없었다는데 있다고 본다.

경계지역에 울타리를 치거나 '출입금지' 안전표시판 하나만 세웠더라도 결과는 달라졌을 것이다.

그 위험한 구역에 모래로 1~2미터의 낮은 둔덕만 쌓았기 때문에 우리 관광객이 위험을 인지하지 못하고 산책을 갔다가 변을 당한 것이다.

이 사건으로 남북관계는 악화일로로 치달으면서 천안함 폭침사건과 연평도 포격사건으로 무고한 인명이 희생되었다.

그 흔한 안전표지판 하나 세우지 못한 결과가 빚어낸 참극이며 우리 현대사를 바꿔버린 것이다.

이제는 안전이 국가의 명운을 좌우하는 시대가 되었다.

그러므로 말뿐이 아닌 행동으로 옮기는 안전을 생활화해야 한다.

큰일이든 작은 일이든 각 분야에서 자신의 몫을 다할 때 자신의 행복은 물론 가장 쉬운 애국의 길이다.

안전이
국력
04

죽은 사자보다 갓 태어난
강아지가 낫다

20여 년 전인 1988년 초등학교 입학생은 85만 명이었다.

1998년에는 70만 명으로 떨어지더니 올해는 40여 만 명이라고 한다. 20년 만에 43%가 감소된 것이다.

지금과 같은 추세로 간다면 10년 뒤에는 많은 학교들이 폐교될 수밖에 없을 것이다. 대한민국의 전체인구도 2019년부터 감소추세로 돌아선다고 한다.

출산율은 줄어드는 반면 현대의학의 발달과 더불어 평균수명이 늘어나 급속하게 고령화 사회로 접어들고 있다. 2020년경이 되면 노인 인구비율이 15%를 넘어설 기세다.

고령화의 짐을 덜기 위해서는 다음 세대를 많이 낳아야 하는데 우리나라의 출산율은 점점 더 낮아지고 있다.

부양해야 할 노인은 증가하고 국방과 생산 활동을 책임져야 할 미래의 젊은이들이 줄어든다면 경제가 버틸 수 없고 사회보장제도도 무너질 수밖에 없다.

이는 곧 국가의 재앙이다.

그래서 정부는 인구를 늘이기 위해 대통령 직속으로 저 출산 고령사회위원회를 만들어 보육수당, 아동교육비, 불임치료를 지원하기도 하고 불임부부가 체외수정으로 임신을 하면 수술비 300만원 중 150만원은 보조할 만큼 출산장려정책을 추진하고 있다.

일부 지자체는 산모에게 출산축하금, 영양제, 유모차까지 지원하는데도 출산율 증가는 미흡한 실정이다.

더욱 심각한 것은 이처럼 출산인구가 줄어드는 판에 산업전선에서 왕성하게 근무하던 핵심근로인력들이 각종 안전사고로 소중한 생명들을 잃는다는데 있다.

생산 활동을 해야 할 인적자원들이 쓰러지면 국가발전에 당장 문제가 온다. 그러므로 출산장려도 중요하지만 우선 안전사고부터 줄이는 게 급선무다.

아기를 낳아 정상적인 사회인으로 양육하는 데는 많은 노력과 비용이 든다.

수십 년 간 정성을 다하여 키운 자녀가 정상적인 사회인이 되기도 전에 생명을 잃거나 장애인이 된다면 차라리 출산을 하지 않은 것만 못하다.

개인의 불행은 물론 국가적으로도 이보다 큰 손해는 없다.

그러므로 최고경영자나 현장책임자 등도 생산 활동만 독려할 게 아니라 사회적 약자인 근로자의 안전을 배려해야 한다.

자신의 실적만을 위한 이기적인 관리자가 아니라 생명을 존중하는 양심적인 관리자가 되어야 한다.

'이런 작업환경에서 나의 형이나 동생에게 작업을 시켜도 괜찮을까?'라고 반문하면서 누구나 안심하고 일할 수 있는 안전한 일터를 만들어야 한다.

그런데도 안전시설이 미비하거나 근로자의 불안전한 행동을 시정하기 위하여 작업을 중지하면 이렇게 말하는 관리감독자가 있다.

'사고 나면 내가 책임지겠다!'

하지만 그 말처럼 무책임한 말이 없다.

사고로 목숨을 잃은 사람을 무슨 수로 살려내겠다는 말인가? 근로자들의 작업복은 땀에 절고 남루하지만 모두가 더할 수 없이 소중한 생명이다.

작업환경은 먼지가 나기도 하고 지저분할지라도 그들에게는 신성한 일터다. 이제 더 이상 일터를 피로 물들이는 일은 막아야 한다.

근무자들도 안전을 무시한 작업지시는 단호하게 거부해야 한다.

'인생은 굵고 짧게!'라는 말이 있다.

하지만 이왕이면 굵고 길면 더 좋을 것이다.

그게 어렵다면 가늘고 길게라도 사는 것이 죽는 것보다는 훨씬 낫다.

'죽은 사자보다 갓 태어난 강아지가 낫다'는 말을 되새겨 볼 때다.

연구원들의 안타까운 죽음

유능 연구원 한 명이 백만명 먹여 살려!

동남아시아는 사철 농사를 지을 수 있는 좋은 기후조건이지만, 이스라엘은 건조하고 척박한 땅을 가진 작은 나라다.

중동지방에 위치하고 있지만 그 흔한 원유도 나지 않고 만성적인 물 부족국가에 속한다. 하지만 국방은 물론 농산물도 자급자족하고도 남아 유럽으로 품질 좋은 농산물을 대량 수출한다고 한다.

그들은 불리한 지리적 여건을 어떻게 극복했을까?

교육을 통하여 전 국민이 각 분야마다 지식을 축적하고 창의적인 사고를 통하여 열악한 환경을 개선했다고 본다.

결국 국력향상은 교육을 통하여 이루어지는 것이다.

그런 측면에서 교육에 집중투자한 우리 부모들의 선택은 매우 적절했다.

그 덕분에 우리는 수천 년간 이어온 가난한 농경사회를 산업화 사회로 변모시켜 만년 후진국에서 가장 빨리 선진국 대열에 합류할 수 있었다.

대한민국은 지식으로 충만하여 창의적인 연구와 건강한 생산 활동으로 국가의 부를 계속 창출해야 지속적인 발전이 가능한 나라다. 그러므로 국민 모두가 국가의 소중한 자원이며 커다란 재산이다. 그런데 각종 사고로 국가의 자원들이 마구 희생되고 있다.

얼마 전 한 대학 연구소에서 과학실험 중 화학물질이 폭발하여 유능한 연구원들이 목숨을 잃었다.

각 분야에서 왕성한 연구와 생산 활동으로 국가발전에 이바지해야 할 소중한 인력들이 안전사고로 쓰러진 것이다.

유능한 연구원 한 명이 백만 명의 고용을 창출한다고 하는데, 개인의 불행은 물론 국가의 인적자원 관리 차원에서도 안타까운 일이다.

대한민국이 안전을 더 잘 지켜야 하는 이유이다.

질병은 개인 스스로 관리하는 것이 우선일 수밖에 없다. 하지만 안전사고는 체계적인 관리시스템을 착실히 실행하면 줄일 수 있다.

초등학교 시절부터 실효성 있는 안전교육을 정규적으로 가르쳐야 한다. 그리고 전 산업에 걸쳐 분야별 교육 자료를 개발보급하고 범국민 안전의식 향상을 위한 교육을 꾸준히 하여 국가의 소중한 재산인 핵심인력들을 보호해야 한다.

사고로부터 안전을 배우는 나라

객차화재에도 멀뚱멀뚱,
수많은 인명피해 불러

2003년 2월에 대구지하철에서 화재가 발생하여 192명이 목숨을 잃고 148명이 부상을 입는 참혹한 사고가 있었다.

당시 언론들은 밝혀지지 않았던 새로운 내용들을 찾아 기사화했다.

신문은 지하철 관계자들의 안전 불감증과 무책임의 극치를 쏟아냈다.

TV에서는 불이 난 객차에 수백 명이 타고 있는데도 종합사령실의 근무자는 기관사에게 "객차 출입문을 닫고 빨리 도망가라"고 외치는 소리가 생생하게 전파를 탔다.

기관사는 객차 안의 승객안전은 아랑곳하지 않고 종합사령실의 지시대로 객차 출입문을 닫고 피신해 버렸다.

결국 다수의 승객들이 희생되었다. 며칠 후 종합사령실과 기관사 간의 대화 녹음테이프를 경찰에 제출하면서 불리한 내용은 삭제하거나 숨겼음이 들통 나 유족들을 더욱 화나고 슬프게 했었다.

사고가 발생된 배경을 살펴보자.

첫째 : 방화범은 뇌졸중으로 쓰러져 2급장애인 판정을 받은 우울증환자였다.

그는 장애인에 대한 차별과 편견을 견디지 못하고 자포자기 상태에서 사회적 경종을 울리기 위하여 방화를 저질렀다. 장애인에 대한 편견과 차별의 벽을 허물라는 강력한 의사표현이었다.

둘째 : 승객들은 '누가 뭘 해도 그것은 나를 제외한 다른 사람들의 문제'라고 생각했다.

방화범은 객차 안에서 신문지에 휘발유를 뿌린 다음 바로 불을 붙이지 않았다. 주위사람에게 "불을 지르겠다"고 여러 번 소리치며 자신에게 관심을 가져주기를 기대했으나 철저히 무관심했으며 누구도 만류하지 않았다.

'불을 지르던 말든 나와는 상관없다'라는 안일함과 설마 의식이 참사를 불러 왔다.

셋째 : 안전에 대한 무관심과 무지이다.

대형화재도 대부분 처음에는 작은 불에서 시작하므로 초기에 잘 대응하면 바로 불을 끌 수 있다. 하지만 객차 양 끝에 소화기가 4개나 있었으나 의자 밑에 있는 소화기가 보일 리 만무했다. 만약 소화기를 잘 보이는 곳에 비치했더라면 수백 명의 승객 중에서 몇 명 정도는 화재를 초기에 제압했을 것이다.

또 유리창을 깰 수 있는 비상용 망치를 승객들이 잘 보이는 곳에 비치했더라면 그토록 많은 사상자가 발생하지는 않았을 것이다.

소방법에는 소화기를 의무 비치하도록 돼 있다.

극장이나 열차 등 다중이용시설에 비치하는 소화기는 잘 보이는 곳에 두라고 명시되어 있지만, 무성의하게 의자 밑에 둔 것이 이번 참사의 한 원인이다.

그 많은 소방공무원과 철도청의 직원들은 무엇을 점검했는지 궁금하다.

넷째 : 책임 있는 자들의 무책임한 행위다.

종합사령실에 3명이나 근무하고 있었는데도 해야 할 일을 망각하고 무책임한 언동으로 일관하다가 후에 처벌이 두려워 사건의 정황을 은폐했다.

승객안전에 대한 매뉴얼이 있었을 테지만 아무런 구실을 못했다.

그 사건 후 소화기는 객차 양쪽 끝 잘 보이는 위치에 놓여 있다.

많은 사상자를 낸 후에야 비로소 소화기가 제자리를 찾았다. 소화기 하나 제자리를 찾는데 수많은 인명이 피해를 입어야 한다면 분명 잘못된 사회다.

행위에 대한 책임을 지는 풍토가 정착된 사회가 건강한 사회다.

성수대교가 붕괴된 후에야 전국의 교량 밑에 점검사다리와 발판이 설치됐다. 사고로부터 안전을 배우는 일이 더 이상 되풀이되면 안 된다.

보이지 않는 끈

안전법규는 나와 상대가 연결된 약속

이솝우화에 쥐와 개구리 이야기가 나온다.

어느 날 쥐와 개구리는 서로 친구가 되기로 했다.

개구리는 아주 빠르게 달리는 쥐가 몹시 부러웠다.

개구리는 꾀를 내어 쥐에게 끈으로 다리를 함께 묶자고 하였다.

이제 쥐가 달려가는 곳에는 어디든지 개구리도 따라 가게 되었다. 그런데 신나게 놀던 개구리가 지루했던지 갑자기 물 속으로 뛰어 들었다.

개구리는 이리저리 헤엄을 치면서 콧노래를 불렀다.

그러나 쥐는 숨이 막혀 죽을 지경이었다.

쥐는 살려달라고 사정을 했지만 개구리는 '우리는 친구니까 어디든지 함께 가는 거야'하며 놀렸다.

마침내 쥐가 죽어서 물 위로 떠올랐다.

그때 독수리가 쏜살같이 날아와서 쥐를 낚아챘다.

결국 개구리도 쥐와 함께 독수리의 밥이 되고 말았다.

우리들도 서로 끈으로 묶여 있다고 본다.

그래서 더불어서 살아야 한다.

이웃이 질병으로 숨을 헐떡일 때 헤엄 잘 치는 개구리처럼 들은 척도 않는다면 보이지 않은 끈에 의해 함께 불행의 늪으로 빠질 수 있다.

몇 년 전에 있었던 삼풍백화점 붕괴사고, 성수대교 붕괴사고, 아현동도시가스 폭발사고, 대구상인동 가스폭발사고, 화성씨랜드 화재사고 등 우리 사회를 비탄에 잠기게 했던 대형사고로 수많은 사람들이 고귀한 생명을 잃었다.

앞에서 지적했듯이 대구지하철 화재사고만 해도 한 사람의 우울증 환자에 의해서 저질러진 일이다.

결국 무관심과 무성의가 수많은 사람들의 귀중한 목숨을 빼앗아간 셈이다.

목숨을 잃은 사람들은 방화범과 아무런 관계가 없는 이들이다. 하지만 그 사람 때문에 생명을 잃었으니 관계가 없는 것이 아니다.

이처럼 우리는 서로 보이지 않는 끈에 연결돼 있다.

각종 질병이나 사고로 응급수술을 할 때 많은 피가 필요하다. 수술환자는 전혀 알지 못하는 사람들의 피를 받아 생명을 건진다.

운전 중에 정서 불안증이나 음주 운전자에 의해 갑자기 중앙선을 침범당할 수도 있다.

나라가 위급하면 젊은이들은 조국을 위해 피 끓는 목숨을 걸고 전쟁터로 달려간다.

이렇듯 인간은 혼자서 살 수 없다. 나만 잘 살면 된다는 단세포적 사고가 불행과 연결된 끈이 될 수 있다.

보이지 않은 끈에 의해 우리는 서로 당겨지기도 하고 이끌려 올려지며 또한 내려갈 수 있기 때문이다. 교통법규나 각종 사회 안전법규는 모두가 지켜야 할 사회적 약속이다.

서로 약속을 잘 지킬 때 나와 상대의 안전이 확보된다.

신호등을 무시하거나 음주운전 행위 등은 중대한 약속위반이다. 위반자의 피해에 그치지 않고 타인에게도 큰 피해를 주기 때문이다.

그러므로 우리는 살아가면서 '보이지 않는 끈'을 항상 인식해야 한다. 모두가 남을 배려하는 사랑의 끈으로 연결될 때 우리의 삶은 보다 풍요롭고 안전한 사회가 될 것이다.

약자를 배려하는 사회

가진 자의 무리한 공기단축,
사회적 약자 희생초래

어느 재미교포의 집에서 일어난 일이라고 한다.

고국의 친지로부터 귀한 도자기를 선물로 받아 응접실에 놓아두고 고향생각이 날 때마다 향수를 달래곤 했다.

그러던 어느 날 다섯 살 먹은 손자의 비명소리에 놀라 내려가 보니 손자의 손이 도자기 안에서 빠지지 않아 울고 있었다. 아이의 손목을 이리저리 돌려보기도 하고 식용유를 바르고 도자기를 움직여가며 손을 빼내려 했으나 들어갈 때와는 달리 좀처럼 빠지지 않았다.

겁을 먹은 손자는 더 거세게 울어대기 시작했다.

하는 수 없이 아끼던 도자기를 깨야 할 판이었다.

몹시 아쉬웠지만 눈에 넣어도 아프지 않을 귀여운 손자를 위해 기꺼이 도자기를 깨트리고 아이의 손을 꺼냈다.

그런데 아이가 주먹을 꼭 쥐고 있는 것이 아닌가?

주먹을 펴보니 동전이 들어 있었다.

아이에게는 도자기보다 동전이 더 소중했던 것이다.

이처럼 사람마다 우선 가치가 다르고 그에 따라 행동과 결과가 달라진다.

기업도 근무자의 안전을 중시하는 회사와 무리한 방법을 동원해서라도 이익만 쫓는 회사는 추구하는 가치와 방향이 다르기 때문에 경영결과가 달라질 수밖에 없다.

2008년 1월에 발생했던 이천 냉동 창고 화재사고는 사업주의 무리한 공사기간 단축으로 인한 전형적인 안전사고로서 공사 중이던 40여 명이 목숨을 잃었다.

수년 전 부산의 냉동창고 화재사고와 크게 다르지 않은 것을 보면 사고원인에 따른 재발방지대책이 미흡했거나 이행되지 않았다고 본다.

정확한 재발방지대책 수립을 위해서는 이번사고와 관련된 관계자들의 이해관계를 짚어 볼 필요가 있다.

*발주자 : 공사기간을 앞당겨서 공사 목적물을 빨리 인도받아 조기에 사업을 하려 했다.

*원도급자 : 발주자와 계약한 공사기간을 앞당겨 완공함으로써 공사비 절감을 꾀했다.

*하도급자 : 원도급자에게 종속된 기술과 자본영세성에 의해 원도급자의 무리한 공사 진행 요구를 수용할 수밖에 없어 작업절차를 생략하고 안전관리를 소홀히 했다.

하도급업체 현장소장은 공사기간 준수, 품질확보, 원가절감을 통하여 이윤을 남겨야 하는 3가지 난제를 해결하기도 벅차 안전관리를 챙길 여력이 없었다.

*근로자 : 체계적인 기능교육과 안전교육을 이수하지 않고 현장에서 어깨너머로 기능을 익힘으로써 재료나 물질 특성도 알지 못하고 자신이 위험요소와 유해인자로부터 노출된 사실도 모른 채 작업을 수행했다.

결국 근본적인 사고원인은 공사기간을 앞당기려는 발주자와 원도급자의 무리한 공사 진행에서 찾을 수 있는데도, 근로자에 대한 안전교육과 안전시설 미흡 등 단세포적인 사고원인에 집착하다보니 동일한 유형의 사고가 재발된다.

근원적인 사고원인을 외면하고 상투적인 원인진단을 하는데서 대책도 미흡할 수밖에 없는 것이다.

당시 신문기사를 보면 사업주의 사업구상에는 무리한 공사 진행으로 인한 작업자의 안전사고 피해 등은 애초에 고려의 대상이 되지 않았다.

오직 하루라도 빨리 완공하면 이익이 얼마일까에 집중되어 있었다. 그러므로 발주자와 원도급자가 공사기간을 무리하게 단축하지 않도록 제도적 장치를 마련해야 근로자들의 희생을 막을 수 있다.

이윤을 추구하는 것은 기업경영의 본질이다. 하지만 부도덕하고 비윤리적인 방법으로 공사를 강행하면서까지 이윤을 극대화하려는 행위는 온당치 못하다.

발주자가 직접 건설공사에 참여한다면 굳이 위험을 감수하며 공사기간을 단축하려 하지는 않을 것이다.

발주자나 그의 가족은 위험한 공사현장에 출입할 필요 없이 공사가 완료된 후 공사목적물만 인도 받으면 되기 때문에 남이야 어떻게 되던 공사기간을 단축하려 한다.

현행법으로도 발주자의 무리한 공기단축에 대해서 아무런 제재를 할 수 없다. 이런 상황에서 발주자와 계약한 공사기간을 지키기 위해서는 안전이 뒷전일 수밖에 없다.

이번 사고가 발생한 현장의 건물 크기는 축구장 10배 정도의 크기라고 한다.

냉동 창고 특성상 출입구는 몇 개 밖에 없는 대형 건물 안에서 다양한 종류의 공사를 동시다발로 진행할 수밖에 없다.

현장소장은 최소한의 안전시설도 버거웠을 것으로 짐작된다. 근로자의 안전은 운에 맡긴 채 그의 목표는 오로지 정해진 날짜에 완공할 수 있느냐에 집중되었을 것이다.

그 와중에 안전의 사각지대에 몰린 근로자들이 추풍낙엽처럼 쓰러진 것이다.

이렇듯 법 앞에서 모두가 평등하다지만 돈을 가진 자와 없는 자가 평등하지 않은 것이 부정할 수 없는 현실이다. 자본주의 사회에서는 돈을 가진 자가 사회적 강자인 것이다.

따지고 보면 돈 없는 약자가 사회적 강자의 이익을 위해 위험을 떠안고 작업을 하다가 희생된 셈이다.

동전을 차지하기 위해 주먹을 쥠으로써 도자기를 깨도록 한 어린아이처럼, 작은 이익을 위해 고귀한 생명들을 깨트린 회사와 경영자는 지탄받아 마땅하다.

나아가 도자기의 가치를 모르는 어린아이에게 도자기를 맡길 수 없는 것처럼 인도주의적 의무인 생명존중의 경영가치를 모르는 사업주에게 회사경영을 맡겨서는 안 된다.

이제는 사회적 안전체제가 확보되지 않은 불안전한 사회에서 지혜롭게 생존하는 방법을 모두가 모색하고 실천해야 할 때다.

사회적 약자를 배려하는 사회가 건강한 사회다.
이제는 가진 자들이 근로자를 배려해야 한다.

신바람 정신

위대한 민족자산을
안전문화 정착에 활용해야

1980년대 초 주한미군사령관을 지냈던 존 위컴이란 자가 '한국 사람은 들쥐와 같은 습성을 가진 사람들이다'라고 악담을 하며 떠난 적이 있었다.

장마 때 하천에 물이 불면 땅속 둥지에 있던 새끼 쥐들이 어미의 꼬리를 연이어 물고 어미를 따라 이동하는 모습을 빗댄 말이다.

아무 생각 없이 무작정 어미를 따라가는 들쥐 새끼들처럼 한국인은 누가 선동하면 별다른 의식 없이 따라나서 동조하며 사회를 혼란시킨다는 것이다. 그러나 이는 우리의 신바람 정신을 악의적으로 왜곡시킨 불쾌한 말이다.

신바람정신은 구성원들의 목표가 정해지면 개인의 이해관계를 뛰어 넘어 한마음 한뜻으로 일치단결하여 신명나고 재미있게 함으로써, 목표를 어렵지 않게 달성하는 우리민족 고유의 정신적 유산이다.

한민족 공동체정신의 결정체인 신바람은 목표를 향해 집단적으로 몰입하여 공동의 이익을 달성토록 하는 신비한 힘을 가진, 말 그대로 '신(神)바람'인 것이다.

농경민족으로서 한곳에 정착할 수밖에 없는 환경에서 오랜 세월 동안 수많은 외침을 당하다보니, 반도국가라는 지형 특성상 달리 피할 곳도 없었을 것이므로 어떻게든 외적의 침략을 극복해야 했던 과정에서 자연스럽게 형성되어 한민족의 혼에 녹아있는 것으로 짐작된다.

그래서 '그래, 우리도 한번 해보자'하고 마음먹으면 엄청난 추진력을 발휘하여 예상치 못했던 성과를 내곤 했다.

조상대대로 물려받은 빈곤에서 벗어날 수 있었던 것도 '우리도 할 수 있다'는 마음으로 새마을 운동을 신바람 나게 펼친 결과다.

시너지효과를 극대화시키는 이 정신은 당초 목표를 초과달성하는 원동력이 되어 세계인들을 놀라게 하기도 한다.

2002년 월드컵 축구 4강신화도 그 대표적 사례 중 하나다.

그 성과는 축구선수들만이 이루어낸 것이 아니다.

온 국민이 일치단결하여 붉은 악마와 열광적인 응원전을 펼쳐 당초 16강 목표를 초과달성하더니 급기야 4강까지 이뤄

냈다. 외신들은 대한민국 축구팀이 불가사의한 일을 저질렀다고 앞다퉈 보도했다.

전 국민의 염원이 담긴 응원의 물결이 선수들에게 승리에 대한 의지를 불태우도록 한 결과라고 생각한다.

당시 세계인들은 전국 곳곳에서 펼쳐졌던 감동적인 응원을 경이롭게 지켜봤다.

한국인은 한번 신바람을 내면 무서운 단결력을 보인다.

우리 축구팀에 패배한 이탈리아 언론이 갖가지 험담기사를 늘어놓자, 이탈리아와는 전혀 관계없는 '이태리 타올'도 사용하지 말자는 농담도 유행했었다.

이처럼 우리는 '신바람'이라는 위대한 민족적 자산을 가진 저력 있는 민족이다. 이 훌륭한 자산을 산업현장의 안전관리에도 적용하면 얼마나 좋을까?

국가와 개인 모두에게 막대한 피해와 고통을 주는 안전사고는 어떤 일이 있어도 막아야 한다. 그래서 '인적자원이 유일하다시피한 나라에서 귀중한 생명이 사고로 쓰러져서는 안 된다'는 공감대가 하루 빨리 형성되어야 한다.

그동안 후진국에서 선진국으로 진입한 뒤안길에는 수많은 희생이 있었다. 이제 선진국을 따라잡기 위한 빨리빨리 문화는 국가의 경쟁력을 떨어트릴 뿐이다.

우리는 2차 대전 후 최빈국에서 선진국에 진입한 유일한 국가이다. 대한민국을 절망스럽게 했던 IMF사태도 전 국민이 '금모으기 운동'을 벌여 위기를 지혜롭게 극복할 수 있었다. 전 국민이 한마음 한뜻으로 결집하여 위기를 극복한 사례는 세계에서 유래를 찾아볼 수 없다고 한다.

절체절명의 위기를 극복하고 전 국민이 염원한 축구 4강을 달성했듯이 신바람 민족답게 국민 모두가 안전사고를 예방하겠다는 굳은 결의로 일치단결한다면 무재해 달성은 어렵지 않다고 본다. 각국이 국가적 역량을 총동원하여 전력을 다하는 월드컵대회에서도 4강 위업을 달성했는데, 무재해를 이루지 못할 이유가 없다.

사람의 생명을 지키는 것은 어떤 것과도 양보할 수 없는 최우선 가치다.

이제는 국민 모두가 생명을 중시하는 신바람 나는 안전 분위기를 조성하여 한층 더 안전하고 역동적인 대한민국을 만들어가야겠다.

한편 존 위컴 전 주한미군사령관이 오래 살아주기 바란다. 사는 동안 대한민국의 비약적인 발전모습 속에서 한민족의 위대성을 재발견하고 무지와 경솔함에서 비롯된 자신의 무례한 발언을 후회하기 바란다.

애벌레의 비애

리더를 잘 선택해야 안전하고 행복해

곤충 관찰 기록인 〈파브르의 곤충기〉를 보면 흥미로운 내용이 있다.

어떤 애벌레들은 이동할 때 맨 앞의 애벌레의 꼬리를 연달아 물고 일렬로 따라간다고 한다. 그런데 선두 애벌레를 조금씩 건드리면서 방향을 전환시켜 원을 그리도록 했다.

원을 작게 만들어 선두 애벌레가 맨 뒤 애벌레의 꼬리를 물도록 했더니 제자리를 맴돌았다. 그 자리에서 1주일 이상을 맴돌다가 모두 죽었다고 한다.

곤충뿐만 아니라 인간사회에서도 리더의 역할이 얼마나 중요한지 상징적으로 보여주는 사례는 많다.

영국에서 가장 오랜 역사와 명성을 누렸고 엘리자베스 2세 여왕도 이용했으며, 전 세계에 270억 파운드가 넘는 자산을 가졌었던 베어링스 은행이 닉 리슨이라는 28세의 풋내기 직원 한 명에 의해서 무너진 대형 금융사고가 있었다.

은행은 거래와 결산업무 담당자를 분리시키는 것이 경영의 철칙이다.

딜러가 자신의 거래결과를 결산하게 되면 거래내역과 손실을 은폐하기 쉽기 때문이다. 그러나 베어링스 은행은 이 원칙을 무시한 것이 화근이었다.

베어링스 최고경영자는 탁월한 영업실적을 올려왔던 한 젊은 직원을 너무 신뢰한 나머지 거래와 결산을 독자적으로 처리할 수 있는 권한을 부여한 것이다.

최고 경영자는 엄청난 실적을 올리는 닉 리슨으로 하여금 결재과정에서 오는 시간낭비를 줄이고 신속히 판단함으로써 최상의 업무실적을 내도록 전권을 위임하는 특별배려(?)를 한 것이다.

하지만 닉 리슨은 금융상품에 투자하여 손해 본 금액을 손쉽게 은폐할 수 있었고 손실을 만회하기 위하여 고위험 금융상품에 도박성 투자를 했지만, 실패를 반복하여 손실금액만 눈덩이처럼 커져갔다.

본인 외에는 아무도 몰랐던 엄청난 손실은 본사에서 부여한 거래와 결산권한을 이용하여 은밀하게 숨겨졌다.

설상가상으로 본사에서도 그의 이중계좌 중 하나를 확실하게 폐기처리하지 않는 치명적인 실수를 하고 말았다.

닉 리슨의 업무동향을 확인할 수 있는 두 개의 안전시스템이 모두 사라진 셈이다.

광산의 카나리아와 같은 최후의 안전장치가 제거된 것이다.

그는 거액의 손실을 만회하기 위해 광란에 가까운 투기성 금융상품에 거액을 쏟아 부어 천문학적인 손실을 입음으로써, 절대 몰락하지 않을 것처럼 탄탄했던 은행도 허망하게 무너지고 말았다.(이 사고는 너무나 드라마틱하여 영화로 제작되었으며 '갬블'이라는 제목으로 국내에서 상영되었다.)

최고경영층이 은행경영의 불변의 원칙을 무시하고 베어링스라고 하는 거대한 항공모함의 키를 풋내기 청년에게 맡긴 탓에 침몰한 것이다.

결국 230년이 넘는 역사를 지닌 이 은행은 네덜란드의 ING그룹에 1파운드라는 상징적인 가격에 매각됐다.

한때는 국제금융계의 왕자로 군림했던 닉 리슨은 모든 상황을 뒤로하고 가족과 몰래 도망치다가 공항에서 붙잡히는 신세가 됐다.

결국 그는 부패된 고기에 그럴듯한 향신료를 뿌린 스테이크를 만드는 요리사와 같은 존재였던 것이다.

최고경영층은 먹음직스런 향에 취해 부패한 스테이크를 받아먹고 돌이킬 수 없는 중병에 걸려 사망한 것과 다름없다.

리더가 자신의 본분을 망각하고 조직원을 맹신한 참혹한
결과다.

방심과 자만 대신 신중함과 확인하는 습관을 가졌더라면
오랜 역사와 명성을 자랑하던 거대 은행이 허망하게 무너지
지는 않았을 것이다. 그러므로 리더는 멀리 있는 숲을 보면서
길을 잃지 말아야 하고 눈앞의 나무도 볼 줄 알아야 한다.

모든 상황을 정확히 파악하여 가야 할 방향을 정하고 대열
을 이끌어야 한다.

장애물이 나타나면 넘어야 할지 우회해야 할지를 정확하게
판단해야 무사히 목적지에 도착할 수 있다.

비단 개인이나 회사뿐만 아니라 수많은 인명피해와 고난을
겪는 나라는 모두가 리더를 잘못 만난 탓이다.

가정에서 부모는 자녀를, 각 사업장의 책임자는 근무자들
을 안전한 길로 이끌어야 한다.

애벌레의 리더처럼 리더십이 없거나 역할을 포기하면 비극이 찾
아온다.

소금의 역할

소금은 적은 양으로도 큰일 해낸다

민물과 바닷물의 가장 큰 차이는 소금 함유량의 차이일 것
이다.

바닷물에는 3%의 소금이 함유되어 있다. 이 적은 양의 소
금이 바닷물로 특징 지워진다.

원시시대부터 인류는 해산물로 생명을 연장해왔고 오늘날
에도 바다에서 생산되는 수산물은 인류의 주요 식량공급원이
다.

적은 양의 소금이 커다란 일을 하고 있는 것이다.

고유의 맛을 내는 소금은 우리 몸을 유지하는데 없어서는
안 될 필수성분이다.

또한 음식물의 부패를 방지하기도 한다.

우리 사회를 구성하는 각 단체나 조직의 리더들도 소금과
같은 역할을 해야 하지 않을까?

부모들의 각별한 관심과 보살핌이 있어야 아이들이 건강하게 자랄 수 있듯이 산업현장도 안전책임자들이 '근무자들의 안전은 내 손에 달렸다'는 사명감을 가져야 재해를 줄일 수 있다.

적은 양으로도 큰일을 해내는 소금처럼 주어진 몫을 다하는 사람이 많을수록 안전하고 행복한 나라가 될 것이다.

자기과시욕과 전쟁

히틀러는 군 입대기피에
자기과시욕자?

   수많은 인명을 살상하는 전쟁은 최악의 재앙이며 가장 추악한 범죄행위다. 그런데 인류 역사상 여자가 전쟁을 일으킨 적은 없다. 크고 작은 전쟁 모두가 남자들이 유발시킨다.

   그래서 어떤 전쟁사학자는 '남자들이 임신과 출산의 고통을 모르기 때문에 전쟁을 일으킨다'며 여성들이 정치를 한다면 전쟁은 일어나지 않는다고 주장하기도 한다.

   전쟁을 촉발시키는 사람들은 '평화를 위한 어쩔 수 없는 선택'이라는 둥 그럴듯한 명분을 내세운다.

   그런데 국가 간의 분쟁을 대화와 협상보다는 전쟁으로 해결하려는 호전광들은 놀랍게도 군대를 갔다 오지 않은 사람들이 많다고 한다.

   이라크전을 촉발시킨 폴 울포위츠와 딕 체니는 미국의 대표적 매파이지만 아이러니하게도 이들은 군 미필자들이다.

국방장관과 부통령을 지냈던 딕 체니는 군 미필자답지 않게 취미가 사냥이라고 한다.

그는 몇 년 전 엽총으로 사냥을 하다가 애꿎은 민간인에게 총질을 하기도 했다.

이라크와 아프가니스탄에서 전쟁을 벌이고 있으면서도 남오세티아 전쟁 당시에 러시아와 전쟁을 추진했다는 사실이 밝혀지기도 했다.

러시아와의 전쟁은 세계멸망을 두려워하지 않고서는 엄두를 못 낼 일이다.

미국 정계의 대표적 비둘기파인 콜린 파월 전 국무장관은 월남전을 비롯한 각종 전투에 참전한 4성 장군 출신이다. 하지만 그는 전쟁의 참상을 누구보다 잘 알기에 대화와 협상을 중시했다가 이들로부터 집중적인 따돌림을 당해야만 했다.

내세울 것 없는 군 미필자들이 왜 이처럼 호전적 태도를 보일까? 마치 경제적으로 넉넉지 않은 사람이 값비싼 외제차를 할부 구입해서라도 자기과시를 하며 궁핍함을 은폐하려는 것처럼 자신들의 열등의식을 감추기 위함이 아닐까?

또 군대 문턱에도 가보지 않은 악명 높은 독재자들은 스스로 어깨에 별을 무더기로 달고 폭정을 휘두르기도 한다.

그들을 보면 가시 없는 고슴도치가 이곳저곳을 설치는 것처럼 우스꽝스럽다.

6백여 만 명의 유태인을 학살한 히틀러는 오스트리아에서 출생하여 군 징집을 피해 독일로 도망 갔던 오스트리아인이다.(후에 독일육군 통신병으로 근무했다)

그는 순수 독일인 혈통도 아니었지만, 탁월한 대중연설 능력으로 수많은 지식인을 포함한 독일대중을 그의 신봉자로 만들며 무소불위의 권력을 휘둘렀던 것이다.

당시 독일은 유럽에서 군사나 문화적으로 가장 발전하여 세계최고 수준의 사상가, 문학가, 음악가 등을 자랑하는 국가였지만, 그들도 대중의 마음을 제멋대로 요리하는 히틀러에게 집단최면당하여 대학살극을 반대하기는커녕 전쟁을 치르면서 노예처럼 헌신했다.

당시 대다수 독일인들은 인간만이 가진 최소한의 양심이나 이성마저도 히틀러에 대한 충성의욕 앞에 마비되고 말았다. 그래서 인류역사상 최악의 범죄행위에 협조하거나 응원하는 윤리적 파탄행위를 전쟁패배가 명백해진 종전직전까지 계속했다.

'악이 승리하기 위해 반드시 필요한 것은 선한 자들의 침묵이다'라고 주장했던 영국의 정치가 에드먼드 버크의 말이 맞았던 것이다. 사실 전쟁이나 대형범죄는 극소수의 정책결정자에 의해서 일어나며, 그에 동조하는 전쟁범죄 가담자들도 그다지 많지 않다.

유태인 대량학살도 10만 여명의 독일인에 의해 자행되었으며, 이는 당시 독일 성인남성 전체인구의 1%도 안 되는 숫자였다.

2차 세계대전 후에도 캄보디아와 아프리카의 르완다에서 대량학살사건이 있었다.

따지고 보면 이 모두가 대화와 협상보다는 무력으로 해결하려는 몇 명의 전쟁광들 때문에 빚어진 일이다.

그러므로 법보다 주먹이 가깝다거나 권력은 총구에서 나온다는 구시대적인 발상을 하는 호전적인 정치인들이 출현하지 않도록 해야 한다.

'정치는 정치인들이 할 일'이라는 수수방관하는 태도는 옳지 못하다.

전쟁은 최악의 안전재앙이기 때문이다.

유년시절에 형성된 자아와 인격은 그 사람 일생의 향방을 결정하고 지배하기도 한다. 취학 전 어린이에게 한글이나 영어를 조기 학습시키는 것은 남에게 지지 않기 위한 경쟁심만 유발시킬 뿐이다. 아이들에게 생명을 존중하고 남을 배려하는 가정교육이 선행돼야 성장해서도 남에게 폐를 끼치지 않는 정상적인 사회인이 될 것이다. 더 이상 인격형성 미숙아들이 인류에게 악행을 저지르지 않도록 해야 한다.

남한과 북한 그리고 일본의 차이

북한은 들것으로 폭탄처리,
일본은 주민대피 후 처리

예전에 북한의 경수로 현장에서 근무할 때 있었던 일이다.

백사장에서 굴착작업 중 6.25전쟁 중 투하되었던 대형 불발탄이 발견되었다.

안전규정에 따라 북측에 신고하니 담당자가 '폭발물 처리반이 올 때까지 인원을 통제해 달라'는 부탁을 했다.

얼마 후 평범해 보이는 작업인부들이 오더니 폭발 위험성 따위는 안중에도 없는 듯 망설임 없이 들것에 싣고 어디론가 사라졌다.

몇 년 후 한강교량현장에서 근무 중 수중에서 동일한 종류의 폭탄이 인양되었다.

관할 경찰에 신고하여 공군 폭발물 처리반원이 오더니 주위에 안전테이프를 두르고 폭발되지 않도록 부분 해체 후 신고 갔다.

그 후 일본 도쿄에서도 철로를 지하로 옮기는 공사 도중 대형 불발탄이 발견됐다.

시 당국은 불발탄 발견지점에서 반경 500미터를 경계구역으로 정하고 구역 내 8천여 가구의 주민 1만 6000여 명에게 퇴거명령을 내려 피난을 가도록 했다.

경찰을 동원하여 비협조자를 강제로 퇴거시킨 것도 모자라 시 공무원 수백 명을 동원하여 가가호호를 모두 방문하여 확인했다.

경계구역을 통과하는 전철과 도로도 폐쇄되고 나서야 육상자위대가 폭탄을 처리했다고 한다.

불발탄 한 발에도 빈틈없이 대비하는 일본은 역시 안전공화국이라고 인정하지 않을 수 없다.

야구장 곳곳에 배치된 안전요원(복장이 경찰 같기도 했다)들이 홈런공이 낙하된 관중석에 득달같이 쫓아가 관객의 부상 여부를 확인하는 나라인 것을 보면 그들은 항상 사고발생 가능성을 생각하며 대비하는 것 같다.

자연재해가 많은 나라라서인지 지나칠 만큼 철저한 안전의식이 몸에 배어 있고 실천이 습관화된 민족처럼 보인다.

결국 국력은 그 나라의 안전의식과 수준에 직결 되어 있음을 세 나라의 불발탄 해체작업을 통하여 확인이 가능하다고 본다.

그들의 의식을 들여다보면 이렇지 않을까?

북한 : "설마 이렇게 오래 된 폭탄이 터질 리 있겠어?"

대한민국 : "이 정도 하면 별 문제 없을 거야."

일본 : "만에 하나 폭탄이 터진다면 어떤 일이 일어날까?"

동시에 이런 궁금증이 뒤따른다.

북한은 과연 폭탄 해체작업에 대한 절차서가 있을까?

대한민국은 과연 절차서대로 해체운반을 한 것일까?

일본은 불발탄을 해체운반 후 어떤 행동을 했을까?

아마 일본은 굴착작업 중 불발탄이 또 나올 것을 예상하고 후속대책을 세워 각 건설현장에 홍보하느라 분주했을 것으로 짐작한다.

이것이 그들과 우리와의 두드러진 차이가 아닐까?

진정한 선진국은 단순히 경제적 수치로만 결정되는 것은 아니다.

준법의식, 낮은 범죄율, 이웃을 배려하는 시민정신 등 사회 성숙도가 선진국의 지표가 된다. 그중에서도 빈틈없는 사회안전망을 구축하고 이를 철저히 실천하는 나라야 말로 인간존중정신을 실현하는 참다운 선진국이라 할 것이다.

대한민국이 강하고 행복한 나라가 되기 위해서는 단 한명의 생명이라도 귀중하게 여기는 사회적 공감대가 조성되어 '안전은 나를 제외한 일이 아닌 나부터 먼저 해야 하는 일'로 의식이 전환되어야 한다.

진정한 선진국은 빈틈없는 안전실천에서 비롯된다는 사실을 되새겨 서로 배려하는 마음가짐으로 안전한 사회를 만들어야 하겠다.

Part 4.

작은 습관의 차이가
성패를 결정한다

.

인간과 침팬지의 차이

미세한 유전자 차이가 인간과 침팬지로 나뉘듯
사고도 작은 습관의 차이 때문

어렸을 적 누구나 한번쯤은 '어떻게 해서 나는 아버지의 외모는 물론 성격까지 닮았을까?'라는 의문을 가졌을 것이다.

또 '식물의 씨앗 속에 무슨 비밀이 있기에 대대로 전해져 똑같은 나무가 자랄까?' 하고 궁금증을 가졌던 사람도 있을 법하다.

과학자들은 '유전인자가 전달되어 그렇다'고 말할 뿐 과정은 밝히지 못했다. 그런데 현대의 눈부신 과학발전은 마침내 인간의 유전자 비밀까지도 해독하기에 이르렀다.

이제는 인간의 유전자 지도를 완성하여 신의 영역인 생명의 근원과 비밀까지 파악할 수 있게 되었고 이를 응용하여 불치병을 치유할 수 있는 길이 열렸다고 한다.

인간과 더불어 침팬지나 원숭이의 유전자 지도도 완성되었다.

흥미로운 사실은 수십억 개의 유전자 중 인간과 침팬지의 차이는 불과 1.23%의 차이 밖에 나지 않는다는 것이다.

얼핏 봐도 인간과 침팬지는 외모가 비슷하지만 유전학적으로도 미세한 차이밖에 없다는 것이 밝혀진 것이다.

더욱 놀라운 것은 침팬지가 동물 중에는 유일하게 사냥용 창을 만든다는 사실이 확인됐다고 한다.

일부 동물이 도구를 사용한다는 사실은 이미 알려졌지만, 사냥무기까지 제작한다니 놀랍기만 하다. 침팬지가 창으로 원숭이를 끌어내 잡는 모습도 목격됐다고 전한다.

원숭이 등 유인원들은 조직화된 집단을 구성하여 생활하며 이동할 때는 대열의 맨 앞과 뒤에서 건장한 수컷이 구성원을 보호할 줄도 안다.

동물원의 유인원 사육사 말에 의하면 원숭이도 사육사의 성별을 구분할 줄 알며 어떤 원숭이는 여사육사를 짝사랑하여 그녀가 나타나면 얼굴이 홍당무가 되어 어쩔 줄 모른다고 한다.

사춘기 시절에 짝사랑 하던 여학생 앞에서 수줍어하던 남학생 모습과 너무 흡사하다고 한다.

이렇듯 인간과 유인원과는 별 차이가 없다.

그런데도 극히 적은 유전자의 차이로 인간은 지구를 지배하고 있고 침팬지나 원숭이는 동물원 신세를 면치 못하고 있다.

미세한 유전자의 차이가 이처럼 큰 차이로 벌어진 것이다.

이런 현상은 인간사회에서도 나타난다.

한날한시에 태어난 사람들도 장년이 되었을 때는 서로 다른 위치에 있다. 비참하게 하루하루를 연명하는 사람도 있고, 단란한 가정을 꾸리며 행복하게 살기도 하고 사회의 지도층 인사가 되기도 한다. 또 같은 대학이나 회사에 입사했지만 수십 년 후에는 각자 사회적 위치가 달라진다.

출발은 같았지만 사람마다 작은 습관의 차이에 의해서 시간이 지남에 따라 큰 격차가 나는 것이다.

안전도 마찬가지다.

남들이 알아차릴 수 없는 작은 차이가 돌이킬 수 없는 결과로 나타나기도 한다.

횡단보도를 건널 때 좌우를 살펴본 후 건너는 사람과 신호등만 믿고 건너는 사람과는 별 차이가 없어 보인다.

좌우를 확인하는 사람은 졸음운전이나 음주, 난폭 운전자에 대한 대비를 하는 사람이다.

그러나 초록 신호등만을 보고 횡단보도를 건너는 사람은 지극히 정당하고 아무런 잘못이 없지만 좌우를 살펴보지 않은 작은 차이에 의해서 목숨을 잃기도 한다.

현명한 사람은 폭풍우가 심한 날에는 외출을 삼간다.

그는 빌딩에 매달린 간판이 떨어지거나 가로수가 넘어지면서 발생할지도 모를 사고를 미연에 대비하는 사람이다. 하지만 떨어지는 간판이나 가로수에 부상을 입거나 목숨을 잃은 사람은 안전에 대한 대비가 부족하여 나쁜 결과를 초래한 것이다. 또 각 산업체에서 근무하는 사람 중 어떤 사람은 안전모 턱 끈을 잘 매지만, 턱 끈의 중요성을 무시한 채 작업하는 사람도 있다.

턱 끈을 한 사람과 안 한 사람과는 외견상 별 차이가 나지 않는다. 하지만 실수로 추락하거나 돌발 상황이 발생했을 때는 생사를 결정짓는다.

턱 끈의 중요성을 인식한 사람은 살지만 보잘 것 없는 끈으로 생각한 사람은 죽게 된다.

몇 센티미터의 턱 끈 위치의 차이에 따라 사람이 죽기도 하고 살기도 하는 것이다.

마치 인간과 침팬지의 작은 차이처럼······.

위험을 미리 예측하고 대비하는 사람과 평상시 안전에 별 관심이 없는 사람과는 차이점이 드러나지 않는다. 하지만 사고는 작은 습관의 차이에 의해서 일어나며 그에 따라 행복과 불행이 교차한다. 그러므로 항상 대비하는 습관을 가져야 한다.

나사못의 진실

작은 부품의 잘못이 우주선 폭발 초래

우주에 대한 인간의 호기심은 오래전부터 시작되었다.

지구와 가장 가까운 달에 대한 이야기는 나라마다 하나씩은 가지고 있다.

우리도 토끼와 계수나무의 이야기가 있다.

동경의 대상이었던 달에 인간의 발이 닿게 됨으로써 신화는 깨졌지만, 아직도 과학자들에겐 신비의 대상이다.

최근에는 무기체계 개발과 희귀광물 확보를 위해서 강대국 간의 우주개발 전쟁이 점점 가속화되어 중국도 유인우주선을 달에 보내고 있다.

현대과학의 결정체인 우주선은 정교한 설계와 빈틈없는 품질관리로 제작된다.

그런데 잊을 만하면 한 번씩 우주선이 폭발되어 귀중한 목숨과 함께 천문학적인 돈을 들여 만든 우주선을 잃는 사고가 발생한다.

2003년 1월 16일 미국 우주기지에서 발사된 우주왕복선 콜롬비아호가 상승하던 중 외부연료탱크에서 단열재 파편이 하나 떨어져 나왔다. 탈락된 단열재 파편은 초음속으로 비행하는 가속상태에서 우주선의 왼쪽날개를 강타하여 날개 전면의 단열타일에 손상을 입히게 된다.

우주선이 궤도에 진입해서 임무를 수행하고 2월 1일 지구로 귀환하기 위해서 대기권에 다시 진입할 때까지 그들이 어떤 운명에 처하게 될지 아무도 알지 못했다.

임무를 마친 우주선이 지구대기에 진입한 후 표면에 고온으로 가열된 공기가 흐르며 왼쪽날개에 손상된 단열 타일 부위를 통해서 엄청난 고온으로 가열되기 시작했다.

고온에 노출된 날개 내부는 점차 가열되고, 열에 약한 알루미늄 합금으로 만들어진 우주선 내부 골격이 무너져 내렸다.

결국 고온 고압의 기류 속을 비행하던 중 왼쪽날개가 완전히 떨어져 나간 우주선은 균형을 잃고 시계반대방향으로 회전하다가 폭발하고 말았다.

우주선 표면에는 2만여 개의 단열재가 부착되어 3000도가 넘는 고온에도 버틸 수 있도록 완벽하게 설계되었지만, 떨어져 나간 작은 단열재 파편 하나가 막대한 가치를 지닌 우주선은 물론 무엇과도 바꿀 수 없는 7명의 고귀한 생명을 앗아가 버린 것이다.

드러나지 않은 작은 문제 하나가 전체를 파멸로 이끈 것이다. 값비싼 우주왕복선은 논외로 하더라도 오랜 기간에 걸쳐 특별 양성한 우주인들을 잃은 것을 생각하면 허망한 일이다.

우리는 사고로부터 안전을 배우지 말아야 한다.

사고가 나기 전에 발생 가능한 위험요인을 미리 예측하고 철저히 대비함으로써 사고를 예방해야 한다. 그런데 콜럼비아호 폭발사고가 있기 몇 해 전에 유사한 사고가 있었다.

1986년 7월 28일 승무원 7명이 탑승한 우주왕복선 챌린저호가 발사된 지 7분 만에 공중 폭발하여 승무원 전원이 사망하는 참사가 일어났다.

연료계통의 이상으로 4차례나 발사가 연기되었다가 내부의 반대여론에도 불구하고 발사를 강행하여 결국 최대의 참사를 불러 일으켰던 것이다.

재발방지를 위해서 사고원인을 철저히 조사하였고 7개월 뒤 조사보고서가 나왔는데, 어이없게도 연료계통의 0.28인치의 작은 고무마개(우리가 흔히 바킹 혹은 패킹이라고 하는)의 결함이 사고원인이었다.

어떤 일에 대한 나쁜 결과를 되풀이 하지 않거나 개선을 시키고 싶다면 정확한 원인을 진단하는데서 부터 출발해야 한다. 인간이 만든 기계의 대부분은 수많은 부품이 나사로 조립되어 있다.

늘 엄청난 사고의 뒤에는 이 '나사못 한 개'가 문제를 일으킨다. 우주왕복선도 수많은 나사못으로 조립되었을 것이며, 조립과정에서 '한두 개쯤은 괜찮겠지'하는 안이한 생각이 큰 사고로 연결된 것이다.

그야말로 나사^{NASA}의 나사가 풀린 인재였던 것이다.

나사 직원의 안전의식 나사가 풀렸기 때문에 발생된 전형적인 인재라고밖에 할 수 없다. 사람들은 대형 참사를 당하면 모든 제도를 한 번에 바꾸려 한다. 하지만 기존의 행동양식을 180도 전환시킬 필요는 없다.

달리는 자동차의 핸들이 조금만 틀어져도 이내 도로를 이탈하듯이 1도의 관심전환과 1퍼센트의 행동변화만으로도 충분한 경우가 더 많다. 그러나 그 변화는 지속적으로 진행돼야 한다. 지속성이 없는 변화는 혼란만 가중시킬 뿐 긍정의 효과를 기대할 수 없다.

이처럼 큰 문제 안에는 언제나 작은 문제들이 있으며 그 사소한 문제들이 큰 사고를 일으키는 원인을 제공한다. 결국 사고는 중요하지 않다고 여겼던 부분들을 소홀하게 취급하는데서 비롯된다. 큰 성공도 완벽하게 이루어진 작은 일들이 모여서 이루어진다. 그러므로 사고를 예방하기 위해서는 우선 작은 것부터 철저히 확인해야 한다.

부하사병의 철모를 빼앗으려던 장교

'총알이 빗발치는 중에 난투극,
부하의 형량은?'

베트남 전쟁이 한창일 때 벌어진 일이다.

전쟁 중에도 병사들의 휴식은 필요하다.

때가 때인 만큼 휴식을 할 때도 적군의 기습공격에 대비하여 철모와 소총을 휴대하도록 명령이 내려진 상태였다.

어느 휴일, 사병들은 막사 옆 공터에서 족구를 하고 있었다. 몇몇 장교들도 족구시합에 가세하여 게임을 하고 있는데, 갑자기 베트콩의 맹렬한 공격이 시작되었다.

사병들은 명령을 받은 대로 옆에 두었던 철모를 쓰고 즉각 대응사격을 시작했다. 그런데 한 장교는 소총은 물론 철모도 없었다.

속수무책으로 바닥에 엎드려 있던 그는 옆에 있는 사병에게 다급히 명령(?)했다.

"야. 철모 던져."

주위를 보던 사병이 말했다.

"철모가 없는데요."

"야 임마, 네 것 던지란 말이야."

"제 것은 안 됩니다."

격분한 장교는 낮은 포복으로 다가가 사병의 철모를 강제로 빼앗으려 했다.

총알이 빗발치는 와중에 격투가 벌어졌고 장교는 심한 부상을 입고 말았다.

베트콩이 후퇴하면서 상황은 종료되었으나 둘 사이에 벌어졌던 싸움은 큰 사건으로 비화되었다.

일반법과 달리 군법은 매우 엄하고 형량이 무겁다.

더구나 전시에 상관명령불복종죄는 법정 최고형으로 다스려진다.

거기에 더해 상관을 폭행하여 중상을 입혔으니 심각한 문제였다.

이유야 어떻든 상관의 명령에 복종하지 않은 것은 분명했기 때문이다.

두 사람은 군사재판에 회부되어 부대원에게 큰 관심거리가 되었다.

'그 사병에게 얼마의 형량이 주어질까?'

하지만 판결은 예상 외였다.

장교를 두들겨 팬 사병에게 무죄가 선고된 것이다.

'명령답지 않은 명령은 효력이 없다'는 취지였다.

오히려 부상을 입었던 장교에게 무거운 형벌이 내려졌다.

상부의 명령에 솔선수범해야 할 장교의 품위를 떨어트렸기 때문이다.

이 사건은 상관명령 불복종죄로 기소된 사건 중 부하가 승소한 유일한 판결이라고 한다.

어떤 조직이나 단체든 윗사람이 솔선수범해야 한다.

성실의 힘

주변에 사람이 있고 없음에
행동이 다른 사람은 불행해져

1950년대 뉴욕의 사우스 브롱크스에는 가난한 이민자들이
모여 살았다.

열다섯 살의 어느 한 흑인 소년은 스스로 용돈을 벌어야 했
다. 하지만 웬만한 아르바이트는 자리가 다 차서 일을 구하기
쉽지 않았다.

그는 매일 저녁마다 거리를 돌아다니면서 새로운 일자리를
찾았다. 그러던 어느 날 콜라공장에서 여름동안 바닥을 청소
할 사람을 구한다는 전단을 보고 지원하여 가까스로 일자리
를 구할 수 있었다.

그가 맡은 일은 바닥에 흘린 콜라를 닦아내는 작업이었다.

한번은 콜라병이 든 상자가 떨어지면서 유리 파편과 콜라
가 뒤섞여 바닥은 온통 아수라장이 되고 말았다.

사람들은 치울 생각은커녕 소년이 몇 시간 동안 쭈그리고 앉아 유리조각을 줍고 바닥을 닦아낼 때도 도와주지 않았다.

사실 엄밀히 말하자면 그 소년의 일도 아니었다.

점심도 굶어가며 묵묵히 청소를 하는 소년을 공장책임자가 사무실에서 내려다보고 있었다.

여름방학이 끝날 무렵 그 소년은 다음 여름에 다시 일자리를 주겠다는 말을 들을 수 있었다.

다음해 소년이 콜라공장을 찾아갔을 때는 바닥 청소 대신 음료주입기를 맡았다. 그리고 몇 년 후에는 음료주입 팀의 부책임자로 승진까지 했다.

그 모든 것은 소년이 보여준 성실함 때문이었다.

후에 어른이 된 소년은 콜라공장에서 일할 때 얻은 교훈이 자신의 삶을 성공으로 이끌었다고 털어 놓았다.

"모든 일은 나름대로의 가치를 가집니다. 어디서나 어떤 일이든 최선을 다하면 누군가 나를 지켜봐 준다는 겁니다."

그 소년이 바로 1989년 미국 역사상 최연소 합참의장에 오르고, 2001년 흑인 최초로 국무장관을 지낸 콜린 파월이다.

'하늘은 스스로 돕는 자를 돕는다'는 말처럼 누가 보건 말건 묵묵히 자신의 일에 충실하다보면 말없이 지켜보던 누군가가 돕기 마련이다.

세상일 모두가 그렇지만 안전도 마찬가지라고 본다.

자신의 안전을 위하여 누가 보건 말건 안전수칙을 철저히 지키는 사람은 자신의 건강과 가족의 행복으로 보상받는다.

하지만 눈치를 보며 행동하는 사람은 안전사고의 그림자가 항상 그의 뒤를 뒤쫓는다.

그가 만약 사소한 실수라도 하면 사고의 그림자는 그를 곧바로 불행의 늪에 빠뜨린다.

행복과 불행은 어떻게 생각하고 행동하느냐에 따라 결정된다.

나는 누구일까요?

성공과 실패는
작은 습관 하나로 결정된다

나는 누구일까요?

나는 당신의 영원한 동반자입니다.

또한 당신의 가장 훌륭한 조력자일 뿐만 아니라 가장 무거운 짐이 되기도 합니다.

나는 당신을 성공으로 이끌기도 하고 실패의 나락으로 끌어내리기도 합니다. 그러나 나는 전적으로 당신의 명령에 따를 뿐입니다.

나는 당신이 하는 대로 따라 가지만, 당신 행동의 90%는 나에 의해 좌우됩니다.

당신이 어떻게 행동하는지 몇 번 보고나면 나는 그 일을 빠르고 정확하게 그리고 자동적으로 해냅니다.

나는 위대한 사람들의 하인일 뿐만 아니라 실패한 모든 이들의 주인이기도 합니다.

위대한 사람들은 사실 내가 만들어 준 것입니다 .

실패한 사람들 역시 내가 실패하게 만들어 버린 겁니다.

나는 본래부터 있었던 게 아닙니다.

바로 당신이 나를 키워 주었습니다.

또한 하루아침에 이루어진 것도 아닙니다.

많은 세월 속에서 난 조금씩 자라난 것입니다.

나무껍질에 글자를 새기면 나무가 자라남에 따라 그 글자
가 점차 커지듯이 당신이 만든 나는 당신이 성장함에 따라
저도 점차 커져갑니다.

그러니 나를 잘 새겨주세요.

나를 엄격하게 훈련시키십시오.

그러면 나는 당신을 성공의 길로 이끌겠습니다.

나를 확실하게 당신 것으로 만든다면 나는 당신의 발 앞에
당신이 원하는 것을 가져다 줄 것입니다. 그러나 만약 나를
가볍게 여기고 쉽게 대한다면 당신을 파멸의 길로 이끌 것
입니다. 사람들은 나를 '제2의 천성'이라고도 합니다.

내가 누군지 아시겠습니까?

"……"

나는 '습관'입니다.

−지그 지글러의 〈시도하지 않으면 아무것도 할 수 없다〉 중에서.

역사를 빛낸 위인들은 비범한 능력을 타고난 사람일 것으로 생각하는 사람이 많다.

하지만 사실은 그렇지 않다.

타고난 능력은 평범했지만 평소 좋은 습관을 가졌던 사람이 인류문명에 뛰어난 업적을 남겼다.

작지만 자기발전에 도움이 되는 습관을 들여 오랫동안 지속하다보니 자신도 모르게 탁월한 능력이 쌓이게 된 것이다.

다만 그들은 남보다 조금 더 부지런하고 끈기가 있었다.

남들보다 1시간 일찍 일어나서 독서를 한다거나 관심분야에 오랫동안 집중하여 자신이 추구하는 바를 달성한 것이다.

세계적인 건축가인 일본의 안도 다다오는 권투선수와 트럭 운전사를 전전하다가 독학으로 건축학을 배워 이 부문의 일가를 이룬 입지전적인 인물이다.

고교졸업이 전부인 그는 미국 하버드대학 객원교수이며 도쿄대학 건축학과 교수를 지내면서도 참신하고 아름다운 건축물을 계속 짓고 있다.

그래서 건축을 전공하는 학생들은 그가 설계한 건축물들을 성지 순례하듯 한다.

하지만 그가 태어날 때부터 건축에 대한 특별한 감각과 재능이 있었던 것은 아니다.

그가 보통사람과 조금 달랐던 점은 남보다 조금 덜 자고 독서를 즐겨했다는 것뿐이다.

토마스 에디슨도 수천 번의 실패에도 굴하지 않는 끈기 하나로 성공한 대표적인 사람이다.

이들은 보통사람과 아주 작은 습관 차이로 성공한 것이다.

성공한 사람과 실패한 사람의 차이는 마치 총구에 장전된 총알과 같다.

총을 쏘는 사람의 '타깃을 향한 방향'이 극히 미세한 차이가 날지라도 멀리 떨어진 타깃에 도달한 총알은 한참 차이가 나는 것과 같다.

결국 좋고 나쁜 습관이 그 사람의 성공여부를 결정짓는 것이다.

그러므로 진정으로 변화하기를 원한다면 거창한 구호와 계획을 세우고 이제까지의 생활태도를 전면적으로 고치기보다는 쉽고 간단한 것부터 변화를 시도해야 한다. 부정적인 습관을 조금만 바꿔도 수십 년이 쌓이다보면 큰 위력을 발휘하기 때문이다.

지금보다 나은 위치에 올라서기 위해서는 변화해야 한다.

나쁜 습관을 바꾸기 위해서는 먼저 생각을 바꾸고 새로운 행동을 시작해야 한다.

새로운 행동을 반복하다 보면 자연스럽게 좋은 습관을 얻게 된다.

사고나 질병으로 목숨을 잃거나 불구가 된 사람 중에는 좋지 않은 습관을 가졌던 사람들이 많다.

안전수칙을 습관적으로 지키지 않거나 자신의 판단이 옳은지 그른지 확인을 하지 않고 섣부른 행동을 한 결과가 사고로 나타난다.

산업현장에서도 타워 크레인으로 물건을 인양운반 중인 구역으로 무심코 지나가는 사람이 있는가 하면 이동하기 전에 위를 보고 위험구간을 피해 가는 사람이 있다.

평상시 이들의 행동은 잘 드러나 보이지 않는다.

하지만 이 작은 차이가 사고로 연결될 경우 생사가 좌우되는 큰 차이가 된다.

학자들에 의하면 약물중독을 제외한 모든 습관은 21일만 반복하면 수정된다고 한다. 사람은 누구나 자신의 좋은 습관과 나쁜 습관을 스스로 구별할 줄 안다. 다른 분야도 좋은 습관이 필요하지만 안전에 대한 좋은 습관은 반드시 필요하다. 작은 습관의 차이로 생명이 좌우되기 때문이다.

충고를 무시한 사람

의사의 충고도 무시한 죽음의 길

꽤 오랜 시일이 지났지만 기억에서 지워지지 않는 사람이
있다.

그는 유능하고 경험 많은 작업반장이었다. 하지만 안전의
식은 매우 희박하고 개선의지도 없는 사람이었다.

특별교육을 하면서 인간적인 부탁을 해도 그때뿐이었다.

매사에 자신의 판단만이 옳고 최선이라는 생각에서 벗어나
지 못했다.

여하튼 다른 사람의 말은 일단 무시하는 습성을 가진 사람
이었다.

안전수칙을 지키지 않아 지적을 하면 '사고가 발생하면 내
가 전적으로 책임지겠다.'는 각서를 제출하겠다며 버텼다.

심지어 아르바이트 삼아 같이 일하는 자기 아들에게도 '안
전모는 필요 없다'고 말하는 사람이었다.

항상 얼굴이 붉은 그가 의심쩍어서 "술을 마셨냐?"고 물으면 펄쩍뛰었다.

"나는 원래 피부가 이렇게 붉은 사람입니다."

(훗날, 그는 매일 점심 후 휴식시간에 소주 2병씩 마셨음이 밝혀졌다.)

어느 날 맑았던 날씨가 오후가 되면서 갑자기 흐려지더니 비가 오기 시작했다.

야외에서 작업하는 교량공사라서 부득이 작업을 중단시킬 수밖에 없었다. 혹시나 해서 작업장 주변을 확인했으나 작업하는 사람은 없었다. 그런데 몇 시간 후 인근 병원 응급실에서 환자 신원을 확인하는 전화가 왔다.

작업장 내에서 신음 중인 사람을 지나가던 사람이 신고하여 119구급대가 후송했다는 것이다.

병원으로 달려가 보니 그 작업반장이었다.

그는 작업 중단지시를 무시하고 안전모와 안전띠를 착용하지 않은 상태로 7미터 높이의 작업발판에 전기선을 잡고 오르다 날카로운 곳에 전선피복이 벗겨지면서 감전 충격으로 추락하였다고 했다.

"내가 현장을 둘러볼 때는 아무도 없었는데 어떻게 된 일입니까?"

"멀리서 다가오는 우산을 보고 자재 뒤에 숨어 있었지."

"조금만 돌아가면 작업발판에 오르는 계단이 있는데, 왜 전선을 잡고 올라갔어요?"

그는 머리를 긁적이다가 고개를 숙이며 말했다.

"누가 이럴 줄 알았나?"

8개월 후 그는 치료를 끝내고 목발을 짚고 나타나더니 턱 없이 많은 보상을 요구했다. 그로부터 6일 후 그의 부인이 사색이 되어 사무실에 들어섰다.

"우리 남편이 돌아가셨어요."

"아니, 어쩌다 그렇게 되셨어요?"

"위암 말기라서 어쩔 수 없었어요."

"며칠 전에 여기에 왔었는데 무슨 말씀이십니까?"

한 동안 말을 잇지 못하던 부인은 천장을 멍하니 보다가 입을 열었다.

그는 치료과정에서 오는 통증을 참지 못하고 의사처방 외에 다량의 진통제를 임의로 복용했다는 것이다.

의사의 강력한 만류에도 아랑곳하지 않고 부인을 윽박질러 진통제를 사오도록 하여 장기 복용했다.

이곳저곳 아플 때마다 조금도 참지 못하고 진통제에 의존했다.

정밀진찰을 받아보자는 부인의 걱정 어린 애원에도 소용이 없었다. 하지만 과다한 진통제 복용으로 심각하게 진행된 위암의 통증을 느끼지 못하고 있었다.

말기가 되어 진통제의 효력이 떨어지면서 정밀진단을 받았지만 너무 늦은 후였다.

그는 위암이 발견된 지 불과 며칠 만에 숨을 거두었다.

타인의 선의적인 충고를 철저히 무시한 결과다. 그후 많은 사람들이 왕래하는 여의대로에서 부끄러움을 무릅쓰고 내 바지자락을 붙잡고 통곡하던 그 부인의 말이 지금도 잊히지 않는다.

"나도 자존심이 있는데 길바닥에서 눈물을 쏟게 만든 우리 남편은 참 못난 사람입니다."

다른 현장에 갔더라면 사고를 당하지 않았을지도 모른다는 생각에 고인을 현장에서 과감하게 퇴출시키지 않은 것을 지금도 후회한다.

사람은 누구나 악의적인 모략과 선의적인 충고를 구분할 줄 안다. 그래서 해로운 말은 피해야겠지만 진심어린 충고는 겸허하게 받아들여야 한다. 더구나 자신의 생명과 직결되는 안전 충고는 자신의 경험과 자존심보다 존중하고 우선 실천해야 한다.

왕의 며느리가 된 평민처녀

거짓보다 정직이 아름다운 꽃

중세시대 영국에서 있었던 일이라고 한다.

노쇠한 왕은 후계를 물려줄 아들의 결혼문제 때문에 걱정이었다.

훗날 아들이 나라를 잘 다스리기 위해서는 며느리를 잘 얻어야 하는데 마땅한 며느릿감이 없기 때문이었다.

왕이 원하는 며느리는 무엇보다 정직하고 마음씨가 고와야 한다는 것이었다. 수없이 많은 처녀들을 만났지만 속마음까지는 알 수 없었다.

왕은 깊은 생각 끝에 한 가지 묘안을 생각해 냈다.

나라의 온 처녀들에게 꽃씨를 나누어 준 다음 가장 아름답게 꽃을 피운 처녀를 며느리로 삼아야겠다.

왕은 꽃씨를 나누어 주며 말했다.

"짐에 대한 충성심이 많은 사람일수록 아름다운 꽃을 피울 것으로 생각하겠느니라."

"어느 꽃이 아름다운지 정해진 날짜에 친히 결정하리라."

그로부터 몇 개월 후 처녀들은 제각각 아름다운 꽃이 핀 화분을 들고 궁궐에 들어 왔다.

모두들 세상에서 가장 아름다운 꽃이라며 미래의 왕비로 간택되기를 간절히 바라고 있었다.

그때 맨 구석에 서있던 한 처녀가 눈물을 글썽이며 두리번거렸다.

'다른 사람들의 꽃은 저렇게 예쁜데…… 내 화분은 싹도 나지 않았어. 내가 왕에 대한 충성심이 없어서 일까?'

두려움과 절망감으로 부들부들 떨며 슬피 우는 처녀가 왕의 눈에 띄었다.

"너는 어찌하여 빈 화분만 들고 있느냐?"

처녀는 엎드린 채 말했다.

"저를 죽여주시옵소서."

"꽃씨를 받은 날부터 지극정성으로 가꾸었지만 싹이 나오지 않았습니다."

"충성심이 부족한 저를 죽여주시옵소서."

왕은 근엄하지만 감격어린 목소리로 말했다.

"짐이 드디어 며느리를 찾았도다. 그대가 장차 이 나라의 왕비이니라."

그리고 그 자리에 모인 사람들에게 꾸짖듯 말했다.

"짐이 그대들에게 나누어준 꽃씨는 솥에 넣어 삶은 꽃씨였느니라."

"어찌하여 삶은 꽃씨가 아름다운 꽃을 피울 수 있단 말이냐?"

"정녕 아름다운 꽃은 빈 화분을 들고 있는 그대이니라."

정직한 것은 아름답고 가치 있는 일이다. 그리고 정직한 사람에게는 이처럼 생각지도 않았던 행운이 찾아오기도 한다.

어느 남자의 묘한 전화

실수 줄이려면 확인을 습관화해야지요!

어느 날 남편이 직장에서 집으로 전화를 걸었다.

그런데 부인이 받지 않고 다른 여자가 받았다.

남편 : 당신 누구요?

여자 : 저는 파출부인데요, 누구를 바꿔 드릴까요?

남편 : 주인아줌마 바꿔 주세요.

여자 : 주인아줌마는 남편과 함께 침실로 가셨어요. 남편과 한숨 주무신다고 침실에는 들어오지 말라고 하셨는데요.

남편 : (피가 머리끝까지 솟구친다) 잠시만…… 남편이라고 했나요?

여자 : 예. 야근하고 지금 오셨다고 하시던데…….

남편 : 그동안 마누라가 이상하다 했더니…… 아주머니 간통현장을 잡아야겠는데 좀 도와주세요.

여자 : 아니요. 난 이런 일에 말려들기 싫어요.

남편 : 현금으로 오백만원을 드릴 테니 좀 도와주세요.

여자 : 정 그렇다면…… 제가 뭘 어떻게 해야 하나요?

남편 : 우선 두 사람이 한창 열을 올릴 때 몽둥이를 들고 가서 남자의 뒤통수를 사정없이 내려치세요. 만약에 마누라가 발악을 하면 마누라도 때려 눕혀 주세요.

(잠시 후)

여자 : 시키는 대로 했어요. 이젠 어떻게 해야 하나요?

남편 : 잘했어요. 내가 갈 때까지 두 사람을 묶어 두세요. 거실 오른쪽 구석에 다용도실이 보이죠? 그 안에 끈이 있으니 가져 오세요.

여자 : (한동안 조용하더니) 어디를 말씀하시는 거예요? 이 집에는 다용도실이 없잖아요.

남편 : (잠시 침묵이 흐른 뒤 기어들어가는 목소리로) 거기 000국에 0000번 아닌가요?

오래전 어느 잡지에서 본 우스개 이야기인데 확인의 중요성을 일깨워 주는 내용이다.

위의 남자처럼 성질 급한 사람들은 때때로 자신의 판단이 옳은지 그른지 확인을 하지 않고 즉시 행동에 옮기곤 한다.

부동산이나 돈과 관련된 경우에는 이것저것 따져보고 행동에 옮기지만, 일상생활 중에 일어나는 일들이나 화가 나는 등 급격한 감정변화가 일어날 경우에는 확인을 하지 않는다.

또 익숙한 일일수록 절차나 순서를 생략하기 쉽다.

아파트 현장에서 미장 작업자가 겪었던 일이다.

하루 일과를 마치고 퇴근준비를 하려는데 작업반장으로부터 '2층 베란다 쪽 측벽에 푹 파인 곳을 메우라'는 지시를 받게 되었다.

해는 지고 있고 다른 작업자는 이미 퇴근준비를 하고 있는데 작업지시를 받은 작업자는 난감했다.

하지만 작업반장의 지시를 거역할 수 없었던 그는 작업도구를 챙겨들고 작업 장소에 가보니 2층 베란다 쪽 외벽 쪽에 굵직한 쇠파이프가 돌출되어 있었다.

'옳지 잘됐어, 저 파이프를 밟고 작업하면 되겠군.'

그는 작업발판을 챙기지 않아도 될 것 같아 다행스럽게 생각하며 흙손을 들고 돌출된 파이프에 한쪽 발을 딛는 순간 추락해서 하반신이 마비되는 중상을 입었다.

사고현장에 가보니 재해자는 얼굴을 찡그리며 고통스러운 비명을 지르고 있었고 재해자가 발을 딛었다는 곳에는 파이프가 아니라 낡은 목재가 부러진 채 매달려 있었다.

왜 그런 어이없는 사고가 발생했을까?

어떤 상황을 두고 자신에게 유리한 방향으로 판단하고 행동하는데서 문제가 발생한다.

그는 남들과 같은 시간에 퇴근하고 싶은 마음이 앞서다 보니 낡은 목재를 쇠파이프로 착각한 것이다.

작업해야 할 장소에 뭔가 돌출되어 있으니까 작업발판을 설치해야 하는 번거로움을 피할 수 있겠다는 생각에 자신의 판단이 옳은지 그른지 확인을 하지 않고 행동에 옮겼기 때문에 불행한 사고가 발생한 것이다.

인간은 실수하는 동물이다.

실수를 최소화하기 위해서는 무슨 일이든 확인을 생활화해야 한다. 하물며 자신의 생명을 좌우하는 일에는 더욱 확인을 철저히 해야 하지 않겠는가?

수단 좋은 장사꾼들

무조건 남들 따라하면 낭패

두 친구가 있었다.

둘은 포도장사를 하고 있었는데 한 사람은 포도를 비싸게 팔고 한 사람은 아주 싸게 팔고 있었다.

아주머니들은 싸게 파는 사람에게만 몰려있고 비싸게 파는 사람은 파리만 날리고 있었다.

그 사람은 옆 사람에게 "왜 원가 이하로 판매하느냐?"고 거칠게 항의하곤 했다.

그들이 다투는 것을 본 아줌마들은 더욱 더 맹렬하게 사재기를 하였다.

뒤늦게 달려 온 아줌마들은 지금 사지 않으면 손해 볼 것 같다는 조급한 마음에 가격비교도 하지 않고 다른 아줌마들의 사재기하는 모습을 보고 포도를 샀다.

이윽고 한 사람은 "물건을 다 팔았다"며 자리를 털고 어디론가 사라졌다.

다른 사람도 "오늘은 정말 장사가 안 된다"며 어디론가 사라졌다. 잠시 후 그들은 어느 막다른 골목에서 만났다.

장사가 안 되다던 친구는 가지고 있던 포도의 절반을 나누어 싸게 팔았던 친구에게 주고 둘은 또 다른 장사를 떠났다.

산업현장에서도 포도를 사재기한 아줌마와 비슷한 사람들이 많다. 예컨대 작업자들이 안전모 턱 끈을 하지 않은 채 작업하는 현장에 온 신규작업자는 눈치를 보다가 다른 작업자들처럼 자연스럽게 안전모 턱 끈을 하지 않는다.

추락 위험이 매우 높은 곳에서 안전띠를 착용하지 않는 모습을 보고 신규작업자들은 전에 근무했던 현장과 비교하며 머뭇거리다가 이내 자신의 행동을 결정해 버린다.

─이 현장은 안전띠를 활용하지 않아도 괜찮나보군….

─나 혼자 안전띠를 착용하기가 왠지 쑥스럽군….

어떤 사람은 자신만 안전수칙을 지키면 손해 보는 것처럼 생각하기도 한다. 마치 사재기하는 아줌마를 보고 같이 포도를 사지 않으면 손해 보는 것 같은 아줌마의 마음과 같은 생각을 하는 것이다.

이와 같이 숙련공들도 새로운 작업장에 가면 그 현장의 안전 분위기에 휩쓸리며 안전을 소홀히 한다. 산업현장에 난생 처음 출근한 사람은 주변 눈치를 보며 기존 근무자들을 따라하기 마련이다. 포도 값이 싼지 비싼지 확인도 하지 않고 남들이 사니까 나도 사는 아줌마들과 똑같은 심리다.

아줌마들은 얼마간의 돈을 더 지불하면 되지만, 안전은 생명이 좌우되는 데도 남들 하는 대로 따라하는 것이다.

이와 같은 지각없는 군중심리가 안전사고가 줄지 않고 반복되는 주요요인으로 작용하고 있다. 그래서 현장규모가 크던 작던 기본적인 안전수칙을 철저히 준수하는 안전 분위기가 중요하다.

사람들은 나쁜 습관은 빨리 배우기 마련이다.

나쁜 습관은 우선은 쉽고 편하기 때문이다.

그래서 나쁜 습관은 전염병처럼 빨리 번지고 쉽사리 고쳐지지 않는다.

그러므로 안전수칙을 지키지 않는 근로자에게는 적절한 계도를 하거나 응분의 대가를 지불토록 해서라도 반드시 시정시켜야 한다.

기본적인 안전수칙이 빈틈없이 지켜지는 현장은 아무리 많은 신규작업자들이 투입돼도 기존 작업자들의 안전태도를 보고 자연스럽게 안전수칙을 지키기 마련이다. 안전관계자의 투철한 소명의식이 절실히 요구되는 것도 그 때문이다.

수박밭 주인의 소탐대실

호미로 막을 걸 가래로 막아서야

어느 마을에 수박농사를 짓는 농부가 있었다.

수박이 익을 무렵 농부는 마을 아이들의 수박서리가 몹시
걱정되었다. 자세히 보니 길가에 있던 수박 몇 개가 없어진
것 같기도 했다.

꾀를 낸 농부는 "이 밭의 수박 몇 개에는 독약을 주사했음"
이라고 적은 팻말을 세워 놨다.

다음 날 보니 수박서리 흔적이 없었다.

그러나 팻말에는 다음과 같이 적혀 있었다.

"이제 독약을 주사한 수박은 10개가 되었음."

농부는 고민 끝에 수박 전체를 폐기처분할 수밖에 없었다
고 한다.

그 농부도 어린 시절에 수박서리를 했을 것이다.

당시 수박밭 주인은 몇 덩이의 수박이 없어진 줄 알았지만,

자신이 어렸을 적 그랬듯 마을 아이들의 소행이라고 짐작하고 모른 체 했을 것이다. 하지만 그는 대대로 내려오던 마을의 정서를 무시하고 몇 덩이의 수박을 아까워 하다가 한해 농사를 망친 것이다.

우리 주변에서 흔히 발생하는 각종 사건사고도 수박 농부와 같은 사소한 이기주의 때문인 경우가 많다.

몇 만원의 대리운전비를 아끼려고 음주 운전하다가 전도유망한 미래를 망친 사람들을 주변에서 어렵지 않게 발견할 수 있다.

몇 년 전 근무했던 현장에서 있었던 일이다.

어느 날 현장에 형사들이 들이 닥쳤다.

"이 안에서 일하고 있는 살인범을 검거하러 왔는데 도와줘야겠소."

"그럴 리가요? 여기는 육체적인 노동으로 생활하는 정직한 사람들만 있는 곳입니다. 세상에서 가장 정직한 땀을 흘리는 사람들입니다."

"우리도 그렇게 믿고 싶지만 분명히 이곳에 있단 말이오."

그들은 범인의 이름까지 대며 협조를 요구했다.

"그런데 어쩌다 살인까지 했답니까?"

"음주운전에 뺑소니 살인범이오."

알고 보니 그는 금융기관의 지점장이었다.

뺑소니 후 몇 개월간 건설현장을 전전하며 도피생활을 하고 있었던 것이다.

수갑이 채워진 채 겁먹은 얼굴로 건장한 형사들을 쳐다보던 그를 잊을 수 없다.

은행지점장이 몇 만원하는 대리운전비를 아끼려 음주운전하지는 않았을 것이다.

용기란 '냉철하고 정확한 분석에 의한 이성적 판단을 한 후 기꺼이 위험을 감수하여 좋은 결과를 얻는 행위'라고 할 수 있다. 하지만 술에 취하면 이성과 분별력이 마비된 채 무모한 용기가 앞선다.

술에 취해 발현된 무모한 용기는 사고를 유발시킨 후 술이 확 깨면서 사라진다.

그래서 본의 아니게 살인행위를 하고 정작 용기를 발휘해야 할 때 겁을 먹고 뺑소니를 치는 것이다.

술은 이처럼 건전한 사회인을 한순간에 악마로 만든다.

알고 보면 그의 불행도 사소한 이기주의와 안전 불감증에서 출발한다.

자신의 차를 대리운전자에게 맡겼더라면 불행을 자초하지는 않았을 것이다.

"설마, 오늘은 음주단속을 하지 않겠지?"

아마 그는 자신의 생각대로 몇 번은 성공하여 무사히 귀가했을 것이다. 그러나 몇 번의 요행이 성공하면서 불행이 잉태되는 것이다.

결국 그의 불행은 자신의 인생을 요행에 맡긴 결과다.

사소한 이기심이 불행을 초래한다.
모두가 '설마……하겠지?'라는 의식을 버릴 때 우리 사회는 한층 안전해지고 행복한 사람도 늘어날 것이다.

자업자득

'내가 버린 담배꽁초에 내가 죽다'

아파트 외벽에 페인트칠을 하는 작업자가 있었다.

그는 점심식사 후 옥상에서 휴식을 취했다.

주변에는 방수작업을 하던 중이어서 기름이 배인 종이와
고무재질의 방수재료 등 인화성 물질이 널려 있었다.

그는 휴식시간이 끝나자 담배꽁초를 바닥에 버린 후 로프
를 타고 작업을 시작했다. 그런데 담배꽁초에 남아 있던 불씨
가 바람에 날리면서 기름이 밴 종이에 옮겨 붙었다.

점차 불이 크게 번지면서 그 작업자가 매달린 로프에도 불
이 붙으면서 추락하고 말았다.

자신이 버린 담배꽁초가 자신의 생명을 앗아 간 것이다.

나쁜 습관은 이처럼 무서운 결과를 불러온다.

그래서 '소나기가 와도 담배꽁초를 함부로 버리면 안 된다'는
금언이 있다.

개구리가 삶아지는 이유

초심을 잃으니 불행의 덫에 걸리더라

미국의 부통령을 지냈고 지금은 환경운동에 전념하는 엘고어가 소개하여 널리 알려진 내용이다.

어느 생물학자가 개구리를 가지고 한 가지 실험을 했다.

우선 뜨거운 물에 개구리를 넣어 봤더니 깜짝 놀란 개구리는 곧바로 물 밖으로 뛰어 나왔다.

이번에는 개구리가 놀던 물의 온도와 비슷한 물속에 넣었더니 분위기를 살피다가 이내 헤엄을 치며 정상적인 움직임을 보였다. 그래서 물을 서서히 가열시켜 보니 뭔가 이상함을 느낀 개구리는 이내 바닥으로 내려가 웅크렸다.

계속 가열하여 참기 어려울 만큼 뜨거워져도 개구리는 밖으로 뛰어 나오지 않았다.

물이 뜨거워질수록 더욱 웅크릴 뿐이었다.

결국은 그대로 삶아지고 말았다고 한다.

개구리는 맨 처음 실험에서 급격한 위험이 닥치자 신속하게 탈출했다. 하지만 장시간에 걸쳐 서서히 찾아오는 위험에 대해서는 소극적인 태도를 보임으로써 죽은 것이다.

즉 급격한 위험에 닥치면 위험을 피하기 위해서 스스로 안전을 도모하지만, 오랫동안 위험에 노출되면 만성이 되어서 위험을 피하거나 대비할 줄 모른다.

산업현장에서 오랫동안 근무해온 숙련공들이 사고를 당하는 이유도 같다.

그들도 높은 장소에서 맨 처음 작업할 때는 어린이가 수영을 배우기 위해서 물속에 들어 갈 때의 마음처럼 몹시 긴장하며 작업을 했을 것이다.

하지만 시간이 지날수록 점차 위험한 환경에 익숙해지면서 긴장이 해이된다.

위험에 노출되는 시간이 길어질수록 위험상황을 일상적인 일로 간주하고 작업을 하게 된다.

결국 위험강도는 전혀 줄지 않았는데도 안전수칙을 소홀히 하다가 사고를 당한다.

회사에서 실시하는 안전교육도 이와 같은 인간의 약점을 보완하여 정기적으로 팽팽한 긴장감을 불어넣음으로써 사고를 예방하기 위함이다.

그런데 근무자들은 왜 작업환경이 변하지 않았는데도 시간이 지날수록 작업태도가 달라질까?

인간본성에 내재하고 있는 자만심 때문이 아닐까?

사자 같은 맹수들이 초식동물을 사냥할 때 전력을 다하여 질주한다.

아주 작은 동물을 사냥할 때도 자만하지 않고 최선을 다한다.

맹수에게 사냥은 생활이며 삶의 본질이기 때문이다.

그들의 사냥터가 우리에게는 직장이다.

그러므로 경험이 쌓일수록 자만의 함정에 빠지지 않도록 맨 처음처럼 팽팽한 긴장감을 늘 유지해야 한다.

항상 초심을 잃지 않고 겸손한 마음으로 최선을 다해야 주변에 도사리고 있는 불행의 덫을 피할 수 있다.

원자력발전소 건설사상 최장 무재해신기록 달성비법은?

다양한 관리기법보다는
원칙과 기본에 충실했을 뿐

　어떤 산업현장은 각종 안전행사와 다양한 관리기법을 도입
하여 안전 분위기를 조성하기 위해 애를 쓴다. 하지만 효율적
인 안전관리를 위해서는 지속성이 매우 중요하다.

　대대적인 행사와 함께 새로운 안전관리 기법을 시작했지
만, 중간에 흐지부지한다면 근무자에게 혼란만 가중시킬 뿐
안전사고 예방에 그다지 기여하지 못한다.

안전띠 2개를
체결하고서 작업하는
근무자

작업 전 안전조회와 체조, 개인보호구 착용, 신규교육, 적기에 안전시설을 설치하는 등 기본적인 안전 활동을 지속적으로 실천하는 것만으로도 무재해를 달성하는 현장이 더 많은 것을 보면 어느 방법이 효과적인지는 입증이 되었다고 본다.

예컨대 신규 근무자가 작업장에 갔을 때 모두가 보호구를 착용하고 안전수칙을 지키고 있다면 그도 따라할 수밖에 없다.

현장 작업자들은 영악하고 눈치가 빠르다.

다른 현장에서 안전수칙을 소홀히 하던 작업자도 새로운 현장의 안전 분위기를 파악하고 자연스럽게 동화된다.

재해통계를 보면 천재지변이 1%이고 나머지 99%는 인재라고 한다.

즉 99%는 사람의 잘못에 의해서 일어난 사고인 것이다.

인재로 인한 사고 99%를 상세분석해보니 그 중 90%는 불안전한 행동에 의해서 발생되었고 10%는 불안전한 작업환경에 의해서 발생된 것으로 나타났다.

사고원인의 90%를 차지하는 불안전한 행동은 재해자 자신이나 동료가 안전수칙을 지키지 않았기 때문에 발생된 사고임을 알 수 있다. 그래서 최후의 안전대책을 강구하는 것이 절대적으로 필요하다.

머리에는 안전모, 허리에는 안전띠, 다리에는 안전화를 착용하고 제대로 활용하는 것만큼 안전을 확보하는 셈이다.

그래서 철골조립 작업 등 추락위험이 높은 장소에서는 안전띠를 2개씩 착용하도록 하며 원칙과 기본을 지속적으로 강조했다.

그 결과 안전의 기본을 철저히 준수하는 근무자는 작업도 꼼꼼하게 처리하여 공사목적물에 대한 품질도 매우 우수하다는 것이 확인되었다.

안전보호구를 철저히 착용하는 것만으로도 작업에 임하는 근무자의 마음가짐이 달라지는 것이다.

이렇게 주춧돌을 놓듯 하루하루를 원칙과 기본에 충실하다보니 대한민국 원자력건설 40년 사상 최초로 무재해 8백만 시간 신기록이 달성됐다. (필자가 그 현장을 떠난 후 사고가 발생하여 무재해 기록경신이 무산됐다.)

덧붙이자면 당시 안전담당직원들과 근무하면서 일방적인 지시와 확인보다는 칭찬과 격려를 함으로써 그들 스스로 업무를 촉진하도록 했다.

질책도 칭찬 속에 녹여서 했다.

"어제 자네 담당구역을 점검해보니 추락방지시설이 완벽하게 설치되어 있어서 아주 기분이 좋았어. 누가 자네 구역에서 투신자살을 하려고 해도 아마 실패할 거야. 그 넓은 구역에 그 정도 시설을 하려면 쉽지 않았을 텐데 정말 수고 많았어. 그런데 바닥에 쌓여 있는 자재가 불안전하게 보이지 않아? 정리정돈에 조금만 더 신경 쓰면, 자네 구역에서 사고가 날 확률은 거의 없다고 봐. 자네 생각은 어때?"

"시설 쪽에 집중하다보니 정리정돈에 신경을 덜 썼습니다. 내일 오전까지는 깔끔하게 정리하도록 조치하겠습니다."

칭찬은 나태함을 몰아내고 업무의욕을 고양시키는 최상의 무기다.

담당직원은 칭찬과 격려를 통하여 자신이 해야 할 일을 자존심이 상하지 않게 전달받음으로써 업무의욕이 살아나는 것이다.

어떤 조직이던 경험이 풍부한 리더의 입장에서 보면 직원들의 실수나 업무미숙이 분통터질 노릇이지만, 그 자신도 실수를 통해서 깨닫고 배웠다는 사실을 인정하는데서 칭찬경영이 가능해진다.

천재적인 홈런왕도 수많은 삼진아웃이 있었으며 최고의 타격선수일지라도 3할 대의 타율을 유지하기가 쉽지 않다.

조직의 리더는 한국의 홈런왕 김봉연 선수나 미국의 전설적인 홈런왕 베이브 루스의 별명이 '삼진왕'이었음을 인식하고 직원을 관리해야 한다.

사람의 목숨이 좌우되는 안전관리는 완벽해야 하지만, 안전업무를 수행하는 직원은 완벽하지 않기 때문에 그로 하여금 최상의 업무능률을 올릴 수 있는 방법을 모색해야 한다.

작은 실수에도 불호령을 하며 기를 꺾는 것은 권장할 만한 관리방법이 아니다. 그래서 하루를 시작하는 안전회의는 칭찬 릴레이로 시작했고 퇴근할 때도 하루를 무사고로 마친 데 대한 칭찬과 격려를 잊지 않았다.

비단 직원뿐만 아니라 칭찬의 무기를 휘두르는(?) 사람도 업무의욕이 고무되어 전 직원이 한마음 한뜻으로 무재해를 향해 나아갈 수 있었다.

이렇듯 무재해 달성을 위한 특별한 비법은 없다.

그러므로 현란하고 다양한 안전기법을 도입했다가 중간에 그만둔다면 업무혼잡을 초래하고 비용과 시간낭비일 뿐이므로 차라리 안하는 것만 못하다.

투자대비 성과가 미흡하여 강력한 제도와 기법을 도입해도 조금 지나면 없어질 것을 알기 때문에 근무자들의 호응을 얻기가 어려워진다.

결국은 근무자들에게 신뢰감을 잃어 진정성을 의심받는다.

누구나 알고 있으며 전 근무자가 공감하고 동참할 수 있는 평범한 방법을 지속적으로 실행한 것이 무재해 달성의 비결이 아니었을까?

> 정해진 원칙과 기본을 철저히 그리고 지속적으로 이행하는 것이 가장 수월하고 효과적인 안전관리 방법이다.

Part 5.

절차와 순서를 지켜야
만사형통한다

에베레스트 등반가들

히말라야를 헬기로 오르면 뭔 재민겨?

히말라야 14좌 완등은 산악인들의 영원한 꿈이라고 한다.

그 꿈을 이룬 사람 중 대한민국이 배출한 세계적인 등반가 엄홍길 씨가 있다.

또 얼마 전 여성 등반가인 오은선 씨가 여성최초로 히말라야 14좌를 완등했다는 반가운 소식이 전해졌다.

수십 년의 대장정 끝에 목표를 이룬 사람들이다.

생명을 위협하는 수많은 난관을 극복하고 끝내 자신의 소망을 이룬 그들이 존경스럽다.

일반인들이 인근의 산 정상에 올랐을 때도 상쾌한 희열을 느끼는데, 악전고투 끝에 세계의 지붕들을 밟았을 때 다가오는 감동은 굉장했을 것이다.

TV에서 에베레스트 등반장면을 몇 번 본 적이 있는데, 이들은 낮은 곳에서부터 며칠씩 걸려서 천천히 올라간다.

결코 서두르지 않는다.

일정한 높이에 오르면 베이스캠프를 설치하고 차츰 올라가면서 전진기지를 세운다.

기상을 살피면서 며칠씩 쉬다가 단계별로 올라가는 것을 볼 수 있다. 그런데 왜 사람들은 헬기를 타고 히말라야 정상에 오르면 안전하고 빨리 오를 수 있을 텐데 굳이 그 고생을 하며 올라갈까?

전문산악인이라면 수월하게 오를 수 있는 육칠천 미터까지는 헬기를 타고 가서 베이스캠프를 치고 다음날 팍팍 올라가 단숨에 정상에 오르면 될 텐데도 말이다. 하지만 그런 방법으로 등반을 하면 고산증세로 목숨을 잃는다.

낮은 곳에서부터 차근차근 오른 후 베이스캠프에서 충분한 휴식을 하면서 자신의 생체리듬을 고산기후에 적응하는 시간을 주어야 무리가 없다고 한다.

그들은 등반절차와 순서를 지키는 것이 가장 안전하고 빠른 방법이라고 말하고 있다.

또한 헬기를 타고 정상에 내린 다면 엄홍길 씨나 오은선 씨가 느끼는 감동과 성취감을 느낄 수 있을까?

산악인들이 악전고투 끝에 실패를 거듭하면서도 헬기를 거부하는 이유는 절차와 순서를 생략하는 편리함 속에는 기계적인 효율성만 있을 뿐, 별다른 가치를 부여할 수도 없고 아무런 감흥도 없기 때문일 것이다. 헬기를 동원한 무리한 정상

정복은 등반이기보다는 관광에 가까운 것이다.

유명한 고전영화 〈바람과 함께 사라지다〉나 〈벤허〉는 3시간 이상 상영되는 장편이다.

그 영화를 핵심내용만 추려서 10분이나 5분정도 압축해서 본다면 무슨 재미와 감동을 느낄 수 있을까?

또는 축구를 좋아하는 사람에게 월드컵 결승경기의 골 장면만 보여준다면 재미가 있을까?

– 산업현장에서 작업을 하는 것도 등산과 유사하다.

작업절차와 순서를 지켜야 품질과 안전이 보장된다.

특히 교량이나 도로 등 전 국민이 이용하는 공공시설은 작업절차와 순서를 지켜야 부실시공으로 인한 부작용을 막을 수 있고 훗날 자신이 참여했던 공사 목적물이 굳건하게 건재하고 있음을 보면서 남다른 자긍심을 가질 수 있을 것이다.

곳곳에서 매일 발생하는 대부분의 안전사고는 순서를 무시하고 너무 서두른 데서 원인을 찾을 수 있다.

생명을 위협받는 긴급한 상황이라면 서둘러야 하겠지만, 서두르지 않아도 될 일도 조급성이 습관화되어 사고를 불러온다.

이제는 귀중한 인명을 희생시키며 쫓기듯 살아왔던 지난날의 악습관에서 탈피해야 한다. 숨 가쁘게 달려왔던 뒤를 바라보며 진정한 삶의 질을 생각할 때다.

속도와 반인륜

'속도는 파리 잡을 때만 필요하다'

-탈무드

대한민국이 전후 최단기간에 비약적인 발전을 할 수 있었던 것은 높은 교육열과 근면성 등의 요인이 있겠지만, 역시 '빨리빨리 문화'가 큰 몫을 했다고 본다.

선진국을 빨리 따라잡아 대대로 이어받은 지독한 가난을 벗어나보자는 국민적 공감대가 형성되면서 속전속결 해치우는 성장위주의 시대가 있었다. 그러나 급속한 발전의 이면에는 소리 없이 쓰러진 산업역군들의 수많은 희생이 뒤따랐다.

그 희생자들의 유족이 겪는 고통은 아직 끝나지 않았다.

우리도 이제는 속된 말로 먹고 살만하다.

예전처럼 귀중한 목숨을 희생시켜 가면서까지 빨리빨리 해야 할 이유가 없다.

국민경제를 운영하는 측면에서도 안전사고를 예방하여 인적자원을 보호하는 것이 유익하다는 것이 입증되었다.

산업화가 본격화되기 이전인 1960년~70년대만 해도 식량이 부족하여 인구 억제정책을 펼쳤지만, 지금은 산업화가 고도화되면서 인적자원이 부족하여 출산 장려정책을 활발하게 추진하고 있다.

이처럼 국가정책은 시대상황에 따라 변한다.

예전에는 '빨리빨리'가 우리사회의 덕목이었지만, 국가가 지향하는 정책변화의 흐름은 실적우선 사회에서 안전위주의 인본주의 사회로 전환되었다.

그래서 안전을 무시하며 능률만을 추구하는 사업주와 근로자는 불이익을 받을 수밖에 없는 시대가 온 것이다.

이제는 모두가 삶의 질을 말하고 있다.

그런데도 시대적 변화요구 흐름을 따르지 않고 안전을 무시한 성장우선주의에 젖어 대형 사고를 유발하여 고귀한 인명을 희생시키고 있다. 그래서 남편을 잃은 미망인과 소년소녀 가장이 계속 생겨나고 있다.

그들이 겪는 삶의 무게와 고통을 생각하면 안전사고는 너무나 반인륜적이다.

수십 년간 '빨리빨리' 의식이 계속되다 보니 이제는 뼛속깊이 새겨진 국민성이 되다시피 했다.

일상생활 중에 우리의 조급성은 도처에서 나타난다.

비행기가 착륙하기 전에 '이 비행기는 곧 착륙하니 안전띠를 착용하라'는 여승무원의 안내방송이 나오면 오히려 일어나서 짐부터 챙긴다.

비행기 바퀴가 땅에 닿으면 바로 줄을 서기 시작한다.

착륙을 완전히 마칠 때까지 나갈 수 없음을 잘 알면서도 습관적인 행동을 하는 것이다.

외국 관광여행을 가서도 유적지에 대한 내력이나 특징 따위에는 별 관심이 없다. '휭' 하니 둘러보며 기념사진을 찍고 또 다른 관광지를 찾아 서둘러 떠난다.

식당에서 음식을 주문하고 5분도 지나지 않아서 빨리 가져오라고 호통을 치기도 한다.

오토바이로 배달하는 퀵 서비스는 우리나라만이 호황을 누리는 택배시스템이다.

우리는 자판기에 동전을 투입하자마자 허리를 굽혀 주문한 물건이 나오기를 기다리는 유일한 민족이다.

소변기 앞에까지 와서 지퍼를 내리는 사람은 많지 않다.

대부분 화장실 출입문에 들어서자마자 지퍼를 내리면서 소변기로 다가간다.

'속도가 필요한 때는 파리를 잡을 때뿐이다.'

탈무드에 나오는 말이다.

이제는 무의미하고 천박해 보이는 조급성을 버릴 때도 됐다.

옛날 우물가의 여인들은 물을 청하는 나그네에게, 물그릇 위에 버들잎을 띄워 건네 줬다고 한다.

서두르지 말고 천천히 물을 마시도록 속도를 조절해줌으로써 배탈이 나지 않게 한 것이다.

목마른 나그네에게 버들잎은 불편하고 거추장스러웠겠지만, 목적지까지 무사히 도착하도록 하기 위한 배려였다.

우리는 가야 할 길이 아직 많이 남았지만 그래도 세계 10위권의 선진국에 속한다. 지금까지는 우리보다 앞선 나라들을 배우며 숨 가쁘게 따라왔지만, 기술의 장벽이 높아지면서 기존 방식으로는 발전을 꾀하기가 어려워졌다.

이제는 다른 나라의 기술을 모방하며 뒤따라가서는 승산이 없으므로 '버들잎 속도학'에서 답을 찾아야 한다.

속도보다는 창의적인 발상으로 신기술을 개발하고 인류의 공익에 이바지하는 탁월한 신제품을 시장에 내놓아야 지속성장이 가능하기 때문이다.

나라 간에도 국격이 있고 국민 간에도 품격이 있다.
이제 국가와 개인의 품위를 격상시키기 위해서라도 '빨리 빨리!'
보다는 시대적 요구에 맞게 창의적인 변화를 꾀해야 한다.

법(法) 자의 의미

안전하게 강을 건너자는 것이 규칙

한문은 뜻글자라서 한 자 한 자마다 고유의 의미가 있다.

또한 몇 개의 글자를 조합하여 다른 뜻을 나타내기도 한다.

예를 들면 삼수변으로 시작되는 한자는 어떤 의미로든 물과 관계가 있다.

油(기름 유), 酒(술 주), 漁(고기 어), 流(흐를 유), 洙(강이름 수), 洲(섬 주), 注(물댈 주), 港(뱃길 항), 沙(모래 사) 등 모두가 물과 관계가 있음을 알 수 있다. 그런데 삼수변으로 시작한 글자인데도 물과 관계가 없어 보이는 글자가 있다.

삼수변에 '갈 거' 자를 조합해서 만든 법(法) 자가 대표적인 글자다. 법과 물이 무슨 관계가 있을까?

굳이 직역하자면 '물을 건넌다'는 의미가 법 자인 셈이다. 하지만 물 위로 사람이 그냥 건너는 것은 위험천만한 일이다.

안전하게 건널 수 있는 수단이 있어야 한다.

다리를 놓거나 배를 이용해야 물을 건널 수 있다.

안전하게 강을 건널 수 있는 다리나 배가 곧 법인 셈이다.

그러므로 세상을 살아가면서 법을 지키지 않는 것은 물위를 그냥 가려는 것과 같다.

즉 다리나 배를 이용해야 강을 무사하게 건널 수 있듯이 안전하게 살기 위해서는 법을 잘 지켜야 한다는 의미가 아닐까? 이렇듯 법 자의 의미에 안전의 깊은 뜻이 담겨져 있는 것이다.

법은 국민의 안전을 도모하기 위한 수단이며 사회구성원 모두의 약속이다. 산업안전보건법은 사업장에서 사업주와 근로자가 기본적으로 지켜야 할 사항들을 정해 놓은 법이다.

이 법을 무시하고 있는 사업주나 근로자가 있다면 깊은 물에 빠져 위험한 상태에 있다는 것과 같다.

또 운전자와 보행자의 안전을 확보하기 위한 도로교통법을 지키지 않는다면 어떻게 될까?

본인은 물론 타인에게도 심대한 피해를 줄 것이다.

국민 모두가 각종 안전법규나 규칙을 잘 지키려는 노력을 할 때 우리나라는 한층 성숙하고 안전한 나라가 될 것이다.

자신과 이웃의 안전을 보장하는 가장 확실한 방법은 법을 준수하는 것이다.

목욕경영론

내 몸이 깨끗하면 품질도 좋아져

정리정돈은 안전뿐만 아니라 품질이나 생산성에도 매우 중요하다는 사실을 입증한 사람이 있다.

오늘날 포스코는 탁월한 품질과 가격 경쟁력을 갖춘 세계적인 기업이다. 세계최고라고 자부하던 신일본제철과 미국의 유에스 스틸사도 포스코에 미치지 못한다.

중국의 지도자였던 등소평은 생전에 '왜 중국에는 포항제철을 이끄는 박태준 같은 사람이 없냐?'고 한탄했다고 한다.

포스코를 세워 세계최고의 품질과 경쟁력을 갖추도록 기업경영을 한 그를 두고 한말이다.

군 장성출신이었던 박태준 회장이 포스코를 세계적인 제철회사로 만들고 성공신화를 이어갈 수 있었던 비법이 뭘까?

그는 군 출신답게 정리정돈을 유난히 강조했다고 한다.

그래서 당시에는 보기 드물게 공장 내에 목욕시설을 완비하고 근무자들이 자유롭게 이용하도록 했다.

그리고 복장과 두발을 청결하게 하도록 했다.

근무복장이 불량하거나 머리가 긴 근무자는 퇴사시킬 정도였다.

자신의 복장하나 제대로 갖추지 못하는 직원에게 최고의 생산성과 품질을 기대할 수 없다는 게 그의 생각이었다.

사람은 자신이 청결해지면 마음도 상쾌해지면서 책상이나 그의 주변을 깔끔하게 하고 싶어 한다.

모든 근무자가 그와 같은 생각으로 주변을 깨끗하게 한다면 공장전체가 청결해져 쾌적하고 능률적인 작업환경이 조성되면서 좋은 제품이 나올 수밖에 없다는 그의 생각은 적중했고 지금도 '목욕경영론'으로 잘 알려져 있다.

목욕은 심신을 정리정돈해주는 효율적인 방법이며 나아가 생산성과 품질 좋은 제품생산의 원동력이 된다는 그의 생각이 옳았던 것이다.

그의 경영철학은 세계최초임과 동시에 독창적인 성공경영학이다.

포스코의 성공요인은 여러 가지가 있겠지만 품질 경쟁력은 정리정돈에 있었다고 해도 과언이 아니다.

어렸을 적 오랜만에 목욕탕에 갔다 오면 개운함을 느끼며 지저분하던 책상을 스스로 정돈했던 기억을 회사경영에 접목시켰던 것이다.

그런데 집에서나 직장에서나 정리정돈을 잘 하지 않는 사람이 의외로 많다. 그런 사람들은 큰 맘 먹고 주변을 깨끗하게 정리정돈해볼 것을 권한다.

많은 것들이 새롭게 보이며 복잡했던 머릿속도 간결해짐을 체험하게 될 것이다. 나아가 집안은 더 안락해지고 직장에서도 업무능률이 향상된다.

어떤 행동을 제대로 하려면 먼저 그 일에 대한 정확한 개념을 알아야 한다.

그렇다면 사람들이 입버릇처럼 말하는 정리정돈이 뭘까?

우선 정리란 불필요한 것들을 없애버리는 것이라고 정의할 수 있다.

정돈이란 사용할 수 있는 물건들을 사용하기 편리한 곳에 종류와 크기별로 구분하여 가지런하게 놓는 것이다.

제조업체에서는 근무자들의 작업동선을 줄이기 위해서 온갖 지혜를 모은다.

근무자의 이동구간을 몇 걸음이라도 줄여 작업능률을 올리기 위해서다. 하지만 불필요한 것들이 자재나 공구와 섞여 있다면 필요한 물건을 찾느라 시간을 낭비하게 된다.

정리정돈 개념을 정확히 인식하고 실천한다면 모두가 편리하고 시간을 절약할 수 있다.

그러므로 생산성 향상을 위하여 다양한 기법을 동원하기보다는 정리정돈만 잘해도 근무자들의 불필요한 걸음이 줄면서 자연스럽게 작업능률이 향상될 것이다.

또한 정리정돈이 안 된 비능률적인 곳에서 전도, 낙하물, 화재사고 등이 빈발하는 것을 보면 정리정돈은 품질과 생산성 향상에 중요하지만 안전관리에도 필수요소다.

작업환경의 중요성을 모르는 경영자 중에는 생산성을 높이기 위해서 정리정돈은 소홀히 한 채 작업을 재촉한다. 하지만 서두름의 부작용은 품질저하와 안전사고로 나타난다.

작업 후 10분 만이라도 정리정돈을 습관화하면 생산, 품질, 안전, 원가 등 각 부분에서 월등한 실적을 낼 수 있다.

생산성을 향상시키고 안전사고를 예방하기 위한 첫걸음은 정리정돈에서 출발해야 한다. 그런데 정리정돈은 사물에 극한된 것은 아니다. 주변이 산만하고 불안전한 작업환경은 근무자들의 마음까지도 불안전하게 한다.

정리정돈이 잘 된 현장은 안전을 확보하는 것에 그치지 않고 근무자들에게 심리적 안정감을 준다.

마음의 정리정돈이 된 상태에서 작업에만 전념해야 능률이 오르고 사고도 줄일 수 있다.

우리의 눈은 두 개이지만 두 개의 사물을 동시에 인지하고 판단할 수 없듯이 작업을 하면서 걱정이나 잡념에 젖어 있다면 일을 제대로 할 수 없다.

하지만 숙련공들은 손에 익은 대로 습관적으로 작업을 하면서 딴 생각을 하다가 도저히 믿기지 않는 뜻밖의 사고를 유발시키곤 한다.

중대재해를 당한 사람의 사고를 처리할 때 가족사항을 보면 복잡한 경우가 많다.

즉 몸은 작업장에 있지만 마음은 가족에게 있었기 때문에 초등학생도 당하지 않을 이해할 수 없는 사고를 당하는 것이다. 마음의 정리정돈이 안된 상태에서 작업을 하면 일도 안되고 참혹한 결과만 초래할 뿐이다. 그래서 정리정돈은 '안전의 어머니'라고 한다.

빛을 흩뿌리는 오목렌즈로는 결코 불을 붙일 수 없다.

빛을 한곳에 집중시켜 불을 일으키는 볼록렌즈처럼 근무에 집중해야 사고를 예방하고 생산성도 향상된다.

유능한 경영책임자는 현장 정리정돈을 우선시 하고, 현명한 근무자는 잡념을 떨쳐버림으로써 마음의 정리정돈을 한 후 일에만 집중해야 원하는 결과를 얻을 수 있다.

가장 싸고 빨리하는 방법

미장작업 대충한 탓에 막대한 적자 감수

예전에 형이 경영하는 인테리어회사에서 미군부대 공사를 도와준 적이 있다.

장병숙소의 바닥을 미장하는 작업이었는데, 작업자들은 늘 해오던 대로 투명호스에 물을 채워 바닥에 설치하고 눈짐작으로 대충 수평도를 맞추고 작업을 마쳤다.

그런데 미군 감리단 직원은 '수평이 맞지 않다'며 재시공을 하도록 지시했다.

시방서에 기록된 단위 제곱미터 당 허용 수평치를 초과한 탓이었다.

공사비용이 추가로 발생되는 것은 둘째 치고라도 미장이 끝나야 카펫을 설치하고 벽지도 바르고 가구도 들여 놓아야 하는데, 이런 상황에서는 후속 공정을 진행할 수 없었다.

미장작업이 지연되어 공사기간을 맞추기 어려운 상황에 이르렀다.

감독에게 통사정도 해봤지만 헛수고였다.

결국은 그 공사에서 막대한 적자를 감수할 수밖에 없었다.

준공 후 형이 그 감리직원과 식사를 하면서 '왜 별로 중요하지 않은 바닥수평에 집착했느냐?'고 물어봤다고 한다.

그는 정색을 하면서 한국인들의 공사행태를 꼬집었다.

"당신들은 귀찮다는 이유로 바닥미장을 할 때 눈짐작으로 대충하고 마감한다."

입주자는 장롱이나 가구를 놓을 때 수평이 맞지 않아서 신문지를 접어서 고인다. 하지만 그 역시 눈짐작으로 하기 때문에 정확할 리 없다. 그렇게 몇 년 지나고 보면 가구가 변형되어 장롱 문이 잘 닫히지 않거나 삐걱거린다.

결국은 비싼 가구를 망가트리기 일쑤 아닌가?

조금은 번거롭고 속도가 느리더라도 미장을 제대로 하여 수평도를 맞춰야 한다.

"그렇게 해야만 집안 아무 곳에나 가구를 옮겨도 그런 불편을 겪지 않을 것이다." 그러면서 덧붙이기를 "다른 업자들은 불만을 토로하고 가버려서 해주고 싶은 말을 못했는데 당신은 그 이유를 설명할 기회를 주어서 매우 고맙다"는 말을 했다고 한다.

그 일을 계기로 형은 품질의 중요성을 깊이 인식하게 되었고 가장 적은 비용으로 가장 빠르게 공사하는 방법은 정해진

절차와 순서대로 한 번에 정확하게 시공하는 것임을 알게 됐
다.

결국 고객이 요구하는 품질과 공기를 맞출 수 있었고 영업
을 하지 않아도 계속 공사를 수주할 수 있었다.

지금은 국내에 상주하는 다국적기업의 인테리어는 거의 독
식하다시피하며 영업이익과 지불조건이 좋은 공사만 선별해
서 하고 있다.

세상일은 정해진 순서와 절차에 따라 한 번에 제대로 하는 것이
가장 빠르고 효과적인 방법이다.

자연의 법칙을 거스른 사람들

'설마, 괜찮아' 때문에 사라지는 생명

고대 이집트에서 '미라'로 만들어진 사람들은 파라오나 왕족 등 특권계층 신분이었다. 그들은 온갖 부귀영화를 누리며 살았음에도 더 살고 싶어 했다. 그래서 미라로 만들어졌다.

신이 언젠가는 자신들을 재생시킬 것이라고 굳게 믿었기 때문이다.

진시황도 불로초를 구하기 위하여 각지에 사람을 보냈다.

아방궁을 짓고 소녀들과 동침하며 젊은 기를 받고자 했던 것도 오래 살기 위해서였다. 하지만 불로초로 알고 먹었던 수은이 중독을 일으켜 이른 나이에 죽고 말았다.

엘리자베스 여왕은 죽기 전에 '내 생명을 몇 달만 연장시켜 주는 사람이 있다면 전 재산을 다주겠다'고 애원하다가 대영제국 여왕의 위엄과 체면을 손상하면서 죽었다.

미국에서는 자신이 죽으면 냉동 처리하여 소생이 가능할 때까지 보관하도록 유언장을 작성하는 사람들이 있다.

이미 백 명도 넘게 냉동 보관되어 있다고 한다.

그들은 생명공학의 무한한 발전 가능성을 믿는다.

하지만 현재로서는 인간의 생명은 재생이 안 되며 여분 또한 없다. 그런데도 움직일 수 없는 자연의 법칙을 거스르면서까지 더 살기 위하여 이처럼 몸부림을 친다.

우리는 어떤가?

자연의 법칙을 거스르지는 못할망정 주어진 수명은 누려야 하지 않겠는가? 하지만 자기관리를 소홀히 하여 허무하게 목숨을 잃는 사람이 많은 것이 현실이다.

'대충대충, 빨리빨리, 설마, 괜찮아, 나하나 쯤이야……'라는 생각 때문에 우리 곁에 있어야 할 사람들이 수없이 사라졌다.

사업주도 생명을 보호하는데 투자를 아끼지 말아야 하고 근무자도 안전의 원칙과 기본을 충실히 이행한다면 일터를 피로 물들이는 사고는 사라질 것이다.

결국 안전은 선택의 문제다.

안전을 지키지 않으면 우선 조금은 편안하다. 하지만 큰 위험을 감수해야 한다. 안전을 지키면 거추장스럽고 불편하다.

하지만 큰 위험은 없다.

어떤 선택을 하느냐에 행복과 불행이 결정된다.

작은 편안함을 위해 큰 위험을 감수하든지, 작은 불편함을 감수하고 생명을 지키든지…….

모든 것은 스스로 선택해야 한다. 하지만 신중하게 결정해야 한다. 왜냐하면 당신의 현재는 과거 행적의 결과이며 미래를 예측하는 잣대이기 때문이다.

오케스트라 지휘자

빈틈없는 지휘통솔이 무재해를 낳는다

누구나 살다보면 궁금하게 생각되는 일들이 있기 마련이다.

예를 들면 대문에 '개조심'을 붙인 주인의 마음 같은 것들인데, 이것이 타인에 대한 배려인지, 물려도 책임지지 않겠다는 심보인지 궁금하다.

또 오케스트라 단원들은 연주하기에도 바빠서 지휘자를 쳐다보는 연주자가 별로 없어 보인다. 그리고 앞에 펼쳐진 악보대로 연주하면 별 문제가 없을 것 같다.

사실 실제로 가보니 연주자들은 악보와 악기를 번갈아 보며 연주를 했다. 지휘자는 어쩌다 한 번 힐긋 볼 뿐이었다. 이런 상황에서 지휘자의 구체적인 역할이 무엇인지 자못 궁금해지는 것이다.

연주자가 지휘자를 보는 것은 연주곡에 대한 지휘자의 열정과 표현의지 등을 읽기 위함이 아닐까? 즉 지휘자의 마음을 악기 소리에 담아 청중에게 전달하기 위해서 지휘자를 보는 것으로 생각되기도 한다.

지휘자는 작곡자의 일생과 곡을 만들 때의 배경, 심리 등을 지휘봉을 통하여 연주자에게 전달할 것이다. 그래서 지휘자는 그가 맡은 오케스트라를 대표하고 음반을 내더라도 지휘자의 이름으로 발표한다.

산업현장의 안전관리도 마찬가지라고 생각한다.

근무자들은 최고 경영층이나 현장책임자의 경영방침이나 언행에 따라 그가 추구하는 방향을 자연스럽게 알게 된다.

공사기간을 단축하려 무리하게 작업을 강행시키는지, 근무자의 생명을 보호하려는 안전에 대한 의지가 확고한지 등을 쉽게 파악한다.

최고 책임자가 공기를 단축하여 원가를 절감하겠다는 의지가 강하다고 근무자들이 판단했다면 그에 따라 자신들의 근무태도나 행동방향을 정한다.

또 현장책임자나 직원이 안전조회에 참석하지 않거나 안전수칙 준수를 솔선수범하지 않으면, 대다수의 근로자가 위험장소나 위험도에 관계없이 안전을 소홀히 한다. 하지만 모든 직원이 안전복장과 장비를 갖춘 현장에서는 근로자들도 이러한 안전 분위기에 은연중에 동화되어 안전수칙을 지킨다.

안전 분야가 작업능률을 향상시키고 또한 원가절감과 품질에도 커다란 영향을 미친다는 것을 인식하는 경영자는 남다른 실적을 올릴 것임을 확신한다. 그러기 위해서는 아름다운 선율로 청중을 사로잡는 오케스트라의 지휘자처럼 현장책임자도 안전관리의 지휘자가 되어야 한다.

유능한 지휘자가 연주자들 간의 조화를 이뤄 감미로운 음악을 만들 듯, 현장책임자도 근무자들을 빈틈없이 지휘 통솔해야 무재해를 달성할 수 있다.

무재해는 회사와 근무자 모두를 이롭게 하는 최상의 가치다!

중국의 대나무 농부

어린 대나무, 5년 후부터 30미터로 자란다

중국 남부지방의 대나무는 우리의 상식을 깰 만큼 거대하다고 한다.

이 대나무는 심은 후 4년 동안은 별 변화가 없다.

구근에서 돋아난 작은 잎 몇 개가 아직 죽지 않았음을 알려줄 뿐이다. 하지만 농부는 믿음을 가지고 가뭄이 들 때마다 물을 주며 참을성 있게 기다린다. 그러다가 5년째가 되면 6주 만에 30여 미터로 자라난다.

사람들은 짧은 기간에 일어난 엄청난 성장과 변화를 보고 '기적의 나무'라고 한다. 하지만 대나무가 자란 시간은 6주가 아니라 4년이라는 사실이다.

농부가 주는 믿음의 물과 인내라는 영양분으로 4년 동안 깊고 넓게 뻗은 뿌리에서 은밀하게 성장한 것이다.

우리는 매사에 너무 서두른다.

결과를 빨리 보고 싶어 한다.

부모들은 자녀를 학원에 보내자마자 성적이 오를 것으로 기대한다.

믿음과 인내심으로 기다리기보다는 성적에 변화가 없으면 망설임 없이 학원을 옮긴다. 하지만 부모의 뜻대로 되는 경우는 많지 않다.

사회적으로 문제가 된 대형 붕괴사고들도 지나친 서두름의 결과다.

부실시공이나 불량품 생산은 타인의 생명을 앗아갈 수 있는 범죄행위다.

한낱 대나무를 생산하는데도 몇 년을 기다리는 중국의 농부로부터 기다림의 미학을 본받아야 한다.

안전속담

우리 속담 속, 저비용 고품질의 지혜

조상들이 후대에 남긴 교훈 중에 안전에 대한 격언이 많은 것을 보면 기계나 장비가 발달하지 않았던 옛날에도 안전사고가 발생하였으며 이를 안타까이 여겼던 것 같다.

조상들의 지혜가 담긴 속담은 일상생활에서 유용할 뿐만 아니라 산업현장의 근무자에게는 더욱 실천해야 할 귀중한 교훈이다.

이를 산업현장에 적용하면 안전하고 저렴한 비용으로 좋은 제품을 생산하여 기업경영에 기여할 것으로 믿는다.

1. 세살 버릇 여든까지 간다

잘못된 습관은 고치기 어려우므로 처음부터 좋은 습관을 들여야 한다. 산업현장에 첫 출근하면서부터 안전보호구를 착용하고 안전수칙을 지키는 좋은 습관을 들여야 한다.

2. 우물가에 가서 숭늉 찾는다

매사를 조급하게 서둘지 말라는 역설적인 교훈을 준다.

3. 바늘허리 메어 못 쓴다 / 망건 쓰고 세수한다

매사에 절차를 생략하면 일도 되지 않고 부작용이 생기니
절차를 준수해야 좋은 결과를 얻을 수 있다.

4. 원숭이도 나무에서 떨어진다 / 접시 물에 빠져 죽는다

아무리 기술이 좋고 경험이 많아도 실수를 할 수 있으므로
항상 경각심을 갖고 조심해야 한다.

5. 돌다리도 두드리면서 건넌다 / 아는 길도 물어간다 / 식은
죽도 불며 먹는다

생각을 행동에 옮기기 전에 확인을 철저히 해야 부작용이
없다.

6. 소 잃고 외양간 고친다

모든 일은 해야 할 때를 놓치면 피해도 크고 더 어려워지므
로 제때에 해야 한다.

7. 콩 심은데 콩 나고, 팥 심은데 팥 난다

어떤 행위에는 항상 좋은 결과나 나쁜 결과가 따른다. 누군가 작업 중 추락하여 사망했다면 안전띠를 착용하지 않은 잘못된 행동을 했기 때문에 나쁜 결과를 초래한 것이다.

8. 구슬이 서 말이라도 꿰어야 보배다

유용한 안전지식이나 정보도 실천에 옮겨야 안전이 확보된다.

9. 개미구멍이 공든 탑 무너뜨린다

사소한 실수나 미흡함이 큰 사고로 이어진다.

10. 윗물이 맑아야 아랫물이 맑다

부모가 신호등을 지키지 않으면서 아이들에게 차를 조심하라고 할 수는 없는 일이다.

가정에서나 산업현장에서도 조상들의 생활의 지혜를 마음속에 간직하여 사고라는 불행을 피했으면 좋겠다.

땡감과 홍시

모든 것은 타이밍, 때를 기다려야…

어렸을 적 울 안에 감나무가 있었다.

붉게 물들기 시작한 감이 몹시 먹고 싶었다.

익지 않은 감을 억지로 따려다보니 잘 떨어지지 않아 가지를 부러트리며 힘들게 땄다. 하지만 몇 입 먹다가 떫기만 하고 맛이 없어서 팽개쳐 버렸다. 때 이른 감을 따려다가 가지를 부러트려 야단만 실컷 맞았다.

그날 저녁 잠자리에 들어서도 후회했다.

이윽고 늦가을이 되어 서리가 내릴 무렵이었다.

농익어 홍시가 된 감은 따기도 쉬웠고 맛도 좋았다.

가지를 부러트려 야단맞을 일도 없었다.

형들과 함께 달고 맛있는 홍시를 먹으면서 어렴풋이 생각했었다.

'모든 것은 때를 기다려야 하는군.'

세상일도 그런 것 같다.

여건과 분위기가 무르익었을 때 실행해야 부작용이 없다.

산업현장에서도 적절한 시기와 장소에서 차근차근 순서대로 작업을 한다면 안전사고와 같은 부작용을 줄일 수 있지 않을까?

군중심리의 선순환과 악순환

제임스 윌슨 교수의 '깨진 유리창의 법칙'

여름철 해수욕장이나 유원지를 가보면 대부분 깨끗하지만 어떤 때는 온통 쓰레기가 널려 있기도 한다. 깨끗하던 백사장에 누군가 작은 쓰레기봉투 하나를 버리면 오가는 사람들이 하나씩 버리면서 일대는 삽시간에 쓰레기더미가 되어버린다.

다음날에는 쓰레기더미가 여러 군데 더 생긴다.

누구나 깨끗한 백사장을 보면 쓰레기를 버리고 싶은 마음이 들지 않는다.

하지만 주위에 쓰레기가 쌓여 있다면 생각이 달라진다.

'누군가 치울 텐데 내 쓰레기도 같이 치우면 될 거야' 하며 죄의식도 느끼지 않고 자연스럽게 버리게 된다.

하버드대 제임스 윌슨 교수는 이와 같은 군중심리를 유리가 깨진 차를 통해서 실험을 한 후 '깨진 유리창의 법칙'이라고 이름을 짓기도 했다.

누구나 한번쯤은 차량 왕래가 한가한 도로에서 신호등을 기다리는 보행자들 중 한 사람이 적색불일 때 건너면 그를 따라서 건넌 경험이 있을 것이다. 악순환의 대표적인 사례다.

일부러 빨강 신호일 때 다른 사람들을 따라 건너보니 양심이 찔리면서도 한편으로는 마음이 편했다. 이번에는 초록 신호등이 들어올 때까지 혼자 기다려보니 왠지 바보가 된 느낌이 들기도 하고, 짧은 시간이었지만 무척 길게 느껴지기도 했다. 심지어 손해를 보는 것 같기도 하고 외롭기까지 했다.

짧은 시간이었지만 복잡한 군중심리 변화를 느꼈다.

가장 큰 문제는 빨강 신호등이 켜졌는데도 첫 번째로 길을 건너는 사람이다.

산업현장에서 안전수칙을 상습적으로 위반하는 근무자를 특별 관리하거나 격리시켜야 하는 이유도 이와 같다.

몇 사람의 안전수칙위반자들이 대다수의 인원을 나쁜 방향으로 전이시키기 때문이다.

한 명이 안전모나 안전띠를 착용하지 않는다면 다른 동료도 안전보호구 착용을 소홀히 하며 점차 확산되는 것이다. 그러므로 최초의 안전수칙위반자를 계도하여 행동을 변화시키거나 대다수의 인원으로부터 그를 분리시켜야 한다.

안전 분위기의 선순환 고리를 계속 유지시켜야 사고를 예방할 수 있다.

절차
성공법
12

구불구불한 등산로

정상에 빨리 오르려면 직선코스가 정답?

등산은 참 좋은 운동인 것 같다.

우선 경제적으로 저비용 고효율 운동이다.

혼자서도 할 수 있고 다정한 이웃친지들과 하면서 즐거운 시간을 보낼 수 있다. 때때로 부부간에 오솔길을 걸으며 부부애를 쌓을 수도 있다.

혼자 하는 등산은 사색의 시간을 가질 수 있어 더욱 좋다.

'그런데 왜 오솔길은 구불구불할까?'

정상에 빨리 오르려면 직선으로 곧장 올라가야 한다. 그러나 막상 정상에 오르려면 직선으로 가고 싶어도 구불구불한 산길을 따라갈 수밖에 없다.

산길을 낸 사람도 가능하면 직선으로 만들려고 했을 것이다. 그러나 막상 길을 내다보면 어쩔 수 없이 구불구불하게 만들 수밖에 없었을 것이다.

때로는 비탈진 경사가 나타나기도 하고 커다란 바위가 길을 막기 때문이다. 그래서 산길은 구불구불한 오솔길이 되기 마련이다.

등산로를 따라가면 안전하고 수월하게 산을 오를 수 있는데, 조금 빨리 가기 위해서 길이 없는 직선으로 오르면 바위에 걸려 넘어지거나 가시덤불에 빠질 것이다.

시간이 걸리고 조금 더 걷더라도 안전한 오솔길을 선택해야 하듯이, 산업현장의 근무자들도 직선을 선택하고 싶은 유혹을 버리고 작업속도가 조금 느려지더라도 안전의 원칙과 작업절차를 준수해야 탈이 없다.

산허리를 돌아 구불구불한 등산로는, 쫓기듯 살아가는 우리에게 좋은 가르침을 주고 있다.

교통신호등의 역할

절차를 지키는 것이 남는 경영이다

운전자들은 도로를 주행하다가 교차로 부근에서 초록 신호등으로 바뀌면 저절로 미소를 짓는다. 하지만 초록 신호등이 적색으로 바뀌면 '에이! 조금만 빨리 왔더라면…'하고 푸념한다.

마음속으로 후회 아닌 후회를 하며 신호등을 야속하게 쳐다보기도 한다.

신호등을 '나는 빨리 가고 싶은데 못 가게 막는 장애물'이라고 생각하는 것이다. 그러나 조금 다르게 생각해볼 필요가 있다.

-만약 저 신호등이 고장 났더라면 어떻게 되었을까?
-만약 교차로에 신호등이 없었다면 어떤 상황이 되었을까?
-아마 서로 먼저가려고 차들이 엉켜서 한 발자국도 움직이지 못하고 고함을 지르며 싸우고 있을 거야.

―저 신호등은 나를 더 빨리, 더 쉽게 그리고 더 안전하게 목적지까지 갈 수 있도록 도와주는 아주 좋은 시설이야.

이처럼 인식을 전환하면 짜증스럽지 않고 오히려 신호등이 고마울 것이다. 항상 긍정적인 생각을 가질 수 있도록 습관화하면 매사에 기쁘고 하는 일도 잘 될 것이다.

안전관리도 신호등의 역할과 같다.

모두가 '나부터' 먼저 하려 한다면 질서와 규칙이 무너지며 혼란이 올 것이다.

안전관리의 본질은 산업현장의 근무자에게 절차와 순서를 지키도록 함으로써 생산성 향상과 원가를 절감하여 기업경영에 기여하는 것이다.

좀 늦게 가는 것

서둘러 탈피한 나비는 날지 못한다

나비를 연구하는 곤충학자가 쓴 글을 본 적이 있다.

어느 날 그는 성충이 되는 과정에서 번데기를 탈피하여 나비가 되는 과정을 관찰했다.

번데기를 탈피하지 못하면 나비가 되기도 전에 죽게 된다는 것을 본능적으로 알고 있는 성충은 있는 힘을 다하여 오랜 시간 고통스러운 탈피작업을 하고 있었다.

보다 못한 그 학자는 안타까운 나머지 번데기 껍질을 벗겨주었다. 그런데 이 나비는 나무 위를 기어 다닐 뿐 날지 못하는 것이었다.

성충이 고통스러운 탈피과정을 극복해가는 과정에서 날개에 힘이 생기고 그 힘을 바탕으로 푸른 하늘을 자유롭게 날게 된다는 사실을 알게 되었다고 한다.

날지 못하는 나비는 이미 생명력을 잃은 것처럼, 빠른 속도와 성장만이 능사는 아닌 것이다.

하루살이 곤충은 말 그대로 하루 만에 태어나고 그날 사라진다.

백년 천년 더디게 자라는 거목은 굳건함과 풍성함도 자란 만큼 오랫동안 계속된다.

'바쁠수록 돌아가라'는 말은 서두름의 부작용을 경계하라는 의미다. 그러므로 좀 천천히 늦게 가는 것이 창피한 일은 아니다.

무슨 일이든 순서와 절차를 지켜야 실수를 줄일 수 있다.

안전과 품질을 확보하고 원가절감을 하는 것도 마찬가지다.

사막의 낙타는 천천히 가기에 무사히 목적지까지 간다.

우리 몸에서 안전을 배운다

인체는 세상에서 가장 완벽한 안전장치

산업현장의 안전시설은 작업자의 행동을 제약하거나 작업에 지장을 주는 측면이 있다. 그래서 안전전문가들은 '이상적인 안전시설은 우리 몸처럼 해야 한다'고 주장한다. 인체 내에서 정밀하게 작동하는 다양한 안전장치는 본래의 목적을 충실히 수행할 뿐 일상생활에 전혀 지장을 주지 않기 때문이다. 우리 몸을 보호하기 위한 안전장치는 밝혀진 것 만해도 무수하게 많지만, 이해하기 쉬운 내용을 나열하면 아래와 같다.

1. 인체 내의 혈액은 왜 10%의 여분이 있을까?

일상생활 중에 부상을 당해 출혈을 해도 생명에는 지장이 없기 위함이며 혈액이 응고됨으로써 과다출혈을 막는다.

2. 재채기를 왜 할까?

호흡을 통해 해로운 물질이 인체에 들어오면 밖으로 강하게 배출시키는 것이다.

3. 재채기를 할 때 자동적으로 눈이 감기는 이유는?

재채기의 순간속도는 시속 160킬로미터 정도인데 눈을 감지 않으면 안구가 돌출될 수 있으므로 눈을 감음으로써 안구를 보호한다.

4. 피곤하면 왜 감기에 걸릴까?

면역기능이 저하되어 큰 병이 올수 있으므로 휴식을 취하라는 강력한 권고이다.

5. 산모가 모유를 수유하는 기간에는 배란이 안 되는 이유는?

산모의 영양분이 아기에게 대량 투입되는 상황에서 엄청난 에너지를 소모시키며 임신을 하면, 산모와 아기의 생명이 위협받으므로 자연피임을 함으로써 둘의 건강을 도모한다.

6. 눈썹과 속눈썹의 역할과 눈을 깜박거리는 이유는?

눈으로 이물질이 들어가지 않도록 눈썹과 속눈썹이 먼지를 포집하는 기능을 하며, 눈을 깜박거림으로써 안구건조를 예방함과 동시에 미세한 먼지를 눈가로 밀어내 눈곱이나 눈물을 통해 밖으로 배출시킨다. 그러나 눈을 깜박거림으로 인하여 사물을 보는 기능에는 전혀 불편함이 없다.

7. 머리에 털이 나는 이유는?

두상은 순두부와 유사한 형태의 뇌를 보호하기 위하여 단단한 두개골로 지붕을 씌운 구조로 되어 있으며, 머리털은 상부에서 물건이 낙하하거나 물건과 부딪쳤을 때 충격을 완충시켜 뇌에게 주는 피해를 최소화하기 위한 1차 안전시설인 셈이다.

8. 귓밥을 파내도 계속 생기는 이유는?

소리를 듣기 위해서는 어쩔 수 없이 귓구멍이 열려 있어야 한다. 하지만 적당히 어둡고 정온한 귓구멍 안에 작은 곤충이 날아들어 눌러 살려고 한다면 곤란하다. 귓밥은 곤충이 도저히 견딜 수 없는 고약한 냄새를 풍김으로써 곤충을 밖으로 몰아낸다. 하지만 사람끼리는 냄새도 없고 잘 보이지 않으면서 청각기능에는 지장을 주지 않는다.

9. 피부에 때가 생기는 이유는?

때는 피부방어벽으로 땀과 피지를 담아 적정한 수분으로 촉촉한 피부를 유지하며 자외선과 각종 세균으로부터 피부를 보호하는 역할을 한다. 목욕탕에서 말끔하게 때를 민 후에 가려움증이 오는 것도 피부에 상처를 입었기 때문이다.

10. 사람마다 소화액이 성분이 조금씩 다른 이유는?

고기를 즐겨먹는 사람은 고기를 소화시키기 알맞은 소화액이 분비되며, 채식 위주의 식사를 하는 사람은 그에 맞는 소화액을 분비함으로써 효율성을 기한다. 그래서 채식주의자가 우유를 마시면 설사를 한다. 하지만 우유를 계속 마시면 그에 맞는 소화효소를 분비하여 긴밀하게 조절한다.

11. 발뒤꿈치의 뼈는 골다공증 환자의 뼈처럼 부서지기 쉬운 구조로 된 이유는?

만약 높은 곳에서 뛰어내릴 때 강한 충격으로 심장이나 뇌 등 인체의 중요 장기에 피해가 가지 않도록 충격을 흡수하기 위함이다. 발뒤꿈치의 두껍고 딱딱한 살은 최초의 강한 충격을 효율적으로 흡수하여 깨지기 쉬운 뼈를 보호하기 위한 최상의 안전시설이다.

12. 털 표면에 미세한 돌기가 돋아나 있는 이유는?

위에서 떨어지는 먼지가 돌기에 걸리도록 함으로써 포집을 용이하게 하기 위함이다.

13. 성인남자의 겨드랑과 하체부분에 털이 나는 이유는?

격렬한 운동이나 왕성한 신체활동을 할 때 피부가 마찰되어 손상을 입지 않기 위함이다.

14. 남자의 고환을 보관하는 주머니가 왜 밖으로 돌출되었을까? 그리고 고환 위치의 높이가 다른 이유는?

주머니의 표피면적을 조절하기 쉬운 구조로 되어있어, 외부의 온도변화에 신축적으로 대응함으로써 정액을 인체의 온도보다 낮은 온도로 신선하게 보관하기 위함이다. 고환의 높이가 다른 것은 달리기 등 격렬한 운동을 할 때 서로 충돌을 하지 않기 위함이다.

이밖에 탁월한 기능을 하면서도 상징적인 교훈을 주는 인체의 기관들이 있다. 왜 눈과 귀는 두 개인데 입은 하나일까?

눈이 두 개인 것은 사물이나 현상을 정확하게 보고 행동하라는 의미가 아닐까? 그래서 눈은 두 개이지만 두 개의 사물을 동시에 인지할 수는 없다.

만약 두 눈이 각각 다른 물건을 본다면 두 개의 정보를 동시에 분석 판단해야 하므로 큰 혼란이 야기될 것이다.

귀가 두 개인 것도 두상 양쪽에 위치함으로써 균형적인 조화와 함께 정확하게 듣고 판단하라는 교훈을 준다. 입이 하나인 것은 말을 적게 하고 과식하지 말라는 해석이 가능하다.

정교한 안전시스템의 결정체인 인체로부터 안전을 배움으로써 생명에 대한 인식을 새롭게 하는 계기로 삼아야겠다.

스킨 십(Skin ship) 효과

'스킨십은 우리 정서에 맞는 어깨동무로'

스킨십은 영어사전에도 없는 말이지만 널리 사용되고 있다. 굳이 우리말로 옮긴다면 피부접촉이나 피부교감으로 해석이 가능하다.

갓난아기는 품속에서 엄마와 피부접촉을 함으로써 안정감을 찾는다. 우는 아이를 엄마가 안아주면 울음을 멈추는 것도 그 때문이다.

부모가 아이를 칭찬하거나 위로할 때 머리를 쓰다듬거나 어깨를 감싸주는 것도 같은 이치다.

축구나 배구 등 구기종목 운동선수들이 경기시작 전 어깨동무로 스킨십을 하는 것은 일체감을 갖기 위해서다. 남자들이 즐겨하는 악수도 정서적 교감을 나누기 위함이다.

남녀 간의 포옹이나 키스도 서로 친밀도를 높이기 위한 방법이다.

공산국가나 사회주의 지도자들은 악수를 하는 서방국가 지도자들과는 달리 회담을 시작하기 전에 여러 번의 포옹을 통하여 단결력을 과시한다.

서로 신체를 최대한 많이 접촉함으로써 친밀감과 동질성을 강화시키기 위한 인간의 본능을 자극하는 행위다.

사실 스킨십을 가장 많이 하는 사람들은 부부들이다.

그래서 부부간에는 촌수가 없고 일심동체라고도 한다.

산업현장에서 하루일과를 시작하는 근무자들이 TBM 활동시간에 Touch and Call을 하는 이유도 동료애를 키움으로써 일체감을 가지고 서로 안전을 도모하기 위함이다.

그런데 현재의 스킨십 방법은 신체접촉 부분도 작을 뿐만 아니라 대형현장에서 실행하기에는 적절치 않은 면이 있다.

좁은 장소에서 지적확인을 하려면 몹시 불편하여 근무자들이 회피하려는 경향이 많다. 그러므로 외국의 제도를 무분별하게 도입하여 효과를 반감시키기보다는 우리 정서에 맞는 어깨동무를 통하여 '스킨십 효과'를 극대화하면 재해예방에 도움이 되리라 생각한다.

* TBM(Tool Box Meeting)이란?

산업체에서 사고를 예방하기 위한 안전활동의 한 기법으로써 작업반 단위의 소집단이 작업을 시작하기 전에 Tool Box(공구함)를 앞에 놓고 반장 또는 조장을 중심으로 당일 작업내용과 그에 따른 위험요인 및 예방대책을 서로 공유하고 확인하는 모임활동을 말하며 보통 10여 분 정도 소요된다.

* TBM 활동 5단계

 1. 도입단계 : 상호인사

 2. 점검단계 : 건강, 복장, 안전보호구 착용상태, 수공구 및 장비상태

 3. 작업지시단계 : 작업내용과 개인임무지시 및 상호연락사항 확인

 4. 위험예측단계 : 작업수행 시 위험발생예측 및 대책수립

 5. 확인단계 : 팀 목표 확인(가장 큰 위험요인에 대한 대책) 및 Touch and Call 복창

Part 6.

생사의 경계선에 있는 사람들

어느 사형수

'처형장에 끌려가기보다는
개미라도 되고 싶어'

이승만 정권시절 사형집행을 기다리는 한 사형수가 있었다. 죽음을 목전에 둔 그는 극심한 공포에 떨었다.

사형집행 일보직전 운 좋게도 당시 '나는 새도 떨어뜨린다'는 권력을 가진 김창룡 특무대장의 특혜로 기적처럼 풀려났다고 한다. 출소 후 그는 인상 깊은 소감을 남겼다.

'지옥이 따로 없었다. 사형을 기다리는 매 순간이 지옥이었다.'

'창밖의 나무를 보면서 살려만 준다면 일생을 나무 위에서라도 살고 싶다는 생각이 간절했다.'

'까치 울음소리를 듣고 까치라도 되어서 살고 싶었다.'

'창문을 자유롭게 기어 다니는 개미가 한없이 부러웠다'고 실토했다.

소름끼치도록 처절한 생명에 대한 애착이다. 아무리 악인이라도 죽음 앞에서는 가장 순수한 본성과 마주 한다고 한다.

그의 독백이 인간의 보편적 본성이 아닐까?

하지만 세상에는 다양한 부류의 사람들이 있다.

위험천만한 모험을 놀이 삼아 즐기다 목숨을 잃는 사람도 있다. 위험을 감수한 자의적 행동에 대한 결과이기 때문에 어쩔 수 없는 노릇이다.

운전자 중에는 남보다 빠른 주행속도에서 쾌감을 느끼기도 한다. 몇 년 전 옆집 사람과 낚시여행을 가면서 그의 차에 동승한 적이 있는데 기겁을 했었다.

"시간이 넉넉한데 왜 이렇게 과속을 하십니까?"

그는 잔뜩 겁먹은 내 표정이 재미있다는 듯 호탕하게 웃으며 말했다.

"저는 과속을 해야 안전합니다."

"천천히 가면 졸리거든요."

"속도를 내야 적당히 긴장되면서 졸음이 달아납니다."

그는 습관적으로 과속운전을 하는 사람이었다.

다른 차를 얻어 타고 돌아온 후로 다시는 그의 차를 타지 않았다.

결국 그는 얼마 전에 교통사고를 당하여 목숨을 잃고 말았다. 슬피 울던 미망인은 원망스런 표정으로 영정사진을 보며 말했다.

"서울에서 부산까지 나보다 빨리 가는 사람은 없을 거라며 자랑하고 다니더니…… 결국은 이렇게 됐네요."

자랑스럽지 않은 우월감과 자만심이 빚은 비극이다.

누구를 탓할 수도 없다.

커다란 위험을 무릅쓰면서 일시적인 쾌감을 즐기다 참혹한 대가를 치른 것이기 때문이다.

느긋한 여유를 가지고 차근차근 하기보다는 무엇이든 '빨리 빨리!' 해치우려는 습관이 수많은 불행을 불러온다.

위험상황을 충분히 예견했으면서도 안전을 소홀히 하다가 생명을 잃는 것은 참으로 무의미하고 헛된 죽음이다.

이 세상에는 개미라도 되어서 생명을 연장하고 싶은 인간의 본성을 거역할 만큼 바쁜 일은 없다.

위기의
순간
02

정약용 선생 曰,
"가장 억울한 사람은 누구?"

다산 정약용 선생은 '세상에는 두 개의 저울이 있다'고 했다. 하나는 옳은 것과 그른 것이라는 저울이며, 다른 하나는 이익과 손해라는 저울이다.

이 두 개의 저울에서 네 가지 등급이 생겨난다.

제일 좋은 등급은 옳은 것을 지키면서 이익을 얻는 것이다.

노동력을 제공하고 임금을 받거나 정상적인 영업을 통해서 생활을 영위하는 평범한 사람들이 여기에 해당된다.

그 다음은 옳은 일을 하다가 손해를 보는 것이다.

유배지의 다산은 자신이 이 부류에 해당된다고 했다.

그 다음은 그른 것을 추구하여 이익을 얻는 것이다.

사기나 도둑질 같은 정당하지 못한 방법으로 이익을 취한 사람을 말한다.

최하위급은 그른 것을 추구하다 해를 입는 것이다.

남에게 피해를 주는 도둑질이나 강도행위를 하다가 붙잡힌 경우가 여기에 해당된다고 하겠다.

얼마 전 신문기사에 식당을 침입한 도둑이 현금이 없으니까 화가 난 나머지 가스밸브를 개방하여 인명과 재산에 피해를 준 사람이 붙잡혔다고 한다.

각고의 노력(?) 끝에 어렵게 침입한 가게에 돈이 없자 화풀이를 한 것이다.

최하위급에서도 가장 악랄한 이런 부류의 사람들은 처벌을 받아야 마땅하다. 하지만 지극히 정당하고 옳은 일을 하다가 손해를 보는 사람만큼 억울한 경우는 없다.

어떤 사람들일까?

바로 산업현장에서 불의의 사고로 부상을 입거나 목숨을 잃는 사람들이다. 그들은 정직한 땀을 흘리며 사는 사람들이다.

다산 선생의 말씀에 따르면 가장 이상적인 등급에 속하는 선한 사람들이다. 그런데 누구보다 행복해야 할 사람들이 오히려 안전사고라는 악마의 늪에 빠져 불행해지는 것이다.

결국 안전사고는 선량한 사람에게도 그른 것을 추구하다

해를 입는 최하위급 부류와 같은 결과를 초래하고 있다.

　이는 사회정의구현 차원에서도 맞지 않으며 슬픈 일이 아닐 수 없다.

　더 이상 선량한 사람들이 서글픈 낙오자로 전락하는 불행이 되풀이 되어서는 안 된다.

안전사고는 누구에게도 이롭지 않다. 더 늦기 전에 국민 모두가 안전사고 예방에 전력을 다해야겠다.

저승을 보고 온 사람

15층 추락, 기적적으로 목숨 건진 사람의 말

80년대 말경에 있었던 일이다.

그 무렵은 현장 근무자들 중 안전모와 턱 끈을 제대로 착용하는 사람이 많지 않던 시절이었다.

어떤 사람들은 안전모를 혁대에 달고 일하기 일쑤였다.

안전관계자가 나타나면 안전모를 쓰는 시늉하다가 다시 옆구리에 매달고 다녔다.

고소작업을 할 때 안전띠를 활용하는 사람은 말 그대로 가뭄에 콩 나듯 했다. 그런데 아파트 외벽 도장작업 중 눈에 띄는 작업자가 있었다.

다른 사람은 외줄 로프에 매달려 작업하고 있는데 그는 등산용 자일과 카라비나 등 암벽 등반가들이 사용하는 장비를 추락 방지도구로 활용하고 있었다.

당시에는 보기 드문 일이었다. 뭔가 사연이 있을 듯해서 휴식 중인 그에게 물어보니 예상대로 우여곡절이 있었다.

"아저씨는 남과 달리 이중으로 안전시설을 하고 작업을 하니 너무 보기 좋습니다. 이렇게까지 하게 된 특별한 사연이 있나요?"

그는 몇 년 전에 같은 일을 하다가 15층에서 추락했던 사람이었다. 그런데 몸부림치며 추락하던 중 13층 베란다에 발이 걸리면서 건물 내부로 떨어져 기적적으로 목숨을 건지게 되었다.

추락하는 순간 그 짧은 시간에 만감이 교차하더라는 말을 할 때 그의 눈에는 눈물이 그렁그렁했다.

그 후 고소공포증 때문에 더 이상 건물외벽 도장작업을 할 수 없어 다른 직업을 전전했지만 되는 일이 없었다.

술로 나날을 보내면서 중병에 걸려 그나마 있던 재산을 치료비로 날렸다.

'송충이는 솔잎을 먹어야 한다'고 생각했지만 추락에 대한 공포심 때문에 예전의 일을 할 용기가 나지 않았다.

집에 쌀이 떨어질 지경에 이르자 다시 용기를 내보기로 했다. 그래서 추락을 예방할 수 있는 등산장비를 구입하고 다시 일을 시작했다고 한다.

"내 돈을 들여 안전장구를 구입하면서 다시는 그런 일이 없도록 대비하고 있지만, 여전히 떨립니다."

"동료들이 놀리며 비웃는 것은 참을 수 있지만, 추락에 대한 공포심을 이겨내는 게 힘이 듭니다."

그는 자리에서 일어나며 말했다.

"나는 저승을 보고 온 사람입니다."

그의 생생한 체험담을 묻힐 수 없어 교육 강사로 초빙하려 했으나 '나는 죽을 뻔해서야 정신을 차린 어리석고 부끄러운 사람이다'며 끝내 응하지 않았다.

홍수를 예측하는 개미들

야생동물은 지키고, 인간은 무시한다

옛 어른들은 자연의 현상이나 동물의 움직임을 보고 날씨를 예측하여 실생활에 적용하였다.

밥을 먹으면서도 밥그릇에 밥알이 붙는지 잘 떨어지는지를 보고 내일의 날씨를 짐작하기도 했다.

빈 밥그릇에 몇 개 남은 밥알이 잘 떨어지면 며칠 후 비가 오고, 잘 떨어지지 않으면 날씨가 맑을 것으로 짐작하고 머슴들에게 작업지시를 내렸다. 그래서 머슴들은 신기할 만큼 정확한 날씨 예측에 놀랄 수밖에 없었다.

공기 중의 습도 차이에 의해서 밥알이 붙기도 하고 떨어지기도 하는 현상을 보고 날씨를 예측한 것 같다.

어렸을 적 시골길을 걷다보면 수많은 개미들이 무언가를 입에 물고 대규모로 집단 이동하는 광경을 한참동안 지켜보던 기억이 있다. 그리고 개미들이 이사를 끝내고 삼사 일 정도 지나면 큰 비가 오곤 했었다.

수없이 많은 개미들이 일사분란하게 움직인다는 것은 집단 구성원 모두가 확실한 의사소통 없이는 불가능한 일이다.

닥쳐올 위기에 대한 정확한 예지능력과 빈틈없는 지휘체계가 신기할 뿐이었다.

큰 비가 내리기 1주일 전쯤에 개미들은 지대가 높은 곳으로 이사를 한다는 것을 고등학생이 되어서야 알게 되었다.

공기 중의 습도가 높아지면 지표면의 수분증발량이 줄어들면서 땅속이 더 축축해짐을 인지하고 미리 피난을 떠난다는 것이다.

개미는 장마철에 내리는 강수량까지 예측하고 집주변에 둑을 쌓거나 침수되지 않을 만큼 높은 지대로 이사를 한다고 주장하는 곤충학자도 있다.

자신들의 보금자리인 땅속과 공기 중의 습도변화를 감지하고 날씨를 예측하여 생존을 도모하는 놀라운 곤충이다.

이처럼 야생의 미물도 미래를 예측하며 생존을 도모하는데, 우리는 익히 알면서도 안전을 지키지 않아 목숨을 잃은 사람들이 얼마나 많은가?

야생동물의 놀라운 생존능력을 유전자에 녹아있는 본능적인 움직임이라고 치부하기보다는 그들의 생존능력으로부터 삶의 지혜와 교훈을 얻어야 한다.

세계 최초의 안전띠

조선시대 한강 얼음채취 인부들
익사하자, 고심하던 세조는…

요즘처럼 냉방기기가 발달하지 못했던 과거에 우리 조상들은 삼복더위를 견뎌내는 게 큰 곤욕이었을 것이다. 그래서 선조들은 체력을 보강하여 더위를 이기는 보신문화와 함께 겨울철 얼음을 여름까지 보관할 수 있는 기술을 개발하여 유용하게 쓰곤 했다.

지금도 서울에 동빙고동, 서빙고동이란 지명이 있다.

이는 말 그대로 동쪽에 있는 얼음 창고, 서쪽에 있는 얼음 창고가 있었던 곳이란 것을 알 수 있다.

겨울에 한강 얼음을 채취하여 돌로 지은 지하창고에 넣고 볏짚이나 왕겨를 덮어두면 단열재 역할을 하여 이듬해 여름까지 60% 정도 남아 있는 얼음으로 삼복더위를 식혔다고 한다.

채취하는 얼음 규격은 두께 12센티미터 이상, 가로 70~80센티미터, 세로 1미터였다고 전해진다. 그런데 조선시대 생활상을 엿볼 수 있는 문헌을 보면 그 시대에도 안전사고가 종종 발생하였음을 알 수 있다. 당시 한 겨울에 얼음을 채취하는 작업은 매우 고되기도 하고 익사사고도 자주 발생하여 그 시절 한강변에 사는 아낙네들은 과부가 많았다고 한다.

무고한 백성들의 죽음을 안타까워하던 세조는 인부가 물에 빠져도 바로 구출할 수 있는 장치를 고안해냈다.

지상에 말뚝을 박고 모시를 엮은 줄로 얼음을 자르는 인부의 허리에 묶고 작업을 하도록 했다.

인부가 물에 빠지면 바로 구출하여 모닥불을 쪼이도록 하자 더 이상 익사사고가 발생하지 않았다고 한다.

이것이 세계최초의 안전띠가 아닐까?

이처럼 우리 조상들의 안전의식은 놀랄 만큼 철저하였다. 그런데 요즈음 하루가 멀다 하고 각종 사고가 발생하고 있다.

산업현장을 스릴만점의 놀이터로 오인하는지 높은 곳에서 작업하면서도 안전띠를 착용하지 않는 사람들이 많은 것이 현실이다.

세계 최초로 안전띠를 창안한 조상들의 귀중한 가르침을 외면하는 것 같아 안타깝다.

안전생활을 등한시 하는 사람들은 자신을 대범하고 용감한 사람으로 자랑스러워하며 안전수칙을 꼼꼼하게 준수하는 동료를 소심한 성격의 '새 가슴'이라고 놀리기도 한다.

참으로 무모한 일이다.

사고는 그런 사람들이 당하기 마련이기 때문이다.

우리 조상들은 생명에 대한 끝없는 외경심으로 인간존중정신을 몸소 실천하였다.

평화로울 때 전쟁에 대비하라는 말이 있듯이 건강할 때 생명을 지키는 노력이 필요하다.

안전수칙을 빈틈없이 지키는 사람을 비웃기보다는 그를 존중해야 한다.

그의 현명함을 본받아 좋은 안전습관을 가지려는 사람이 늘어날 때 우리사회는 한층 안전하고 행복한 사회가 될 것이다.

위험한 물건

아버지의 지겨운 반복교육 때문에
목숨 건지다

아버지의 취미는 사냥이었다. 그래서 초등학교 시절부터 사냥개를 끌고 아버지를 따라 다녔다.

때때로 산과 들을 다니다 보면 피곤하기도 했지만, 힘차게 날던 꿩이 아버지가 쏜 총에 땅으로 떨어지는 것만 봐도 덩달아 기분이 좋았다.

또 내가 보살피는 사냥개가 꿩을 물고 오는 모습을 보면 세상이 다 내 것 같은 기분이었다.

형들과 달리 사냥에 취미를 붙였던 덕분에 아버지의 충실한 사냥 조력자였다.

중학교 2학년 무렵에는 엽총을 분해하여 청소하는 것은 물론 실탄도 재료를 사다가 집에서 제조하기에 이르렀다.

그에 따라 사냥 욕구도 나날이 커갔지만 엽총을 쏘는 것은 절대 금지사항이었다.

사냥도구를 보관하는 함은 항상 자물쇠가 이중으로 채워져 있었다. 그 무렵 덩치가 커진 필자에게 아버지는 사냥터를 벗어났을 때 엽총을 맡기기도 했다.

엽총을 건네받을 때는 항상 총알이 장전되지 않은 빈총이었다.

하지만 아버지는 빈총을 건네주며 말했다.

"총구는 하늘을 향하거나 땅을 향해야 한다."

"어떤 일이 있어도 총구가 사람을 향해서는 안 된다."

이 말은 고등학생이 되어서도 총이 건네질 때마다 지겹도록 계속되었다.

2학년이 되자 총을 쏴보고 싶은 마음을 억제할 수 없었다.

어떤 불호령도 감수할 용기가 있었다.

그래서 어느 날 친구들과 못을 빼는 장도리를 구해서 엽총 보관함을 뜯고 총을 꺼내고야 말았다.

멋지게 폼을 잡고 산과 들을 돌아다녔으나 좀처럼 총을 쏠 기회를 잡지 못하던 차에 마을 입구에 닭이 몇 마리 보였다.

총을 쏠 기회를 놓칠세라 호기롭게 총알을 퍼부으며 화(?)를 풀었다. (그 당시 '꿩 대신 닭이란 말이 이런 때 쓰는 말이군'이라고 엉뚱한 생각을 했었다.)

그리고 예상했던 대로 학교에 갈 수 없을 만큼 두들겨 맞았다. 그 후 사냥도구 보관함이 철제로 바뀌었으나 또 뜯었고 또 두들겨 맞았다.

몇 달 후 다시 사냥도구 보관함을 뜯고 사냥을 갔다 오니 아버지가 기다리고 계셨다.

하지만 예전과는 달리 가볍게 웃고 계셨다.

그리고 타이르듯 말했다.

"너한테 뭘 어떻게 해주면 내 총을 만지지 않을 셈이냐?"

"공기총을 사주면 아버지 총을 만지지 않을게요."

꿈은 이루어진다고 했던가?

며칠 후 아버지는 중고 공기총을 사오셨다. 그리고 수십 년 동안 들어왔던 잔소리와 함께 총을 건네 주셨다.

"이 총도 위험하기는 마찬가지다."

"이동할 때 총구는 반드시 하늘이나 땅을 향해야 한다."

"어떤 일이 있어도 총구가 사람을 향해서는 안 된다."

겨울방학이 시작되면서 꿈에 그리던 단독사냥도 본격 시작되었다. 그런데 어느 날 시골 마을에 참새를 잡으러 갔다가 청년들에게 그만 총을 빼앗기고 말았다.

그들은 작고 멋지게 생긴 총을 처음 보는지 서로 만져 보려고 했다.

사격선수가 사용했던 외제 공기총이라서 그들은 사용법을 모르고 있었다.

일반 공기총과 달리 외탄을 사용하는 내 총은 유효사거리가 80미터 이상이었다.

그런데 총을 가진 청년이 총구를 내 이마로 향한 채 방아쇠 주변을 만지고 있었다.

불현듯 '어떤 일이 있어도 총구를 사람에게 향하지 말라'던 아버지 말씀이 생각나 총구를 피해 머리를 옆으로 젖히는 순간 총알이 발사돼 버렸다.

그야말로 순식간에 이루어진 일이었다.

이곳저곳 만지작거리다가 방아쇠가 당겨진 것이다.

가슴이 철렁하며 등에 식은땀이 흘렀지만 화를 낼 수도 없었다.

몇 시간을 사정한 끝에 잡은 참새를 다 빼앗기고 나서야 간신히 총을 되돌려 받을 수 있었다.

하지만 지겨웠던 아버지의 잔소리(?)가 목숨을 살렸다.

콩나물시루에 물을 주면 물이 다 빠지는 것 같지만 콩나물은 자라듯이 아버지의 반복교육 때문에 무사할 수 있었다.

그 후로 그 '위험한 물건'은 지금껏 만지지 않고 있다.

진짜 귀머거리

마음을 감화시키는 교육이 필요하다

'귀머거리일지라도 글을 읽을 줄 아는 사람은 귀머거리가 아니다.
진짜 귀머거리는 남의 말을 듣지 않는 사람이다.'

탈무드에 나오는 글이다.

자신을 위한 말인데도 선의적인 충고를 애써 무시하는 사람. 남의 말이라면 무조건 믿지 않는 외고집 성향을 가진 사람.

마음속으로는 자신의 잘못을 인정하면서도 행동은 변하지 않은 사람.

잘못된 자신의 행동이 옳다며 주장을 굽히지 않는 사람.

그런 사람이 사고를 당한다.

그래서 마음을 감화시킬 수 있는 교육이 필요하다.

그들의 생명도 귀중하기 때문이다.

위기의
순간
08

그때 그렇게 되지 않았더라면…

운전을 운에 맡기고 할 겁니까?

역사를 가정하는 것은 무의미한 일이라고 하지만, 세계사의 큰 획을 그은 인물에 대하여는 '그때 그에게 그 일이 일어나지 않았더라면 어떻게 됐을까?'라는 생각을 떨쳐버릴 수 없는 인물들이 있다.

제2차 세계대전을 일으킨 히틀러는 어린 시절 강물에 빠져 거센 급류에 휩쓸려 죽은 목숨이나 다름없었지만, 이를 본 한 소년이 그를 구해주면서 수많은 인명을 살상한 최악의 전범이 되고 말았다.(히틀러를 구해 준 그 소년은 훗날 신부가 되었다고 한다.)

어린 시절 유태인 아이들에게 심한 학대를 받으며 자란 그는 첫사랑 여자에게 멋진 시로 사랑의 고백을 했지만 무참한 버림을 받았다.

훗날 그 여자가 유대인 사업가와 결혼하면서 그는 더욱 비탄에 빠졌다. 화가를 지망한 그는 입학심사를 맡았던 유대인 교사가 2번이나 불합격시켜 입학이 좌절되었다.

유방암에 걸린 어머니를 치료하던 유대인 의사가 환자인 어머니와 애정행각을 벌이는 장면을 목격하고 깊은 절망감에 빠지기도 했다.

어린 시절부터 유대인에 대한 불쾌한 기억과 증오심이 누적되어 훗날 6백만 명의 유태인을 학살한 아우슈비츠의 비극을 초래한 원인을 제공한 것이 아닐까? 그때 그 소년이 히틀러를 구하지 못했다면 역사가 어떻게 바뀌었을지 궁금하다.

유대인 교사가 히틀러를 미술학교에 합격시켰더라면 어떻게 됐을까?

제2차 대전을 승전으로 이끈 윈스턴 처칠과 페니실린을 발명한 알렉산더 플레밍은 어린 시절부터 친구였다.

그들이 물가에서 놀던 중 플레밍이 물에 빠져 허우적거릴 때 처칠이 구해주었다. 훗날 한 사람은 정치가가 되었고 한 사람은 과학자가 되었다.

플레밍이 페니실린을 발명한 지 얼마 후 처칠은 극심한 폐렴을 앓게 되었지만 페니실린 덕분에 목숨을 건질 수 있었다.

만약 플레밍이 물에 빠졌을 때 처칠이 그를 구하지 못했더라면 처칠이 살아날 수 없었으며 그가 없는 2차 대전의 결과가 자못 궁금하다.

사람들은 둘의 우정 못지않게 페니실린이 발명된 후 처칠이 폐렴을 앓게 된 것은 그가 운이 좋았다고 말한다.

처칠이 운이 좋아서 목숨을 구한 것일까?

친구를 구한 선의의 행동이 자신의 목숨을 구하는 보답으로 돌아온 것이지 운이 좋아서 목숨을 구한 것은 아니라고 본다.

사람들은 주변에 좋은 일이 생긴 사람에게 '운이 좋았다'고 말하고 좋지 않은 일을 당하면 '재수가 없었다', '일진이 사나웠다'고 위안한다.

사고를 당하여 사망한 유가족에게나 부상을 입은 사람에게도 '운이 없었다'고 한다.

사고에 대한 철저한 원인분석과 대책을 세워 타산지석의 교훈으로 삼기보다는 '불가항력적인 일이었다'고 생각하고 곧 망각한다.

그러나 좋은 결과나 나쁜 결과든 모든 일은 우연히 일어나는 것이 아니라 어떤 원인의 필연적인 결과일 뿐이다.

안전사고는 나 아닌 남의 일로만 생각하고 별 관심을 갖지 않으며 때로는 부정적으로 생각하는 사람에게 다가오는 재앙의 또 다른 이름이다.

좋은 일이 생긴 사람에게도 '운이 좋은 사람'이라고 말하기도 한다. 하지만 평소 원하는 결과를 쟁취한 사람에게 '운이 좋았다'고 한다면 치밀한 계획과 꾸준한 실행으로 얻은 피나는 노력의 산물을 폄하하는 것이다.

과속으로 추돌사고를 일으킨 운전자는 '상대차량이 1초만 빨리 갔더라도 사고는 일어나지 않았을 텐데……'라고 밑도 끝도 없는 화를 낸다.

같은 사고를 또 당하지 않기 위해서는 정확한 원인을 진단해야 예방대책이 나오는데, 사고원인을 상대의 잘못으로 전가시킨다. 게다가 비난해야 할 상대가 없으면 '내가 1초만 빨리 가거나 늦게 갔더라면 아무 일 없었을 텐데 운이 나빴던 거야'라고 후회 아닌 후회를 하기도 한다.

즉 자신의 과속으로 사고가 났다는 사실을 애써 부정하려는 것이다. 이는 문제해결의 본질을 외면하는 것이다.

만약에 운이 없어서 사고가 났다면 앞으로도 운에 맡기고 운전을 계속 할 셈인가?

산업현장에서 낙하물 사고를 당한 사람의 심리도 같다.

'낙하물이 조금 늦게 떨어지거나 내가 한발만 빨리 갔더라도 내가 부상을 입지는 않았을 텐데……'

'지지리도 운이 없었던 거야'라고 탄식한다.

이처럼 인간의 본성 중에는 부정적이고 이기적인 측면이 있다

모든 잘못이 나 아닌 다른 사람에게 있다고 주장하곤 한다.

나쁜 결과를 두고 원인을 진단할 때 어떤 잘못도 나를 제외

한 다른데서 원인을 찾는다.

자신의 잘못이 많은데도 다른 사람에게 잘못을 전가하며 핑계를 댄다. 하지만 분명한 것은 사고를 당하면 자신의 신체와 가정경제에 극심한 피해가 온다는 사실이다.

타인에게 잘못을 돌린다고 불구가 된 몸이 회복되지는 않는다.

재해를 당한 사람은 물론 가족의 기나긴 고통만 남아 있을 뿐이다. 그래서 안전은 스스로 지켜야하며 타인의 실수에도 대비해야 한다.

사고는 안이함과 부정적인 생각을 파고든다.

항상 안전을 생각하고 대비하는 사람에게는 찾아오지 않는다. 사고를 피하려면 스스로 안전을 지키려는 의지가 절대적으로 필요하다.

그 무엇과도 바꿀 수 없는 존귀한 생명임을 한시도 잊지 말아야 한다.

역사는 가정을 하면서 교훈을 얻을 수 있지만, 안전사고는 '그때 그렇게 했더라면…'이라는 가정은 후회와 고통만 키울 뿐이다.

가장 정직하지만 불친절한 물건

인간의 통제를 벗어난 기계장비는
흉기와 같아

요즈음 우리는 '안전'이란 용어의 홍수시대에 살고 있다.

가스안전, 교통안전, 전기안전, 소방안전, 산업안전, 건설안전, 생활안전 등 심지어 피부안전이란 말까지 나오고 있다.

이는 그만큼 각종 안전사고가 많이 발생하고 있는 현실을 말해준다.

기계가 없었던 원시시대에는 안전사고가 드물었겠지만, 과학이 발달됨에 따라 생활의 편리를 도모하기위한 도구들이 만들어지면서 안전사고도 증가하는 추세다.

인간이 편의를 추구하는 만큼 재해율도 비례하면서 문명의 이기가 필요악이 되어 버린 것이다. 그래서 기계나 장비를 사용하기 위해서는 특별한 주의가 필요하다.

대표적인 사례가 자동차와 교통사고다.

생활의 편리성을 위하여 만들어진 도구나 장비는 전적으로 인간에 의하여 조작되고 움직여진다. 만약 인간의 실수나 잘못된 조작이 이루어졌을 때에는 커다란 재앙을 불러온다.

몇 해 전 아파트 부지조성공사 현장에서 있었던 일이다.

굴삭기와 불도저(Bulldozer) 몇 대를 가지고 토목작업을 하는 작업반장은 안전모 착용을 등한히 하는 사람이었다.

넓은 평지에서 작업을 하므로 위에서 물건이 떨어지거나 추락 사고가 발생하지 않을 것으로 생각한 것이다.

안전모 착용은 건설현장의 기본 안전수칙이라는 관리감독자의 권유와 호소에도 아랑곳 하지 않았다.

"더워서 죽을 지경인데 안전모가 무슨 필요가 있어?"

"내 몸 내가 알아서 하니까 걱정하지 마."

경험이 풍부하여 자신의 일에 대한 자긍심이 강한 그의 머릿속에는 어떤 위험요인이나 사고발생 가능성도 배제되었다.

이윽고 점심시간이 끝나고 오후 작업이 시작되었다.

그는 굴삭기에 탑승한 운전원에게 작업지시를 한 후 뒤돌아서 불도저 운전원에게 작업지시를 하고 있는 중이었다. 그런데 굴삭기 운전원이 장비 조작을 하던 중 작업반장을 향하여 버킷(흙, 모래 따위를 퍼 올리는 통)을 급회전시키고 말았다.

급격하게 휘둘러진 버킷에 머리를 맞은 작업반장은 그 자리에서 숨졌다.

경찰은 굴삭기 운전원에게 타살혐의를 두고 집중 조사했으나 고의적인 행위는 없었던 것으로 종결지었다.

점심 후 낮잠이 덜 깬 상태에서 장비를 조작하다 실수를 한 것으로 추측할 뿐이었다.

예측이 불가능한 전형적인 휴먼 에러(Human Error)다.

작업반장은 인간의 실수에 대비하기 위한 최소한의 안전수칙을 지키지 않아 목숨을 잃었다.

이처럼 인간의 통제권을 벗어난 장비는 흉기와 같다.

기계나 장비는 위험상황에 대해서 스스로 대처하거나 판단을 하지 못하기 때문이다.

기계는 무뚝뚝하고 불친절하다. 그러나 매우 정직하여 운전원이 조작한 대로 정확하게 움직이는 냉정한 물체다.

세상의 모든 현상과 사물은 장점과 단점을 같이 가지고 있듯이 장비도 장점의 이면에는 인간을 해치는 흉포함도 가지고 있다. 그러므로 차량이나 장비 운전자들은 보행자나 일반 작업자와는 달리 각별한 안전의식과 주의가 필요하다.

운전자는 자신의 안전도 도모해야겠지만 본인의 실수나 부주의로 인하여 타인에게 돌이킬 수 없는 피해를 입히기 때문이다.

기계나 장비를 유익하게 활용하기 위해서는 각 장비별로 특성과 성능에 따라 통제 가능한 범위를 정해놓고 안전하고 정확하게 조작해야 한다.

장비가 가진 장점을 살리고 단점을 최소화하기 위한 대책이 바로 안전수칙과 규정을 준수하는 것이다.

예컨대 땅을 파는 굴삭기로 중량물을 운반하는 행위는 장비안전수칙을 위반한 것이다. 그런데 안전수칙을 지키는 것은 결코 어렵지 않다.

실천할 의지만 있으면 가능한 것들이다. 알고는 있지만 실천하지 않는 지식은 무용지물이다. 적은 지식일지라도 실천에 옮기는 것이 무엇보다 중요하다.

운전자가 안전수칙을 몰라서 발생된 교통사고는 별로 없다. 만용을 부리며 실천을 게을리 한 결과일 뿐이다.

안전지식의 실천여부는 곧 양심과 통한다.

양심에 반하는 행동을 하려는 욕구를 억제하는 것은 큰 용기가 없어도 가능한 일이다.

운전자나 기계장비 종사자들은 인간을 이롭게 하는 문명의 이기가 흉기로 변하지 않도록 장비별 안전규정과 법규를 철저히 준수해야 한다. 작업자도 안전보호구를 착용하고 휴먼에러에 대비한다면 마른하늘에 날벼락 같은 피해를 당하지 않을 것이다.

세계 최대 호텔화재 사고

지옥 같은 화마에서 살아나온 여자,
비결을 물어보니…

1971년 서울 대연각 호텔에서 화재가 일어나 170여 명의
투숙객이 사망하는 사고가 있었다.

1층에 있던 LP가스가 폭발하여 화재가 난 것으로 밝혀진
이 사고로 150여 명의 외국인도 목숨을 잃었다.

희생자 대부분이 뜨거운 열기를 피해 고층에서 뛰어 내리
거나 유독가스에 질식하여 숨졌다.

대형건물 화재의 비극을 그린 유명영화 '타워링'도 이 화재
사고에서 아이디어를 얻었다고 전해진다.

당시 사망자 중에는 대만 외교관도 포함돼 있어 국제적으
로 큰 문제가 되었다.화재현장이 며칠 동안 연기에 휩싸여 있
는 동안 국내는 물론 외국에서도 자국인의 생사에 대하여 대
서특필 되고 있었다. 며칠 후 화재가 완전히 진압되어 사체수
습이 다 되어갈 때였다.

화재발생 시 아래층으로 대피하도록 베란다에 세대별 비상탈출구가 있는 일본의 아파트.
각층의 베란다 천장에 사각형의 탈출구가 지그재그로 나있다.(점선 원 안 참조)

한 아리따운 아가씨가 건물에서 걸어 나오는 것을 보고 모두들 귀신에 홀린 것처럼 혼비백산했다고 한다.

사체들이 실려 나오는 건물 안에서 멀쩡한 사람이 걸어 나왔으니 놀랄 만도 하다. 지옥 같은 화마에서 기적처럼 살아나온 그 여자는 비극적인 기사만 써야 했던 언론의 집중조명을 받았다. 그녀가 뜨거운 열과 유독가스 속에서도 살아나올 수 있었던 비결은 뭘까?

소방 설비 회사의 경리직원이었던 그녀는 화재가 나기 전날 결혼을 약속한 남자와 함께 호텔에 투숙했다고 한다.

불이 나자 남자는 서둘러 출구를 찾다가 질식사하였다. 하지만 그녀는 욕실로 들어가 수건을 물에 적셔 문틈을 막은 후 욕조에 물을 채우고 열기를 식히며 바닥에 누워 있었다고 한다.

그녀의 침착함은 어떻게 나왔을까?

경리직원이었지만 소방설비 회사에서 다년간 근무를 하다 보니 스프링클러가 무엇이고 소화기 사용법이나 소화원리 등에 대한 직원들 간의 대화를 듣게 되면서 자연스레 알게 되었던 것이다. 지겹도록 들었던 소방 설비에 대한 이야기들이 알게 모르게 안전지식으로 축적되어 위기의 상황에서 생명줄이 된 것이다.

겨울이면 재래시장이나 상가에서 종종 화재가 발생하여 많은 인명과 재산피해를 입는다. 전기누전이나 전열기 과열, 또는 난로에 연료를 보충하다가 대형화재로 번져 이웃에게 돌이킬 수 없는 피해를 주기도 한다.

다중이용시설에는 현행 소방법상 건물면적에 따라 소화기를 의무적으로 비치하도록 되어 있다.

화재발생 시 초기진화의 효율성과 중요성을 아는 소방공무원도 소화기 비치를 강조한다. 하지만 아무리 많은 소화기를 비치해도 사용법을 모르면 무용지물이다.

그래서 막상 화재가 발생하면 소화기를 불속에 던지기도 하고 우왕좌왕하면서 희생을 키우다가 긴급 출동한 소방관에게 도착시간이 늦었다고 탓하기도 한다.

평소 소화기 사용법이나 전기기계기구를 안전하게 취급하

는 방법을 알아둔다면 피해를 줄일 수 있고 소방관이 수고를 하지 않아도 된다.

특히 각종모임이 많은 연말에 노래방이나 유흥주점에서 화재가 발생하여 많은 사람들이 목숨을 잃는 뉴스를 자주 접하게 된다.

노래방이나 유흥주점은 임대료가 저렴하고 방음효과가 좋은 지하층에 있는 경우가 많아 화재가 나면 이용객들이 출입구를 찾지 못해 대부분 유독가스에 질식사한다.

독한 연기 속에서 3~4회 호흡하면 정신이 혼미해지면서 방향감각을 완전히 상실하기 때문이다.

주목해야 할 것은 지하층에서 화재가 나더라도 가게주인은 죽지 않는다는 점이다. 전기가 차단되어 실내가 캄캄해도 주인은 출입구를 찾아 손쉽게 탈출하기 때문이다. 하지만 손님은 출입구를 찾지 못해 대부분 목숨을 잃는다.

그럼에도 일상생활을 하면서 발생확률이 매우 낮은 화재가 두려워 동료나 친지들과 흥겹게 노는 자리를 마냥 회피할 수만은 없는 노릇이다.

어쩔 수 없이 지하층 유흥주점을 가야만 하는 상황이라면 칸막이가 된 방에 들어가기 전에 출입구의 위치를 확인해야 한다.

실내가 어두워졌다고 가정하고 벽을 따라 이동경로를 파악

해두면 화재가 발생하더라도 생존확률이 월등하게 높아진다.

출입구와 탈출경로를 확인하는 데는 많은 시간과 노력이 필요치 않다. 하지만 짧고 단순한 그 행위가 삶과 죽음을 결정하기도 한다.

흔히 '모르는 게 약'이란 말이 있지만 '아는 게 힘이다'란 말이 설득력이 있어 보인다.

죽음의 화마에서 기적처럼 살아 나온 여직원을 생각하면 '앎은 곧 생명이다'란 표현이 더 적절하다.

위급한 상황에 처했을 때 안전지식은 이처럼 유용하다.

불은 인간에게 필수적인 존재이지만 화재라고 하는 악마적 본능을 품고 있듯이 인간의 편의를 위한 각종 기계와 물질 속에는 위험성도 같이 내포되어 있다. 그러므로 일상생활 중에 안전에 대한 관심을 가지고 지식과 정보습득을 해둔다면 절체절명의 위기가 닥쳐도 생존확률을 높일 수 있다.

지식은 각 분야마다 고유의 가치를 지니고 있다. 하지만 생명과 직결되는 안전보건지식보다 유용한 지식은 없다.

펠츠만 효과

자동차 안전장치 갈수록 발전,
사고는 되레 늘어

1960년대 말에 미국의 소비자 운동가 랄프 네이더는 저서를 통해 자동차 안전에 관한 미국 국민의 관심을 불러 일으켰다.

그 후 미 의회는 자동차 제조회사로 하여금 안전띠 등 다양한 안전장치를 설치하도록 법을 개정하였다. 그래서 충돌방지장치, 에어백, ABS(잠김방지제동장치)… 등 안전기술이 속속 개발되었다.

그렇다면 안전띠 착용을 의무화하고 승객을 보호하는 안전장치가 교통사고를 줄였을까?

보다 많은 운전자와 승객이 안전띠를 착용함에 따라 치명상을 입게 될 확률이 낮아졌으므로 인명보호에 기여했다고 할 수도 있겠다.

하지만 훌륭한 안전장치 때문에 오히려 자동차 사고건수와 사망자가 더 늘어났다고 한다.

특히 보행자의 사망자 수가 월등하게 증가했다.

차의 안전성이 높아지면서 이를 믿고 운전자가 더 난폭하게 운전했기 때문으로 밝혀졌다.

이 현상을 발견한 사람의 이름을 따 '펠츠만 효과'라고 한다.

펠츠만은 1975년 안전장치를 의무화하는 법률이 자동차 사고에 어떤 영향을 줬는지 조사했다.

사고 당 사망률은 크게 낮아진 것으로 집계되었다. 하지만 전체 사고 건수가 크게 늘어나는 바람에 사망률의 하락 효과는 상쇄되고 말았다.

그 결과 안전장치 의무화가 오히려 자동차 사고건수와 사망자 수가 증가한다는 사실을 확인했다.

차량의 안전성이 향상되어 위험도가 낮아짐에 따라 운전자들이 속도를 더 냈기 때문이다.

문제는 펠츠만 효과를 막을 기술적 방법이 없다는 데 있다.

과속을 단속하는 무인카메라와 자동소총을 연동시켜 과속차량에게 총알을 퍼붓는다면 과속하는 차량이 없을 것이다.

운전자 입에서 술 냄새가 나면 폭발해버리는 엔진을 탑재하면 어떨까?

차량이 충돌할 때 에어백 대신 폭탄이 터지도록 한다면 모든 운전자는 극도로 조심하게 되어 교통사고도 현저하게 줄어들 것이다. 하지만 폭탄을 내장한 차를 몰고 기관총이 겨누고 있는 도로를 달리는 사람은 없을 것이다.

결국 사고는 과학으로 완전하게 해결할 수는 없다.

운전자의 근본적인 인식 변화만이 사고를 줄일 수 있다.

자신과 타인의 생명에 대한 무한한 존중심으로 서로 안전운전을 할 때만이 사고를 줄일 수 있다.

산업현장에서도 예외가 아니다.

기존의 작업과는 다른 작업을 할 때는 모두가 긴장하고 조심한다. 예컨대 거대한 중량물을 고층으로 인양 운반한다면 모두가 최대한 주의를 기울이며 작업을 수행하기 때문에 안전사고가 거의 일어나지 않는다.

폭탄이 내장된 차량의 운전자처럼 관리감독자와 작업자 모두가 서로 위험의식을 공유하고 사전대비에 충실하기 때문이다. 하지만 위험성이 높지 않다고 인식하는 장소에서는 서로 방심하기 때문에 사고발생률이 훨씬 높다.

추락 사고는 2~3미터 정도의 높이에서 가장 많이 발생한다.

감전사고도 100~220볼트의 저압에서 사망하는 재해건수가 고압이나 특고압보다 월등하게 높다.

인간은 수월성을 추구하는 경제적 동물이다. 그래서 정해진 절차와 순서를 무시하고 가장 빠른 지름길을 찾으려고 한다. 그러나 생사가 좌우되는 안전만큼은 속도나 효율성을 우선 적용하면 안 된다.

큰 위험이든 작은 위험이든 언제든지 커다란 재앙으로 다가온다는 사실을 직시해야한다.

높은 곳에 처음 올라가는 작업자는 두려움에 떨지만, 시일이 지날수록 위험에 익숙해지면서 나중에는 높이가 변하지 않았는데도 큰 위험을 느끼지 않게 된다.

이처럼 위험도에 대한 인식은 시간과 경험에 반비례한다.

하지만 '작고 사소한 위험'은 주관적인 생각일 뿐 위험의 본질은 변하지 않는다는 사실을 알아야 한다.

> 정작 사고는 덜 위험하다고 생각하는 곳에서 발생한다.
> 큰 망치로 머리를 맞으나 작은 망치로 맞으나 결과는 같은 이치다.
> 크건 작건 위험에 대한 본질은 같으므로 항상 대비하는 마음이 필요하다.

어느 황당한 환자

무좀 발에 식초 대신 빙초산 바르고
3일간 버티다

군대에서 단체생활을 하다 보니 뜻하지 않게 무좀에 옮은
사람이 있었다.

전역 후에도 해마다 여름이면 무좀 때문에 고역을 치르는
중이었다.

그동안 약도 먹어보고 연고제를 발라 보았지만, 얼마 후 재
발되곤 했다. 그래서 치료를 포기하고 여름철 무좀이 극성을
부릴 때는 그나마 효험이 있는 식초를 바르며 지긋지긋한 친
구(?)의 성질을 달래며 지냈다.

어느 해 여름, 무좀이 심해지자 점심식사를 하러가는 직원
에게 부탁했다.

"식당에 가는 길에 조리실장에게 부탁해서 식초 조금만 얻
어다 줘."

그는 직원이 얻어 온 식초를 발에 발랐다.

순간적으로 엄청난 통증이 왔지만, 효능이 좋은 식초라고 생각하고 지겹게 가려웠던 시간들을 곱씹으며 몇 시간을 꾹 참았다.

극심한 통증이 계속되었지만 이 기회에 무좀을 완전히 치료해 보겠다고 다짐하며 이를 악물고 참았다.

그날 저녁, 통증 때문에 잠을 이루지 못한 그는 술의 힘을 빌려 가까스로 잠을 청하며 버텼다.

다음날도 통증은 계속되었지만 어느 정도 익숙해졌는지 참을 만했다.

그 사이 발등까지 퉁퉁 부어올라 신발을 신을 수 없었다.

그럭저럭 하루를 더 버티고 숙소를 나서려니 통증이 극심하여 도저히 걸음을 뗄 수도 없었다.

벌겋게 달아오른 발은 엄청나게 부어 있었다.

뭔가 이상했다.

"전에는 식초를 발랐어도 이러진 않았는데…."

숙소를 청소하는 아주머니의 도움으로 가까스로 출근하여 식초를 가져온 직원에게 발을 보이며 물었다.

"식당에서 가져온 게 진짜 식초야?"

퉁퉁 부은 발을 본 직원이 부리나케 식당에 갔다 오더니 사색이 되어 외쳤다.

"식초가 아니고 공업용 빙초산이랍니다."

"식당에서 빙초산을 물과 희석하여 사용했다고 합니다."

"어쩐지 엄청 쓰리고 아프더라니까."

수돗가에서 발을 씻으려 했지만 손을 댈 수 없을 만큼 아팠다.

병원에 갈까 말까 생각하고 있던 중에 발을 본 다른 직원이 정색을 하며 반강제로 병원까지 동행했다.

2, 3일 정도의 통원치료를 예상했지만 의사들의 표정이 심각했다.

"우선 입원부터 하셔야겠습니다."

"업무가 밀려서 그런데…, 통원치료하면 안 되겠습니까?"

의사는 정색을 하며 말했다.

"아직도 사태의 심각성을 모르십니까?"

그들은 발가락 절단 여부를 놓고 의논하고 있었던 것이다.

"발등 위 뼈에까지 골수염이 퍼졌으면 발목을 절단해야 할 것 같은데요?"

기가 찰 노릇이었다.

"단지 가려움을 면하기 위해 빙초산을 발랐을 뿐인데 발목을 잘라?"

"얼마나 바쁘신데 발이 이 지경이 되어서야 병원에 오셨습니까?"

"왜 이렇게 된 겁니까?"

"무좀 때문에 가려워서 식초를 바른다는 게 그만 빙초산을 발랐습니다."

"언제 발랐습니까?"

"3일 됐습니다."

그들은 어이없다는 듯 실소를 짓더니 당장 입원해야 한다는 것이었다.

"아니, 3일 동안이나 참고 있었단 말입니까?"

"발가락에 골수염 증세가 있으면 발목 윗부분을 절단해야 생명을 건질 수 있습니다."

간호사들도 '참 이상하고 무지막지한 환자가 왔다'며 수군거렸다.

이처럼 심각한 화학 화상환자는 병원 개원 이래 처음이라는 것이었다.

그 와중에도 그는 창피한 줄은 알고 회사에는 '허리가 좀 아프다'고 둘러댔다.

입원 첫날 그는 도저히 잠을 이룰 수 없었다.

절단 될지도 모를 발을 내려다보며 후회 막급했다.

'식초인지 빙초산인지 확인도 안 해보고 바르다니⋯⋯.'

'통증이 심했을 때 바로 씻어냈으면 이 정도까지는 안 됐을 텐데⋯⋯.'

'그 멍청한 녀석이 빙초산을 가져올 줄이야.'

'발목을 절단하면 어떻게 생활해야 하지?'

의족을 한 채 절뚝거리는 자신의 모습을 상상하니 끔찍했다.

'아내에게 이 상황을 어떻게 설명해야 할까?'

'무슨 사고를 당해서 발목을 잘렸냐?'고 친구 녀석들이 물어보면 뭐라고 꾸며대야 하지?'

'회사는 계속 근무할 기회를 줄까?'

뜬 눈으로 밤을 샌 그는 회진하는 의사에게 몹시 위축된 표정으로 물었다.

"검사결과가 나왔습니까?"

"아직 안 나왔습니다."

"언제쯤 나올까요?"

그들은 대꾸도 하지 않고 상처만 살펴보더니 '휭' 하니 가버렸다. 그는 하루 종일 가장 지루하고 불안한 시간을 보내며 일상의 평범함이 달리 보이기 시작했다.

활발하게 오가는 간호사의 발걸음을 무척이나 부러운 시선으로 멍하니 쳐다보기도 했다.

무엇보다 괴로운 것은 그의 절박한 심정은 아랑곳 하지 않고 그를 보는 간호사들마다 웃음을 참지 못하겠다는 듯 입을 가리며 웃고 가는 것이었다.

간호사도 졸고 있는 깊은 밤, 그의 발 위에는 눈물이 밤새도록 떨어지고 있었다.

다음 날 회진하는 의사의 입을 쳐다보는 그의 표정은 처연하기까지 했다.

"다행히 골수염은 심각하지 않은 것 같아요."

"우선 항생제 치료를 계속하면서 골수염 진행 상태를 확인해야겠어요."

그는 자신도 모르게 주먹을 불끈 쥐고 환호성을 내질렀다.

얼굴에는 세상을 다 얻은 것 같은 자신감이 넘쳐흘렀다.

"상황을 좀 더 지켜봐야 하니까 좋아하기는 아직 이릅니다"라는 의사의 말은 귀에 들어오지 않았다.

일주일 후 다리를 절단하지 않아도 된다는 의사의 말을 듣는 그는 감격한 듯 눈을 감고 있었다.

괴사한 피부를 치료하는 과정은 상당한 고통이 따랐다.

조금이라도 염증이 보이면 돋아난 살을 생선껍질 벗기듯 무자비하게 뜯어냈다. 비명을 지르며 고통을 호소하면 치료사는 퉁명스럽게 말했다.

"아니, 빙초산도 며칠씩 견디신 분이 이 정도 가지고 뭘 그러세요?"

3주 후 그는 걸어서 퇴원했다.

그런데 며칠 후 황당한 일이 벌어졌다.

발가락에 무좀이 또 재발한 것이다.

분노에 찬 그는 이쑤시개로 발을 찌르며 씩씩거렸다.

얼굴이 일그러진 채 발을 괴롭히는 것을 본 병원에 동행했던 직원이 황급히 만류했다.

세상만사가 귀찮아 눈을 감고 있는데, 한참 후 그 직원이 연고 약을 하나 들고 왔다.

"이 약을 일주일만 바르면 완전히 끝난 답니다."

그의 말대로 완쾌되었는지 몇 달이 지나도 재발하지 않았다.

그 후부터는 반강제로 병원에 데리고 간 그 직원이 무슨 잘못을 해도 질책을 할 수 없었다.

식초와 빙초산을 확인하지 않은 사소한 실수로 치른 대가치고는 마음의 고통이 너무 컸다.

"사물이나 현상을 보고 서둘러 판단하는 것은 어리석은 짓이야."

그는 후회를 한 만큼 심장에 문신을 새기듯 수없이 다짐했다. 그 사건 뒤로 그는 자신의 두 눈도 믿지 않는다.

지금은 그 직원이 다른 회사에 다니지만 항상 감사한 마음으로 먼저 안부 전화를 한다.

부끄럽게도 그 환자가 바로 필자다.

사고와 확률

확률에 의존하면 불행 확률만 높아질 뿐

〈추락하는 것은 날개가 없다〉

몇 해 전에 상영했던 영화제목이다.

추락은 중력에 충실한 결과일 뿐이다.

중력은 핑계에 철저히 무관심하다.

사람이 실수를 하든 말든, 발을 헛디디든 말든 중력은 생명의 고귀함을 고려하지 않는다.

고공작업자가 안전띠를 착용하지 않고 작업을 하는 이유는 추락하지 않을 확률이 높기 때문일 것이다.

만약 추락하면 어떤 결과가 일어날지 알면서도 확률에 의존한다. 그러나 추락할 확률이 낮다는 이유로 위험에 몸을 맡기는 것은 불행의 시작이다.

음주운전이나 과속하는 운전자도 같은 심리일 것이다.

결국 확률에 의존한 사람들이 불행한 결과를 맞이한다.

자신의 소중한 생명을 확률에 의지하는 것은 어리석고 무모하다.

불확실한 확률에 기대며 안전수칙을 무시하면 생명도 무시당한다.

현명한 사람들은 항상 최악의 경우를 생각하고 대비한다. 이는 개인의 안전뿐만 아니라 기업이나 국가도 마찬가지다.

안전은 백만분의 일에 대비하는 마음이다.

감사하는 마음

내 발로 식당에 가
아내와 오붓한 식사하고파

오래전 일이다.

길을 걷는데 앞에 수녀가 가고 있었다.

깊은 생각을 하는지 고개를 숙이고 가다가 전봇대에 그만 머리를 부딪치고 말았다.

급히 가보니 수녀님은 몹시 고통스러워하면서도 "감사합니다"라는 말을 연신 중얼거렸다.

이마가 벌겋게 달아오른 채 계속 감사하다는 말을 하고 있었다.

사람들은 보통 그런 일을 당하면 화가 나기 마련이다.

한참 후 궁금해서 물어봤다.

"화가 나셨을 텐데 왜 감사하다고 하시는 거죠?"

"이만한 게 얼마나 감사한 일입니까? 하마터면 큰일 날 뻔했었는데…… 그래서 감사한 거죠."

자신의 고통마저 감사하는 마음으로 달랬던 그 수녀님에 대한 기억이 생생하다.

아마도 그녀는 자신이 태어난 것에서부터 세상 모든 것이 감사하는 마음으로 가득 차 있는 것 같았다.

행복은 감사하는 마음에서 출발한다.

생각해보면 세상에 태어난 것만 해도 축복이고 감사한 일이 아닐 수 없다. 그리고 건강하게 열심히 일하며 가족을 위해 헌신하는 것도 큰 행복이다.

매일 아침 떠오르는 해를 맞이하며 하루를 시작하는 것에도 감사한 마음을 가져야 한다.

내일 아침에도 건강한 모습으로 붉게 떠오르는 해를 맞이하는 것이 행복의 기본조건이다.

그 행복을 깨트리지 않기 위해서는 건강해야 한다.

건강을 지키기 위해서는 우선 불의의 사고를 당하지 말아야 한다.

얼마 전 두 다리가 마비된 환자를 위문한 적이 있다.

그의 소원은 식당까지 걸어가 가족들과 오붓한 식사를 하는 것이었다.

"건강했던 내가 왜 이 지경이 되었는지 실감이 나지 않습니다."

그는 사고 순간을 생각하면서 몹시 후회스러운 표정으로 말했다.

"순식간에 일어난 일이라서 기억조차 가물가물합니다."

이처럼 사람은 10분 앞의 미래를 내다볼 능력도 없다.

집을 나서자마자 교통사고를 당하게 될지 누가 알겠는가?

그래서 안전은 스스로 도모해야 한다.

각종 안전법규나 규칙을 안전을 위해서 꼭 필요하다고 생각하는 사람은 잘 지킬 것이다.

하지만 각종 법규들을 귀찮게 여기며 부정적으로 생각하는 사람에게는 족쇄처럼 불편할 것이다.

법규나 제도는 사회적 약속이다.

조금 편하기 위하여 그 약속을 어기면 안 된다.

작은 편리를 위하여 생명과 바꿀 수는 없기 때문이다.

안전을 지키는 사람은 자신을 존중하고 감사한 마음을 가진 사람임이 분명하다.

또한 자신을 스스로 존중해야 타인도 그를 존중한다는 것을 아는 사람이다.

어느 화장실의 글

일하는 사람

눈발이 휘날리거나

불타는 듯이 무덥거나

얼음처럼 차가운 밤에도

의복은 찌들고 얼굴은 먼지투성이지만,

건강하게 일하는 우리는 행복하다네.

그래, 행복하지.

일이 있는 한 행복하지 아니한가?

우리 앞에 장애물이 있다면 전력을 다해서

없애버리고 하던 일을 계속한다.

그것이 우리가 이곳에 있는 이유이지.

도대체 우리의 삶에 있어서

일은 어떤 의미를 갖는가?

남자로서 조국과 가족을 위해 일하는 것은,

우리가 가질 수 있는 가장 자랑스러운 명예.

때때로 비바람과 천둥번개가 우리를 저지하지만,

우리는 이를 비웃으면서

어느 누구도 발견하지 못한 방법을 찾아낸다.

미래의 불확실한 행운을 기대하지 않는다.

우리는 추구하는 목표를 향해 폭풍처럼 나아갈 뿐이다.

훗날, 우리의 땀이 스며있는 건물이

오랫동안 영광스러운 모습으로 존재하리라는 믿음으로……

어느 건설현장 화장실에서 발견한 이 글을 보고 울었다.
충실한 가장이며 국가의 든든한 자산인 이런 분들이 불행한 사
고를 당하면 안 된다.

실수하는 동물

'안전만큼은 실수가 허용되지 않는다'

인간은 실수하기 때문에 아름다운 존재라는 말이 있다.

그래서 통념상 사소한 실수는 '나의 실수입니다'라고 잘못을 인정하면 대부분 용서한다. 하지만 안전만큼은 실수를 허용하거나 간과해서는 안 된다. 사소한 실수로 본인이나 동료가 치명적인 재앙을 당하기 때문이다.

얼마 전 전기작업자가 특고압 변압기 충전부분에 접촉되어 사망한 사고가 있었다.

그런데 변전실 관리책임자가 사고조사 관계자에게 사고원인을 설명하다가 전기가 통한다는 사실을 깜박 잊고 변압기의 충전부분에 손을 대면서 자신도 똑같이 감전 사망했다.

누구보다 전기의 위험성을 잘 아는 기술자가 한 순간의 실수로 생명을 잃은 것이다.

인간은 망각하고 실수하는 존재라지만 웃지못할 비극이다. 이런 불행을 초래하는 인간의 약점을 보완할 대책은 없는가?

본인과 타인의 실수로부터 자신을 보호하기 위한 최후의 수단인 안전보호 장구를 착용하면 어느 정도 가능하다. 그래서 산업현장의 안전관계자들이 안전보호구 착용을 유난히 강조하는 것도 그 때문이다.

그런데 땀이 많이 나고 불쾌지수가 높아지는 여름철에는 근무자의 집중력이 떨어지면서 몸을 구속하는 것 같은 안전보호구를 벗어 버리고 싶은 욕구가 높아진다.

이때 한 명이 안전장구를 벗으면 다른 작업자도 따라서 벗는다. 그들의 심리는 위험을 무릅쓰고라도 빨리 작업을 마침으로써 곤혹스런 작업환경을 벗어나려 한다.

그러므로 취약시기인 무더운 여름철에는 근무자에 대한 안전관계자의 특별한 밀착관리가 요구된다.

사고를 당하기 전 재해자의 심리상태와 태도를 분석한 재해 원인은 아래와 같다.

1. 주어진 일에 익숙해지면서 안전수칙을 지키지 않는다.(자만심이 싹튼다)

2. 자기 일만 생각하며 문제점을 묵인하고 간과한다.(사고가 일어나지 않으면 개선하지 않는다.)

3. 경험이나 기능부족을 창피하게 생각하고 모르는 것도 아는 척하며 작업한다.(남의 눈치를 본다).

4. 타인의 충고를 듣지 않는다.(나쁜 습관을 고치려 하지 않는다.)

결국 사고를 당할 수밖에 없는 조건을 가진 사람들임을 알 수 있다.

몇 해 전 교량건설현장의 수상 작업자에게 '아차사고'가 있었다. 교각 위 작업자가 날카로운 금속공구를 떨어트려, 통선을 타려던 작업자의 머리 위에 낙하하였으나 안전모 때문에 불행을 비껴갈 수 있었다.

만약 '물위에서 작업하는 사람이 구명동의만 착용하면 됐지 안전모를 왜 쓰냐?'며 착용하지 않았다면 물건을 떨어트린 사람은 살인자가 되었을 것이다. 그래서 안전의 원칙과 기본은 이유 불문하고 지켜야 한다.

프로야구 투수는 자신의 의지대로 정교하게 제어하여 공을 던진다. 그래서 웬만해선 타자의 머리에 공을 던지는 실수는 하지 않는다. 하지만 안전모를 쓰지 않고 타석에 들어서는 타자는 없다.

확률은 적지만 투수의 실수에 미리 대비하는 것이다.

군인들은 더욱 철저하다.

전쟁터에서만 필요할 것 같은 철모를 행군이나 각종 훈련을 할 때도 반드시 착용한다. 있을지도 모를 실제 전투상황에 대비하여 무거운 철모를 마다하지 않는다.

그들은 발생 가능성이 희박한 위험요인에도 철저히 준비한다.

이에 비해 작업상황이 수시로 변하며 다양한 장비와 기계가 가동하는 산업현장은 실제로 위험도가 높다.

그러므로 안전보호구 착용을 게을리 해서는 안 된다.

'인간은 매일 떠오르는 태양처럼 영원불멸하지 않으며 딱 한 번의 생명이 주어졌다.'는 사실을 인식한다면 안전보호구를 큰 선물로 여길 것이다.

초보자가 사고를 당하는 이유

숙련자는 못 박는 방법도
계절마다 다르다

아이는 부모의 거울이라는 말이 있다.

자라면서 부모의 행동을 보고 따라 하기 때문이다.

산업현장의 근무자들도 마찬가지다.

갓 입사한 신규작업자는 교육을 통해서 관련지식을 습득하기도 하지만, 숙련된 작업자들의 작업행태를 따라 하기 마련이다.

어느 해 추운 겨울 발파작업장에서 일어났던 일이다.

천공작업(암반에 화약을 넣기 위하여 구멍을 뚫는 작업)을 마친 작업자가 천공작업에 사용하는 공기압축기로 옷과 머리에 묻은 먼지를 털어내고 있었다.

이를 본 신규작업자도 숙련 작업자를 따라서 같은 행동을 하다가 고압호스를 귀에 대는 순간 고막이 터지는 사고가 나고 말았다.

숙련 작업자는 고압호스를 귀에 가까이 대면 안 된다는 사실을 알고 주의하며 사용했지만 초보 작업자는 몰랐기 때문에 발생된 사고였다.

목수작업을 하는 근무자도 이와 유사한 사고를 당했다.

장마철에는 목재 함수율이 높아 못이 잘 박힌다.

그래서 숙련 작업자는 웬만큼 큰 못이라도 서너 번의 유연하고 강한 망치질로 못을 박는다.

이를 본 신규작업자도 숙련공처럼 멋스럽게 못을 박기 위하여 의식적으로 애를 쓴다.

몇 개월 후에는 그도 숙련 작업자처럼 능숙하게 목수작업을 하게 된다. 하지만 겨울철에는 숙련 작업자도 못을 박는 모습이 여름철과는 사뭇 다르다.

천천히 신중하게 못질을 한다.

하지만 한참 일에 자신감이 붙은 신규작업자는 동절기가 되어서도 여름철과 같은 감각으로 못질을 하다가 못이 튀는 바람에 눈이 실명되는 부상을 입는 사고를 당했다.

숙련 작업자는 함수율이 높은 목재가 겨울철에는 동결되어 매우 단단해지므로 여름철과는 달리 조심스럽게 못질을 해야 한다는 것을 경험으로 알고 있었던 것이다.

하지만 계절에 따라 목재의 특성이 변한다는 사실을 모르는 신규작업자는 여름철에 작업하던 감각으로 처음부터 강하게 못질을 하다가 눈에 부상을 입은 것이다.

신규 채용자에 대한 회사의 안전교육이 있지만 한정된 시간 내에 완벽하게 교육 할 수는 없다. 그래서 숙련 작업자의 올바른 작업이 중요하다.

자신의 능숙한 기능을 뽐낼 것이 아니라 원칙과 기본을 지키며 올바르게 작업을 함으로써 신규작업자에게 모범을 보여야 한다.

그러므로 신규작업자의 안전사고를 효율적으로 예방하기 위해서는 숙련 작업자들이 작업수칙을 준수하도록 관리감독을 철저히 해야 한다.

분진의 위험성

유해가스 계속 흡입하면
몸속 경고시스템 동작 멈춰

사람은 항상 신선한 공기만을 호흡해야겠지만, 일상생활을 하다보면 현실적으로 어려움이 있다.

때로는 흙먼지나 각종 분진이 난무하는 곳에 갈 때도 있고 악취가 나는 곳이나 원하지 않는 곳에서 숨을 쉬어야 할 때도 많다. 그러나 정교한 설계에 의해서 창조된 인체는 이런 상황에 미리 준비되어 있다.

흙먼지가 날리는 곳에서 호흡을 하면 흙먼지가 콧구멍을 통과 할 때 코털이 1차로 흙먼지를 붙잡아 준다.

콧구멍 속의 털이 항상 축축하고 끈적끈적한 것도 먼지를 효율적으로 포집하기 위함이다.

코를 통과한 공기는 기관지를 지나면서 수없이 돋아있는 섬모가 코털이 붙잡지 못한 미세먼지를 포획하여 가래침을 통해서 밖으로 배출된다.

그래서 흙먼지 속에서 호흡해도 폐에는 정화된 공기만이 도달하게 된다. 하지만 유감스럽게도 유해가스에 대한 방독 기능은 인체에 없다. 그래서 유해가스를 흡입하면 반사적인 기침으로 경고를 함으로써 위험한 장소에서 벗어나도록 한다. 하지만 오염된 공기나 유해가스에 계속 노출되면 인체의 경고시스템이 동작을 멈춘다.

결국 오랜 기간을 유해한 환경에서 지낸다면 기관지나 폐에 손상이 올 수밖에 없다.

담배연기가 대표적이다.

맨 처음 담배를 피울 때는 몹시 역겹고 기침을 많이 하지만 흡연을 계속하면 인체의 방어기전이 멈춘다.

강하게 경고해도 유해가스가 계속 유입되므로 이내 포기해 버리는 것이다. 그래서 만성적인 흡연자는 언제든 담배를 피워도 기침을 하지 않는다.

이는 담배연기만이 아니고 인체에 해로운 분진이나 기체에도 오랫동안 노출되면 우리 몸은 더 이상 경고시스템을 발동하지 않는다.

산업현장에서 발생하는 유해한 입자는 분진(흙먼지), 미스트(작은 입자로서 페인트 스프레이, 석탄가루 등), Fume(용접가스 등에 포함된 미세한 금속미립자)이 있다.

가끔씩 노출되는 흙먼지는 인체가 감지하고 방어하므로 크게 문제가 되지 않는다.

문제는 미스트와 퓸이다.

미스트와 퓸은 너무 미세하여 코털과 기관지 섬모가 완벽하게 붙잡을 수 없어 일부가 폐에 침전되면서 일정량이 쌓이면 폐질환을 유발시킨다.

다른 질병과 달리 진폐증 등 호흡기 질환은 매우 고통스러우면서 쉽게 생명을 빼앗지도 않는다.

최악의 고통을 끈질기게 강요하는 몹쓸 질병이다.

그러므로 산업현장에서 위험물질을 취급하는 도장작업이나 용접작업자들이 안전하게 작업하기 위해서는 환기설비 가동과 함께 방진마스크를 착용하는 것이 최선의 방법이다.

작업환경에 따라 유해가스가 발생되는 장소라면 방독마스크를 착용해야 한다. 하지만 현장근무자들은 위험물질을 심각하게 인식하지 않는다.

이미 유해한 작업환경에 오랫동안 노출되어 기침도 나오지 않고 분진이 잘 보이지 않기 때문에 보호구 착용의 필요성을 느끼지 않는다.

어떤 사람은 '삼겹살에 막걸리를 마시면 폐에 들어간 이물질이 제거 된다'는 그릇된 인식으로 보호구 착용을 게을리 하기도 한다.

또 안전관계자의 권유에 의해서 마지못해 착용하는 시늉을 하다가 벗어버리는 사람도 있다.

다음날 방진마스크 착용을 권유하면 어디에 두었는지 기억을 못할 만큼 관심이 없다.

방진마스크나 방독마스크를 착용하면 우선 당장 호흡에 장애를 느끼기 때문에 보호구 착용을 기피하는 것이다.

작업에 필요한 공구는 잘 챙기면서 정작 자신을 보호하는 귀중한 보호구를 소홀히 하는 사람들에게 유해가스와 분진의 위험성을 진지하게 인식시켰더니 스스로 보호구를 찾아서 착용했다.

그들은 다른 현장에 가더라도 자발적으로 보호구를 착용할 것이다.

고질적 안전수칙 위반자들을 10분 안전교육을 통하여 긍정적으로 변화한 모습을 생각하면 생명을 구하는 직업인으로서 가슴 벅찬 일이다.

스스로 지킨 안전, 억지로 지킨 안전

타인에게 강요당한 안전은 위험하다

오래전 현장에서 있었던 일이다.

8천여 명의 근무자가 공사를 수행하는 대형 현장으로서 공사기간이 촉박하여 돌관 작업이 진행되는 현장이었다.

다수의 작업인원과 위험공종이 많은 현장특성에 따라 안전관리도 단호하고 강력할 수밖에 없었다. 그래서 고소작업장에서 안전띠를 체결하지 않은 작업자 등 위험공종 안전수칙 위반자는 이유 불문하고 퇴출시켰다.

퇴출 근로자들은 더 이상 현장출입을 할 수 없게 됨에 따라 협력업체 노임담당직원이 정문 경비실에서 급여를 지급하는 촌극이 벌어지기도 했다.

매월 말이면 정문 경비실이 혼잡스러워 아예 간이 사무실을 설치했었다.

어쨌거나 작업자들이 안전띠를 잘 활용한 덕분에 추락 사고나 중대재해를 예방할 수 있었다.

공사를 무사히 마친 작업팀 중 상당수는 또 다른 공사를 위해 인근 현장으로 갔다. 그런데 이틀 후 그들 중 한 명이 추락하여 사망했다는 소식이 들려왔다.

그 현장에서는 추락위험이 높은 고소작업자가 안전띠를 착용하지 않아도 별 제재를 하지 않았던 것이다.

이것이 '스스로 지키는 안전'과 '억지로 지키는 안전'의 차이다.

타인의 강제수단에 의해서 억지로 지켜지는 안전은 이처럼 위험하다.

안전은 스스로 지켜야 한다.

소중한 자신의 생명을 남에게 의존해서야 되겠는가?

스스로 안전을 도모하도록 생각이 바뀌어야 한다.

그 사고를 계기로 강압적 관리방법으로는 사람의 마음을 변화시킬 수 없다는 사실을 알았다. 하지만 오랫동안 타성에 젖어 있는 사람의 마음을 움직이는 것은 쉽지 않은 일이다.

근원적으로 의식이 변화될 수 있는 감성안전교육 프로그램으로 그들을 감동시켜야 했다.

안전의식이 부족한 근무자들에게 다양한 자료와 방법으로 교육을 한 후 그들의 행동변화 상태를 자세히 관찰했다.

그중 안전수칙상습위반자들의 극적인 의식변화를 가져온 교육프로그램을 소개한다.

◆당신의 행복을 위한 안전진단서◆

① 당신이 위반한 안전수칙은 무엇입니까?
② 만약 사고를 당하여 장애자가 된다면 가정에 어떤 일이 일어날까요?
③ 그와 같은 불행한 일이 일어나지 않도록 하려면 어떻게 해야 할까요?
④ 자신과 엄숙히 약속한 내용을 기록하세요.
저희들은 당신의 안전을 걱정합니다. 그리고 당신의 행복을 응원합니다.

안전수칙 위반자들에게 위의 내용을 인쇄한 용지를 주고 진솔하게 작성하도록 했다.

처음에는 불쾌한 표정으로 수동적인 태도를 보였지만, 자신이 작성한 내용을 발표할 때는 차분하고 신중하게 낭독했다. 그리고 진지하게 작성한 작품(?)을 선정하여 적당한 포상을 하였더니 이전과는 태도가 확연하게 바뀐 것을 확인할 수 있었다.

작업장에서 그들과 눈이 마주치면 엄지손가락을 치켜 올리며 격려를 잊지 않았다.

어떤 이는 계면쩍은 웃음을 짓기도 하고 '염려 말라'는 표정으로 고개를 끄덕이기도 했다.

식당이나 휴게실 등에서 마주칠 때 마다 눈인사를 하며 '당신에게 계속 관심을 가지고 있다'는 표시를 했다.

며칠 지나고 보니 그들은 신규작업자에게 안전수칙을 설명하는 '안전의 전도사'가 되어 있었다.

자기주식회사 사장

기본과 원칙이 경쟁력이다

'세살 버릇 여든까지 간다'는 말이 있다.

그러나 안전에 관한 좋지 않은 버릇은 가능한 빨리 버려야
한다. 자칫하면 여든까지 갈 수 없기 때문이다.

나쁜 습관은 필연적으로 나쁜 결과를 불러오기 마련이다.

나쁜 습관 때문에 사고를 당한 사람은 뒤늦은 후회를 하면
서도 사고원인을 동료나 기계불량 등 다른 곳에서 찾고, 사업
주는 재해자의 무리한 행동에서 원인을 찾으려 한다.

사고는 단란했던 가정을 한 순간에 파괴시키며 국가발전에
도 지장을 준다. 그래서 안전은 99%만 잘해도 안 된다.

한 치의 오차도 허용치 않는 완벽을 기해야 한다.

나머지 1%의 오차와 실수가 목숨을 앗아가는 결과로 이어
지기 때문이다. 그래서 안전은 적당히 넘어가는 타협의 대상
이 되거나 '설마……' 하며 확률에 의존하면 안 된다.

자본주의 사회는 치열한 경쟁사회다.

기업이나 개인이나 어떤 형태로든 남들보다 경쟁력이 우월해야 살아남을 수 있다.

가장(家長)은 가정이라는 자기주식회사의 사장이다.

거느리고 있는 식구들은 봉급을 줘야 하는 직원으로 비유된다.

사장이 돈을 벌지 못하면 직원들이 먹고 살지 못한다.

그런데 요즈음 아내라는 직책을 가진 직원은 경쟁력을 잃어버린 사장을 무시하거나 아예 외면하기도 한다.

사고를 당하여 돈을 벌지 못하는 사장 밑에서 고생하느니 돈 많은 다른 사장을 선택하기도 한다.

봉급을 제때 주지 않는 회사의 직원이 직장을 옮기는 것과 같은 이치다. 그래서 자기주식회사 사장은 건강한 육체가 가장 기본적이고 중요한 경쟁력이기 때문에 어떤 이유로도 사고를 당해서는 안 된다.

사망한 사람은 모든 것을 잃었기 때문에 말할 필요조차 없지만, 장애인이 될 경우에도 경쟁력의 상당부분을 상실한다.

장애인고용촉진법에 의해 각 기관이나 기업체는 장애인 의무고용비율이 있지만, 잘 지켜지지 않는 게 현실이다. 그래서 건강한 사람도 취업하기 어려운 시대에 장애자의 취업문은 더욱 좁아질 수밖에 없다.

이처럼 우리사회는 장애인에 대한 보이지 않는 높은 장벽이 존재한다. 그러므로 경쟁력을 갖기 위해서는 건강해야 하고 사고를 당하지 말아야 한다.

사고를 당하지 않기 위해서는 우선 안전의 원칙과 기본을 철저히 지켜야 한다.

예컨대 차량운전자는 과속과 음주운전을 하지 말아야 하고 보행자는 횡단보도에서 초록 신호등이 켜졌을 때 건너야 한다.

물위에서는 구명동의를 착용하고 추락위험이 있는 곳에서는 안전띠를 활용해야 한다.

이것이 안전의 원칙과 기본을 지키는 표본이다.

또한 원칙과 기본을 지키는 것은 누구나 마음만 먹으면 어렵지 않게 지킬 수 있다.

외국인 근로자의 이중고통

오른손은 밥 먹는 손,
왼손은 불결한 손, 한 손이 절단되면?

오래전 우리나라가 몹시 궁핍할 때 우리의 아들, 딸들이 독일에 간호사와 광부로 취업하여 외화를 벌어들임으로써 국가발전에 크게 기여했었다.

수십 년이 흐른 지금 국내에는 외국에서 온 근로자들이 다양한 분야에서 근무하고 있다.

특히 3D업종은 그들 없이는 공장가동이 어려운 실정이다.

심지어 농촌에서도 외국인 근로자가 없으면 안 될 형편이라고 한다. 그런데 이들이 재해를 당하면 우리가 예상하지 못했던 문제로 인하여 또 다른 고통을 받는다고 한다.

상당수 이슬람권 국가에서는 종교 율법에 따라 도둑질을 하거나 강도짓을 했을 경우 손목이나 발목을 잘리는 처벌을 받는다.

그래서 작업 중 팔이나 손가락이 잘려 그들의 고국으로 돌아가면 도둑질하다가 처벌받은 범죄자로 오해를 받으며 굴욕적인 삶을 강요받는다.

또 동남아시아 일부국가는 수저나 포크를 사용하지 않고 손으로 식사를 하는 관습이 있다.

넓은 접시에 밥을 놓고 카레 등 국물과 함께 손으로 밥을 먹는다. 그래서 오른손은 밥을 먹는 깨끗한 손인 반면 왼손은 뒤를 씻는 더러운 손으로 인식한다고 한다.

그런데 사고를 당하여 오른손이 잘리면 왼손으로 밥을 먹는 불결한 사람이 된다. 어떻게 왼손으로 밥을 먹고 그 손으로 뒤를 씻어야하는지 생각만 해도 너무 끔찍하다고 하소연한다. 이처럼 산업재해는 최소한의 자존심과 인격마저도 말살시킨다.

그러므로 법에서 정한 보상을 했다고 해서 끝난 것이 아니다.

그들에게는 길고 긴 또 다른 고통이 기다리고 있는 것이다.

결국 그들은 자신의 나라에 돌아가서도 대인기피증으로 외톨이가 되면서 보이지 않는 사회적 장벽에 절망할 것이다.

사람들은 어떤 서비스나 제품에 만족할 경우 그 사실을 6명에게 알리지만, 불만이 있을 경우에는 22명에게 전파한다고 한다.

하물며 불구가 되어 냉대를 받는 그들이 대한민국을 얼마나 원망할 것인가? 그러므로 그들이 이중고통을 당하지 않도록 특별한 관심과 배려가 있어야 한다.

주목해야 할 것은 지난날 독일에 취업했던 우리의 젊은 남녀들이 부당한 대우를 받았거나 사고를 당하여 고통스런 시간을 보낸다는 말을 듣지 못했다는 점이다.
이제 처지가 바뀌었다고 해서 외국인 근로자를 홀대한다면 인간적인 도리가 아니다.

Part 7.

생각을 바꾸면
성공이 보인다

침팬지와 사육사

정년퇴직 사육사, 침팬지가 재취업시켜

침팬지를 돌보던 동물원 사육사가 있었다.

동물을 무척이나 좋아했던 그는 자신이 맡은 침팬지를 자식 돌보듯 했다. 정년퇴직일이 다가오고 있었지만 실업에 대한 걱정보다 침팬지와 헤어져야 한다는 사실이 더 서글펐다.

이윽고 퇴임하는 날 저녁, 마지막 먹이를 주는 것으로 근무 시간이 끝나고 말았다. 그는 침팬지 우리 앞에서 지난날을 회상하며 아쉬움을 달랠 수밖에 없었다.

널 정말 좋아했고 지금도 좋아해.

그래서 너에게 최선을 다했고 너도 잘 자라주어서 고마워.

너는 이 동물원 내에서 최고였어.

아니지, 세계 최고였어.

이곳 사람들이 너를 가장 아끼고 좋아하는 이유를 너도 알지?

너와 함께 지냈던 시간이 정말 즐거웠다.

하지만 이제 헤어질 때가 왔어.

너는 이해가 안 되겠지만, 인간사회에서는 흔한 일이야.

나대신 너를 돌볼 사람도 좋은 사람이다.

네가 좋아하고 싫어하는 것들을 자세히 설명했어.

너의 성격도 소상하게 기록해 두었으니 걱정할 필요 없어.

아마 후임자는 나보다 더 너를 좋아할 게다.

너도 새로운 주인에게 잘 해야 해, 알겠지?

이제껏 잘 했던 것처럼 앞으로도 건강하게 잘 지내야 돼.

그는 집으로 향하는 발걸음이 떨어지지 않았지만 어쩔 수 없는 일이었다.

그로부터 며칠 후 후임 사육사로부터 다급한 전화가 왔다.

침팬지가 밥을 먹지 않고 하루 종일 웅크리고 있다는 것이었다.

"물이라도 먹어야 할 텐데…… 식음을 전폐하고 있으니 큰일 났습니다."

수의사에게 정밀진찰도 받았는데 아무 이상이 없답니다.

"죄송하지만 한번 오셨으면 합니다."

하는 수 없이 은퇴한 사육사는 동물원에 가서 침팬지를 만났다.

우울증 증세를 보였던 침팬지는 옛 주인을 보자 물 만난 고기처럼 펄쩍 펄쩍 뛰며 좋아했다.

주는 음식도 게걸스럽게 먹어 치웠다.

동물원측은 심사숙고 끝에 은퇴한 사육사를 다시 채용하기로 결정하였다.

결국 침팬지가 그를 다시 채용한 것과 다름없다.

정년퇴직을 앞둔 보통의 사육사라면 은퇴 후 삶을 더 걱정했을 것이다.

아무래도 자신의 미래에 더 신경이 쓰일 수밖에 없는 것이 보통사람의 마음이다.

정년퇴직을 앞둔 사람이 업무에 집중하지 않는다고 해서 누가 뭐라 하겠는가?

그가 다른 사육사들처럼 침팬지를 평범하게 돌봤다면 그 침팬지도 평범하게 행동했을 것이다. 하지만 자신의 일을 끔찍하게 좋아했던 그는 달랐던 것이다.

세상에는 수많은 직업이 있다.

무슨 일을 하던 자신의 일을 사랑하고 자긍심을 가져야 한다.

아무리 흔하고 쉬운 일이라고 해도 누군가는 해야 할 일이다. 맡은 일에 책임을 다하는 것은 부족하다.

상대에게 감동을 줘야 한다.

최선을 다하는 모습은 아름답다.

그러면 어려움에 처했을 때 누군가 뜻하지 않은 도움의 손길을 내민다.

진심으로 자신의 일을 좋아 하면 말 못하는 동물도 보은한다. 하물며 주변 사람인들 도와주지 않겠는가?

자신의 일을 진정으로 사랑하는 것이 자신을 위한 최선의 길이다.

징기스칸의 지혜와 혁신

무거운 말안장을 고깃가루 넣은
자루로 대체, 병참부대 최소화

자본주의 사회에서는 모두가 자신의 능력을 키우기 위하여 각고의 노력을 한다.

남다른 경쟁력을 가져야 생존할 수 있기 때문이다.

기업들이 변화와 혁신을 최대화두로 삼고 있는 것도 경쟁력을 향상시켜 지속적인 발전을 하기 위함이다.

생사를 좌우하는 전쟁터에서는 적과의 경쟁을 더욱 치열하게 해야만 할 것이다.

역사상 가장 넓은 대제국을 건설한 징기스칸은 혁신적인 아이디어맨이었다. 자신의 약점을 강점으로 전환시킨 탁월한 지혜를 가진 사람이었다.

그가 살던 시대 유럽의 기마병들은 철로 만든 갑옷으로 무장하고 말에게도 갑옷을 입혀서 전장에 나가는 게 대세였다.

병사와 말이 중무장하다보니 기동력이 현저히 떨어질 수밖에 없었다.

체격이 큰 병사가 거동이 불편한 철갑옷을 입고 전쟁을 치렀던 것이다.

기동력이 생명인 말에게도 갑옷을 입히니 동작이 굼뜨고 조금만 달려도 지치기 일쑤였다. 그래서 장거리 원정을 가기 위해서는 전투 기마병의 2배 이상의 병참부대와 말이 동원돼야 했다. 하지만 징기스칸은 생각이 달랐다.

그가 가진 병사는 10만이었고 백성은 어린애, 노인까지 합쳐 2백만이 채 안 되었다.

태생이 유목민족이다 보니 철을 제대로 다루는 기술이 없어 갑옷을 만들 줄도 몰랐다.

몽골말의 덩치도 유럽 종보다 훨씬 작았다.

그들이 가진 것은 걸음마를 시작하면서부터 말을 타고 활을 쏘는 뛰어난 승마기술과 덩치는 작지만 초원에서 자라 지구력이 탁월한 말뿐이었다.

어차피 철갑을 만드는 기술이 없으므로 자신들이 가진 장점을 극대화시킬 수밖에 없었다. 그래서 거추장스런 말안장과 일체의 장식물도 버렸다.

건조시킨 말고기를 잘게 부셔서 통 양가죽자루에 넣어 말 잔등에 실었다.

다 자란 양 가죽자루에는 잘게 부순 말 한 마리의 살코기가
다 들어갔다.

그는 병사들이 딱딱한 말안장대신 푹신한 고기가루가 든
양가죽 자루를 타고 다니도록 했다.

양가죽 자루는 방석처럼 푹신하여 기마병들이 장거리 원정
을 할 때도 피로가 덜하여 전투를 수월하게 할 수 있었다.

배가 고프면 양가죽 자루에서 고기가루를 약간 덜어서 물
에 풀면 훌륭한 식사가 되었으므로 별도의 병참부대도 필요
없었다.

유목생활에 익숙한 민족답게 가족들이 전쟁터를 따라다니
며 후방에서 병참지원 역할을 하였다고 한다.

그는 포로들을 학대하지 않고 가족으로 받아들였으며 노획
물도 공평하게 분배했으므로 가족들의 사기도 충천했다.

믿기지 않겠지만 병사들은 후방에 있는 가족이 기다리는
천막에서 출퇴근하면서 전쟁을 치렀다고 한다.

전투 중 부상을 입었을 때도 자신의 집에서 가족의 간호를
받으며 치료를 할 수 있었다.

이렇듯 병사와 말이 가장 간편한 복장으로 장거리 이동이
가능하였으므로 유럽까지 정벌할 수 있었다. 그래서 유럽의
중무장 기마병들은 제비처럼 날렵하게 움직이는 몽고병사들
의 상대가 되지 못하고 추풍낙엽처럼 쓰러졌던 것이다.

정복한 땅이 넓어질수록 효율적인 통신수단이 필요해지자 전국을 촘촘하게 연결하는 역참제를 창안하기도 했다.

일정한 거리마다 여러 마리의 말을 두고 마패를 보유한 사람에게 말을 내주는 제도로서 역참병은 지친 말을 새 말로 갈아탐으로써 최고의 속력으로 의사소통을 할 수 있었던 것이다.

소리가 나는 화살을 다양하게 만들어 전투에 열중인 병사에게 자신의 의사를 신속하게 전달하였으며 밤에는 불꽃화살로 의사소통을 하며 전투지시를 하였다.

또한 징기스칸은 정복한 나라에서 우수한 기술을 보유한 포로는 신분을 보장하고 맘껏 기술을 펼치도록 했다.

견고한 성벽을 깨부수는 거대한 투석기도 포로들이 만든 신무기였다.

신병기로 무장한 병사들의 전투력은 날로 향상 될 수밖에 없었다. 또한 그는 신의를 매우 중시하는 사람이었다.

요새처럼 견고한 성들을 무리하게 공격하여 병사들의 피해를 키우기 보다는 '투항하면 우리와 함께 살 수 있으나 저항하면 몰살시키겠다'고 통보하고 성주가 투항하면 반드시 약속을 지켰다.

자신의 병사가 투항한 포로를 학대하거나 처형하면 그 병사와 상관까지도 처형했다고 한다. 그러나 끝까지 항전하는 성은 함락시킨 후 그의 말대로 몰살시켰다. 그래서 소문을 들은 성주들은 성문을 열어 놓고 몽골병사가 오기를 기다렸다고 한다.

9살 때 아버지를 잃고 초원을 떠돌던 징기스칸이 몽골대제국을 이룩한 원동력은 기존의 사고방식을 탈피하고 자신의 약점을 장점으로 전환시킨 획기적인 혁신에 있었다.

그는 초원의 평범한 유목민족이었지만, 변화를 두려워하지 않고 참신한 아이디어와 기발한 전략을 내세워 연전연승하며 영토를 넓혀 나갔던 것이다. 그러므로 타인이 나를 강제로 변화시키기 전에 스스로 변화의 길을 걸어야 경쟁력을 선점할 수 있다.

산업현장의 근무자들 중에는 자신의 안전을 스스로 도모하지 않고 타인의 강요에 의해 마지못해 따라하는 사람이 있는가 하면 스스로 안전수칙을 철저히 지키는 사람이 있다.

어느 시대건 변화는 있어왔다.

시대의 변화요구에 적응하지 못하면 경쟁력이 떨어져 도태되기 십상이다.

변화요구를 수용하지 않고 잘못된 습관을 고집한다면 어디에서건 인정받지 못한다.

안전에 대한 수동적인 생각을 가진 근로자들과 경영인들은 생존과 경쟁력 배양을 위한 의식변화가 있어야 한다.

변화를 거부하여 타인에게 변화를 강요당한다면 너무 늦다.

CHANGE(변화)의 철자 하나만 바꾸면 CHANCE(기회)가 온다.

작은 변화 너머에는 큰 기회가 있으므로 변화의 두려움을 뛰어넘어야 한다.

24달러에 맨해턴 섬을 판 인디언

당신이 자는 동안에도
은행 이자는 잠자지 않는다

1626년에 미국 인디언들은 뉴욕 맨해턴 섬을 단돈 24달러 어치 구슬을 받고 초기 이민자들에게 팔아 버렸다. 이 땅은 지금 세계 금융의 중심지 월가로 발전했다.

지금도 400여 년 전 인디언들의 어리석음을 안타까워하는 이들이 적지 않다고 한다. 그런데 월가 최고의 금융자산가로 평가받는 피터 린치는 이를 전혀 다른 각도에서 해석한다.

"맨해턴 전체 땅값은 현재 600억 달러에도 못 미친다."

"당시 인디언들이 맨해턴을 팔고 받은 24달러를 연이자 8%의 채권에 복리로 투자했다면 그 돈은 30조 달러로 불었을 것이다."

"과연 누가 어리석은 것인가?"

한국의 투자자들은 연평균 25%의 수익률을 별것 아닌 것처럼 생각한다.

주식투자자들은 이틀 상한가로 오르면 25% 수익률 정도는 가볍게 달성할 수 있다고 여긴다. 그러나 매년 25%씩 35년간 수익을 내면 원금의 2000배가 넘게 불어난다.

이처럼 복리는 무서운 힘을 발휘한다. 돈이 많은 사람은 복리의 마력에 나날이 즐겁겠지만, 빚을 얻은 사람은 그 이상으로 고통이 따른다. 대출을 받아 이자 이상으로 이익을 낼 자신이 없다면 대출창구에 가지 말아야 한다.

주변에는 대출받은 자금으로 사업에 실패하여 연체이자라는 불행의 늪에 빠진 사람을 흔하게 볼 수 있다. 어깨를 짓누르는 연체이자는 그들의 희망마저 빼앗는다. 그래서 절망감에 사로잡혀 자살이라는 극단적 선택을 하기도 한다.

한 번에 많이 버는 것도 좋지만 조금씩 꾸준히 자산을 늘리는 것이 가장 확실하고 좋은 방법이 아닐까?

유태인들은 수천 년간 나라 없는 설움 속에서도 세계인을 상대로 고리대금업을 하여 오늘날 세계 금융계를 지배하다시피 하고 있다. 그들은 이렇게 말한다.

"당신이 잠자는 동안에도 당신이 빌린 돈의 은행 이자는 잠자지 않는다."

무리한 대출로 사업을 시작하여 일확천금을 꿈꾸기보다는 조금씩 꾸준히 자산을 불려야 불행의 늪에 빠지지 않는다.

소말리아의 해적

선진국이 폐기물 무단투기,
첨단어업으로 물고기 씨 말려…
생존 위해 어부들이 해적으로 변신

소말리아는 오랫동안 계속되는 정치 불안으로 무법천지가
된 나라다. 정세가 불안하다 못해 이슬람게릴라단체 알카에
다가 훈련 기지를 제멋대로 만들어 운영할 정도다.

계속되는 동족살육이 벌어지는 내전으로 국민 대부분이 인
간으로서 누려야 할 최저 생계유지도 어려울 만큼 가난하다.

어린이 5명 중 1명은 5살 이내에 죽는다.

해안선이 3,300킬로미터에 이르는 이 나라는 그나마 해안
주변에 사는 사람들은 내륙지방 사람보다 형편이 나았다.

바다에서 고기를 잡아서 목숨을 연명할 수 있었기 때문이
었다.

요즈음 국제적으로 문제가 되고 있는 소말리아 해적들은

처음부터 해적질을 하는 사람들은 아니었다고 한다.

그들은 시골 바닷가의 가난한 어부였다.

넓은 바다를 가지고 있는 이 나라는 자신들의 바다를 지킬 능력이 없었다. 그래서 유럽 국가들은 그 틈을 타 소말리아 해역에 수십 년간 온갖 산업폐기물을 무단투기 해왔다. 그리고 일본과 중국 등 아시아 나라들은 이 해역에서 무자비한 어업활동으로 물고기의 씨를 말려 왔다. 그래서 황폐화된 바다에서 더 이상 그들의 식량인 물고기가 잡히지 않게 되었다.

먹고 살기에 바빴던 어부들은 물고기마저 잡히지 않자 생계수단으로 해적질을 하게 된 것이다.

이제는 수탈의 희생자들이 해적이 되어 가해자를 약탈하는 부메랑을 날리고 있다. 우리나라도 여러 척의 배가 이들에게 붙잡혀 돈을 주고 풀려났다.

처음에는 자신들의 식량인 고기를 잡아가는 어선을 대상으로 고기만 빼앗았던 이들은 점차 대담해지면서 유조선부터 유람선, 유엔선박까지 닥치는 대로 해적질을 한다.

선원들을 인질로 잡고 두둑한 몸값을 받아내고 빼앗은 선박은 새로 페인트칠을 해서 팔아먹는다.

얼마 전에는 영해를 통과하던 상선을 붙잡고 보니 최첨단 무기를 가득 실은 무기운반선이었다.

최신탱크 등 첨단무기를 잔뜩 싣고 항해하던 이 선박을 붙잡고 인질 몸값으로 50여 일 동안 대치하며 협상하기도 했다.

무기가 이슬람 게릴라단체에 넘어가는 것을 두려워한 미국과 러시아가 군함을 동원하고 배를 내놓으라며 엄포를 놓고 있지만 해적들은 끄떡도 하지 않았다.

해적대장은 "이래 죽으나 저래 죽으나 마찬가지다"라며 천문학적인 보상금을 요구하며 인질들을 붙잡고 버텼다.

'인질과 함께 배를 폭파시켜버리겠다'는 말에 미국과 러시아는 어쩔 수 없이 소말리아 시골어부들이 내세운 영국의 협상대리인과 테이블에 앉아서 금액을 놓고 줄다리기를 해야 했다.

유조선이 왕래하는 항로 길목을 지키고 있는 해적들로부터 안전을 확보하기 위하여 각국은 비싼 돈을 들여 특수경비용역회사에게 선박이 무사하게 통과될 수 있도록 의존하고 있다. 이제 소말리아 해역에 산업폐기물을 투기하지 않고 어족자원을 보호한다고 해도, 느린 속도로 운항하는 비무장 상선을 납치하는 간단한 방법으로 수천만 달러를 버는 해적들이 예전의 어부로 돌아가지는 않을 것 같다.

한적한 시골 어부들의 생계수단을 수탈함으로써 세계인은 더 큰 위협에 노출되었으며 아주 작은 이익을 취하려다 막대한 안전비용을 감수해야 할 판이다.

세계열강들이 소말리아 어부들과 상생의 길을 모색했다면

지금처럼 공포의 해역이 되지는 않았을 것이다.

기업 최고경영자의 경영방침도 마찬가지다.

근시안적인 최고경영자는 눈앞에 이익을 가져다주지 못한다는 이유로 안전 분야를 소홀히 하며 투자에 인색하다.

손에 잡히는 실질이익에만 급급하여 안전을 도외시한 채 무리하게 사업을 강행하다가 대형 사고를 초래하여 귀중한 목숨을 희생시키고 회사도 커다란 손실을 입는다.

그런 회사는 기업의 명예와 경쟁력이 동반 추락하면서 결국에는 도태된다.

삼풍백화점 최고경영자는 안전을 소홀히 하여 수백 명을 희생시킨 대가로 구속되었고 회사도 사라졌다.

수백 명의 인명피해, 회사몰락, 실업발생, 사회불안조성, 국가명예실추 등 이윤에 집착하며 안전을 등한히 한 참혹한 결과물이다. 결국 안전사고는 누구에게도 이롭지 않은 악마와 같은 존재다. 그래서 기업을 경영하는 사업주는 도덕적 해이에서 오는 안전 불감증을 경계해야 한다.

안전투자는 기업의 안정적 성장의 밑거름이며 근무자와 상생하는 인명존중정신의 구체적인 실천이다.

안전은 개인이나 기업 경쟁력의 원천이다.

이와 입술

입술이 찬바람 막아줘 이가 튼튼,
노사도 협력해야 공생 발전

어느 날 입술이 이에게 말했다.

"너는 나에게 고마워해야 해."

"왜 그렇지?"

"내가 찬바람을 막아주니까 시리지 않고 편안하게 잘 지내고 있잖아."

이가 입술에게 대꾸했다.

"내가 버팀목 역할을 하지 않으면 너는 형편없이 쪼그라들어 흉하게 너덜거릴걸?"

"너의 통통하고 예쁜 분홍빛 자태도 내 덕분인줄 알아."

"왜?"

"내가 음식물을 잘 씹어줬기 때문이잖아."

괘씸하게 생각한 입술은 찬바람이 불 때마다 입을 벌렸다.

이가 시리다고 입술에게 하소연 했지만 입술은 듣지 않았다. 이윽고 이는 풍치에 걸려 하나씩 빠져 나갔다.

음식물을 제대로 씹을 수도 없고 입술을 위한 버팀목 역할도 할 수 없게 되었다.

결국 입술은 쪼그라들어 보기 흉하게 너덜거렸고 말도 제대로 할 수 없게 되었다.

순망치한(脣亡齒寒), 결국 이와 입술은 서로에게 피해를 입히면서 공멸해 버렸다.

근로자와 회사 관계도 이와 같지 않을까?

경영층(입술)이 안전사고(찬바람)를 예방하려는 노력을 보일 때 근무자(이)도 안심하고 생산 활동에 전념함으로써 품질과 생산성이 향상될 것이다.

서로 내 몫만 챙기려 하지 말고 상대를 배려하고 역지사지의 정신으로 선순환 고리를 만들어가야 한다.

이와 입술의 역할은 비단 노사관계뿐만 아니라 가정은 물론 인간관계가 형성되는 모든 곳에 적용된다.

어느 중장비 운전원

'지금보다 나은 방법이 없을까?'라는
문제의식이 성공으로 이끌었다

가난한 시골소년이 있었다.

식구가 많아 고등학교에 진학할 형편이 못됐던 그는 마을
하천에서 골재채취를 하는 작업장에 잡역부로 취직(?)했다.

그는 허드렛일이었지만 자신이 맡은 일을 열심히 했다.

틈틈이 물속에서 파낸 돌멩이들이 크기별로 선별되는 기계
를 유심히 살펴보기도 하고 각종 장비에 관심을 갖는 것이 유
일한 즐거움이었다.

커다란 장비를 운전하는 사람들이 부럽기도 했다.

몇 년 후 골재를 트럭에 상차하는 장비인 페이로더 운전자
격증을 취득하고 운전원이 되었다.

거칠게 가동되는 장비라서 고장이 잦았지만 평상시 관심을
가졌던 덕에 스스로 정비하여 가동률도 높이고 장비수리비도

절감했다.

나중에는 페이로더뿐만 아니라 굴삭기 등 다른 장비도 그의 손에 의해서 고쳐졌다.

유능하고 성실한 그를 사장이 놓칠 리가 없다.

얼마 후 작업반장이 되더니 2년 후에는 골재생산 책임자가 되었다.

그는 장비에 탈이 나기 전에 틈틈이 예방정비를 하여 생산량을 월등하게 향상시켰다.

매출이 나날이 성장하면서 사장은 큰돈을 벌었다.

경제적 여유가 생기면서 여생을 편하게 지내고 싶었던 사장은 그에게 골재채취 장비 일체를 헐값에 넘겨주었다.

그는 막상 사장이 되고 보니 새로운 눈이 떠지게 됐다.

머릿속에는 항상 '지금보다 더 나은 방법이 없을까?'라는 의식이 따라 다녔다. 이런 문제의식은 개선으로 이어졌고 생산성은 저절로 향상되었다.

건설현장에서 신공법을 도입하면서 다양한 골재크기를 요구하였지만 기존 설비로는 생산할 수 없어 공급을 하지 못한다는 것도 알게 되었다.

장비나 기계설비에 능통했던 그는 골재 크기를 선별하는 틀을 하나 더 설치하는 작은 아이디어 하나로 건설현장에서 주문하는 제품을 즉시 생산하여 공급했다.

그 후에도 고객이 요구하는 제품은 어떻게든 연구하여 제품을 생산해냈다. 그는 지금 전국에 6개의 골재 사업장을 운영하고 있지만, 건설경기가 좋지 않음에도 제품이 없어서 못 팔고 있다고 한다.

그의 성공비결이 뭘까?

그가 평범한 생각을 가졌었다면 지금도 허드렛일을 하거나 페이로더 운전을 하고 있을 것이다.

'하늘은 스스로 돕는 자를 돕는다'는 말이 있다.

그는 최선을 다하여 성실하게 근무함으로써 스스로 기회를 만들었다.

또한 항상 문제의식을 가지고 좀 더 효율적인 작업방법과 개선점을 끊임없이 찾았던 것이 그를 성공으로 이끈 비결이 아닐까?

두 유람선 회사

선박 계류밧줄 때문에
탄탄했던 회사 사라져

1990년 9월 무렵의 일이다.

당시 한강에는 유람선을 운영하는 두 회사가 있었는데, 마포대교 남단 여의도에 선착장이 있었다.

강 상류에 한 회사의 선착장이 있었고 바로 아래에 또 다른 회사의 유람선이 정박하고 있었다.

어느 날 경기지역에 집중호우가 내려 한강 수위가 높아지고 유속이 빨라지면서 상류 선착장에 유람선을 묶은 밧줄이 끊어지는 바람에 밧줄에 묶여 있던 유람선이 떠내려 오다가 하류에 계류됐던 유람선과 충돌했다.

결국 두 척의 장력을 받던 하류 선착장의 유람선 계류밧줄도 끊어지고 말았다.

하류로 떠내려가던 두 척의 배는 마포대교 상판과 접촉되면서 다리의 안전문제로 그 당시 큰 이슈가 됐었다.

결국 두 척의 유람선이 15명의 인명피해를 불러왔다. 그런데 한강 수위가 상승하자 하류선착장 유람선회사의 직원은 사태를 예견한 듯 처음부터 끝까지 동영상으로 촬영해두었다.

훗날 이 사건은 책임소재를 가리기 위해 법정까지 비화되었다.

상류 선착장을 사용하던 회사는 법정에서 천재지변이라고 주장했지만, 이 동영상이 결정적인 증거로 채택되어 모든 책임을 질 수밖에 없었다.

몇 개월 후 그 회사는 소리 없이 사라졌다.

소문에 의하면 손해배상능력이 없어 회사 전체를 넘기고 쓸쓸히 사업을 접었다고 한다.

만약 선박을 계류하던 노후 된 밧줄을 제때에 교체했더라면 충분히 막을 수 있었던 사고였다.

안전경영을 소홀히 한 결과치고는 너무 큰 대가를 치른 셈이다. 불과 몇 십만 원하는 밧줄 때문에 빚어진 일이다.

안전에 대한 투자는 회사를 유지 발전시키기 위한 가장 기본적인 비용이다.

플라시보 효과

골리앗과 맞선 다윗,
'저렇게 크니 빗맞을 일은 없겠군'

제2차 세계대전의 주범 히틀러는 쟁쟁한 실력을 가진 2명의 주치의를 항상 곁에 두고 있었지만 오랫동안 갖가지 병에 시달린 사람이다.

병이 호전되지 않자 주치의들도 신임을 잃어가고 있었다.

그러던 중 테오 모렐이란 사람이 나타나 환자의 병을 왜곡 과장한 후 약효가 불분명한 약으로 '이 약을 복용하면 틀림없이 낫는다'며 심리상태를 안정시켜 놓고 자신의 능력을 한껏 자랑하는 방법으로 히틀러의 신임을 얻었다.

나중에는 주치의 자리를 꿰차고 히틀러의 최측근 행세를 하기도 했었다.

이처럼 실제로는 아무 효과가 없는 밀가루나 설탕 등으로 만든 가짜 약을 환자에게 주면서 치료효과가 있다고 말하면 실제 약을 먹었을 때와 비슷한 효력이 나타나는 현상을 '플라시보 효과'라고 한다.

미국 브라운 대학의 월터 브라운 교수는 플라시보 효과를 '실제로는 없는데 있을 것이라고 기대함으로써 나타나는 실제효과'라고 정의하기도 했다

하버드 대학의 허버트 벤슨교수는 환자가 기대하고 상대방을 믿는 효과에서 비롯됐기 때문에 '기억된 건강함'이라고 주장했다.

그들은 인간의 마음이 가장 큰 치유의 영향을 미치는 요소이며 때로는 약보다 더 큰 효능을 발휘한다는 점을 알게 됐던 것이다.

이와 반대로 본인이 믿지 않으면 효능이 있는 약을 먹어도 잘 낫지 않는 현상을 '노시보 효과'라고 한다.

결국 약보다 마음이 중요하고, 긍정의 믿음이 치료효과에 대한 중요한 잣대가 된다.

때때로 기적적인 치료효과를 거두는 환자들도 간절한 마음과 확고한 믿음 때문이라는 것이다.

가짜 약으로 치유를 경험하는 플라시보 효과는 기적의 작은 예일 뿐이다.

다윗이 돌팔매질로 거인 골리앗의 이마를 맞춰서 죽인 이야기도 확고한 믿음 때문이 아니었을까?

골리앗이 이스라엘군 앞에 나타났을 때 병사들은 공포에 떨며 패배의식에 젖어 있었다.

"저렇게 거대한 사람을 어떻게 죽일 수 있을까?"

모두들 계란으로 바위치기라고 자포자기하고 있을 때, 아무런 무기도 없이 장난감 같은 돌팔매 도구 하나 달랑 들고 덩치도 조그만 양치기 다윗이 앞에 나섰다.

남들이 지레 겁을 먹고 있을 때 다윗은 이렇게 생각했다.

"저렇게 크니 절대로 빗맞을 일은 없겠군."

다윗의 긍정적인 생각과 확고한 믿음이 기적을 일으킨 것이다.

2차 대전 중 전쟁터에서 부상을 입은 병사들을 치료하는 야전병원에서도 유사한 일이 일어났다. 부임한 지 얼마 안 되는 신참 군의관은 부상병이 실려 올 때마다 한숨을 쉬면서 중얼거렸다.

"부상이 심각하군, 치료약이 떨어져 가는데 큰일 났네."

"오늘은 수술이 잘 되려나? 어제도 비슷한 환자가 죽었는데……."

얼마 후 신참 군의관은 자신이 맡았던 환자 대부분이 고통스럽게 최후를 맞이한다는 사실을 알게 되었다.

그런데 고참 군의관이 치료한 환자는 절망적인 상황이었지만 기적처럼 완쾌되어 속속 전장으로 출발하는 것이었다.

같은 치료시설에서 같은 약을 사용하는데도 전혀 다른 효과를 거두는 고참 군의관의 치료방법이 몹시 궁금했다.

자신의 의학적인 소견으로는 도저히 가망이 없는 중상자가 들어오자 고참 군의관은 별 일 아니라는 표정으로 말했다.

"이 정도 부상으로 그친 것이 천만다행이네, 자네는 운이 좋은 거야."

"괜찮아, 조금만 견디면 완벽하게 회복될 테니까 걱정하지 말게."

다 죽어가던 표정을 짓던 환자들은 군의관의 믿음직한 말을 듣고 눈빛이 달라지기 시작했다.

"자네 체력 하나는 대단하군, 자네처럼 회복속도가 빠른 환자는 처음 봐."

"며칠만 지나면 다시 전투해도 되겠어."

신기한 일이었다.

군의관의 말을 들은 환자는 모두 살아나는 것이었다.

이와 같이 똑같은 상황이라도 보는 관점과 의식에 따라 그 다름의 정도는 하늘과 땅 차이를 보인다.

절망이 희망으로 바뀌기도 하고 죽어야 할 상황에서도 극적인 반전이 일어난다.

생각이 운명을 바꾸는 것이다.

안전에서도 플라시보 효과와 노시보 효과가 존재한다.

안전을 불편하고 귀찮게만 생각하는 사람에게는 안전을 지키기 위한 모든 행동이 지루하고 짜증스러울 것이다.

안전에 대한 부정적 인식이 지배하는 한 그는 모든 안전활동을 거추장스러워 하며, 출퇴근길의 신호등을 기다리는 시간마저도 못 견뎌 한다.

하지만 안전실천을 건강과 행복을 지키는 파수꾼으로 생각하는 사람은 사고를 예방하는 신호등에게 고마움을 느끼며 내 몸을 보호하는 안전보호구와 안전규칙을 소중하게 여길 것이다.

결국 생각하기에 따라 두 사람의 운명은 달라질 수밖에 없다.

만리장성

백만 명 희생시킨 인간경영 실패의 돌담

만리장성은 우주에서도 윤곽이 보인다고 한다.

길이는 곁가지를 포함하여 6,400킬로미터나 된다.

높이는 9미터, 너비는 아랫부분이 9미터이며 윗부분이 4.5 미터에 이른다.

인류가 만든 가장 큰 건축물인 만리장성은 진시황이 북쪽 몽골과 흉노족의 침입을 막기 위해 축조한 돌담이다.

이 거대한 돌담을 쌓으면서 100만여 명이 희생되었다.

하지만 몽골군이나 다른 북방민족이 만리장성 때문에 진나 라를 침공하지 못한 적이 없었다고 한다.

문지기들이 뇌물을 먹고 문을 열어 주었기 때문이다.

왕은 거대하고 호화스런 아방궁에서 지냈지만, 입에 풀칠 할 만큼 적은 박봉에 시달렸던 그들은 투철한 국가관보다 배 고픔이 더 급했던 것이다.

몇 명의 배고픈 사람이 수없이 많은 사람의 피와 땀으로 만든 건축물을 무용지물로 만든 꼴이다. 그러므로 백만 명의 덧없는 희생과 엄청난 국고를 낭비한 거대한 돌담은 그다지 자랑할 게 못 된다.

진시황은 자신의 사후세계를 위한 무덤과 병마용갱 등 대규모 토목공사를 강행하며 백성의 피눈물을 짜내다가 지방순시 중 죽었다.

대제국을 건설한 진나라는 당시 로마에까지 알려져 중국의 영문표기인 China의 어원이 될 만큼 강성했지만, 진시황이 50세의 이른 나이에 죽으면서 진제국은 이내 몰락했다.

결국 인간경영이 중요한 것이다.

이처럼 지도자의 원대한 계획과 강한 추진력도 인간경영에 실패하면 원하는 결과를 얻을 수 없다.

회사경영이나 안전관리도 마찬가지다.

리더가 아무리 잘 하려해도 경영의 실질적 주체인 조직원 전체가 동참하고 조화를 이루어야 성공적인 경영이 가능하다. 리더는 전 구성원의 동참을 이끌어낼 수 있는 비전을 제시하고 동기를 부여해야 한다.

하지만 리더가 호화스런 집무실과 1등석 비행기 좌석만 고집하면서 직원에게 원가절감을 요구한다면 진정성을 의심받아 별 효과를 거두지 못할 것은 자명한 일이다.

리더가 현장을 시찰하면서 안전보호구를 제대로 착용하지 않은 채 안전을 강조한다면 근로자의 동참을 기대할 수 없을 것이다.

리더의 덕목은 비전 제시와 솔선수범이다.

아주대 병원의 외상정형외과

인명존중 병원 칭송받아야 한다

앞에서 소말리아 해적에 대한 내용이 있었지만, 얼마 전 그들이 우리 선박을 납치한 사건이 있었다.

특수부대원의 인질구출작전과정에서 배를 지키려다 해적에게 중상을 당한 석해균 선장의 생사가 국민적인 관심을 모았었다.

뒤늦게 선장의 영웅적인 행위가 알려지면서 그가 깨어나기를 모두가 간절히 바랐다.

당시 아주대 병원 의료진이 현지로 긴급 출동하여 응급조치 후 국내로 후송하였으며 전 국민의 관심사인 만큼 언론사들은 그의 후송과 치료과정 등을 시시각각 뉴스로 전했다.

아주대병원의 언론노출시간과 국민에게 인식된 긍정적 이미지를 굳이 상업적 가치로 따진다면 1,000억 원의 홍보효과를 얻었다고 한다.

경영측면에서 보면 이 병원의 외상정형외과는 만년적자였으나 한 번에 만회한 셈이다.

우리나라에 외상정형외과를 운영하는 곳은 서울대병원과 아주대병원뿐이라고 한다.

총상이나 칼에 찔린 환자 등을 치료하는 외상정형외과는 환자도 많지 않고 치료비용 또한 많이 들어 적자를 면할 수 없기 때문이다.

또한 치료과정이 매우 복잡하고 생명이 위독한 환자가 많아 치료과정에서 오는 스트레스 때문에 의사들도 기피하는 경향이 많다.

이번 사건을 통해서 알게 된 것은 아주대 병원은 다른 병원과 두드러지게 차별화된다는 것이다.

이윤을 추구하는 사립병원이 만년적자를 내는 외상정형외과를 운영하는 것은 특별한 의식이나 생명에 대한 사명감 없이는 어렵다. 그러므로 진정한 인명존중 정신을 실현하고 있는 아주대병원은 칭송받아 마땅하다.

진솔하고 윤리적인 의술을 펼치는 이 병원이 널리 알려져 많은 사람들이 혜택을 누리면 좋겠다.

훌륭한 치료시설과 의료진을 갖추고 꺼져가는 목숨을 살려내는 병원의 사회적 역할은 아무리 칭찬해도 부족함이 없다.

하지만 각 산업체 근무자들에 대한 안전사고를 예방하는

일은 의사가 환자를 치료하는 일 못지않게 중요하고 가치 있는 업무라고 생각한다.

안전관계자는 치료가 필요치 않도록 미연에 사고를 예방하기 때문이다.

자신의 배를 끝까지 지키며 역할을 다한 석 선장과 참다운 인술을 펼친 아주대병원이 국민적 관심을 받았듯이 왕성한 생산 활동으로 국가발전을 이끄는 산업현장 근무자들의 생명을 지키는 안전관계자들도 우리 사회의 숨겨진 영웅들이다.

각자 맡은바 소임을 다하는 그들이 있는 한 대한민국은 한층 안정되고 살기 좋은 나라로 변모할 것이다.

감사 대상 직원은?

책상서랍 지저분한 사람이 감사 대상

감사기관에 근무하는 친구가 있다.

언젠가 모임에서 그를 만나 "소수의 인원으로 수백 명이 근무하는 곳을 조사해봤자 어떻게 단 시일 내에 비리를 찾아 낼 수 있겠냐?"고 비아냥댔다.

"다 하는 방법이 있어."

"귀신들도 아니고 무슨 수로 그 많은 사람들을 조사하여 비리를 찾아낸다는 거야?"

"쉽고 간단한 방법이 있지. 전 직원을 다 볼 수는 없고, 우선 누구를 먼저 조사할지 선정하는 게 중요한데…… 책상이나 서랍이 지저분한 사람을 먼저 집중조사하면 줄줄이 나오게 돼 있어."

잠시 망설이던 나는 그의 말에 동의할 수밖에 없었다.

"그렇겠군."

그들은 정리정돈 개념이 없는 사람은 업무처리도 허점투성이라는 것을 경험으로 알고 있는 것이다.

서랍이나 서류함을 정돈하는 일을 사소하게 생각할지 모르지만 자기가 사용하는 책상도 제대로 관리하지 못한다면 직업에 대한 애착이 없거나 태생적으로 주위가 산만하고 업무 의욕이 없는 사람이다.

그런 사람에게 빈틈없는 일처리를 기대할 수는 없는 노릇이다.

자신의 직업을 사랑하는 사람에게 작은 일이란 없다.

산업현장의 정리정돈도 마찬가지가 아닐까?

작업자들이 안전보호구를 제대로 착용하며 작업 후 뒷정리를 깔끔하게 하는 팀은 불량품이나 하자가 없다.

정리정돈을 하며 후속공정을 수행하는 동료를 배려하는 사람이 자신의 작업을 시원찮게 할 리는 만무하다.

절대강자는 누구?

서로 배려하고 존중하는
사회가 절대강자

단단한 돌이 하나 있다.

그러나 돌은 쇠망치로 깨트릴 수 있다.

무엇이든 깨부술 것 같은 쇠망치도 불에 녹아내린다.

하지만 불은 물로 끌 수 있다.

물은 햇빛에 증발하여 구름이 된다.

구름은 바람이 흩날려 버린다.

세상에 절대 강한 것은 없다.

가난한 자가 있어야 부자도 있다.

부자도 의사가 필요하다.

의사도 먹고 살려면 농부가 있어야 한다.

하지만 농부도 쟁기를 만드는 사람이 필요하다.

또 힘이 센 자가 궂은일을 하므로 지혜로운 자가 세상을 이끌 수 있다.

사업주도 성실하고 능력이 있는 직원이 있어야 기업이 번성한다.

이렇듯 세상에 가장 강한 것은 존재하지 않는다.

그러므로 서로 배려하고 존중하며 조화롭게 살아야 한다.

어느 색소폰 연주자

바위 뚫는 낙수같은 끈질김이
성공을 보상했다

세계적인 색소폰 연주자 중 케니.G라는 사람이 있다.

그의 연주곡은 언제 들어도 부드럽고 아름답다. 그런데 그의 연주는 음이 한 호흡을 한참 지나서도 계속 이어진다.

어디쯤에서 숨을 쉬는지 알 수가 없다.

오랫동안 궁금했었는데 한 TV에서 그가 한 얘기를 듣고 의문을 풀었다.

그는 색소폰을 불면서도 코로 호흡을 한다고 한다.

그래서 음이 끊어지지 않고 선율이 이어졌던 것이다.

숨을 내쉬면서도 들이마신다는 그의 말이 믿겨지지 않는다. 불가능할 것 같은 이중호흡을 하기 위해서 얼마나 많은 노력을 했을까?

그는 피나는 노력의 보상으로 오늘날의 명성을 얻었을 것이다.

그가 남들이 따라할 수 없는 경지에 오른 것은 여타의 연주자들이 시도하지 않은 길에 과감히 도전하여 끈질기게 매달렸기 때문으로 생각한다.

마치 산사의 처마 밑 바위가 낙수에 의해 파이는 것처럼 성공도 오랜 시간의 노력과 집중력에 의해 이뤄지는 것이다.

적성에 맞는 분야를 선택하여 끈기를 가지고 집중한다면 성공확률이 누구보다 높을 것이다.

남들이 가지 않는 길은 외롭지만, 성공은 자신의 신념과 직관을 믿고 외로운 길에 도전하는 자의 몫이다.

미국 인디언의 호피(Hopi)부족이 기우제를 지내면 반드시 비가 온다고 한다.

왜냐하면 비가 내릴 때까지 기우제를 멈추지 않기 때문이다.

그들이 애리조나 사막지대에서 생존할 수 있었던 것은 비가 온다는 확고한 믿음으로 끈질기게 버텨온 덕분이다.

싱거운 말장난으로 넘기거나 어리석은 인디언이라고 폄하하기보다는 그들의 신념어린 끈기를 배워야 한다.

성공은 비관적인 상황에서도 자신의 목표에 도달할 수 있다는 믿음으로 꾸준히 노력하는 사람에게 돌아간다.

포상휴가

머리 지배하는 의식에 따라 결과 달라져

군대생활 때 겪은 일이다.

대대별 완전군장 구보 경연대회가 열릴 참이었는데 우승팀에게는 포상휴가 1주일이 주어진다는 것이었다.

보급행정병인 나는 전투병과가 아니라서 평상 시 구보나 행군훈련과는 거리가 멀었다. 하지만 포상휴가 1주일이 너무 탐이 났다. 그래서 육상선수 출신이라고 거짓말하며 통사정하여 대대를 대표하여 출전했다.

구보 중에 숨이 멎고 심장이 터질 것처럼 고통스러웠지만 숨을 내쉴 때마다 "포상휴가!"를 되새기며 완주했다. 그리고 기대했던 대로 우리 팀이 우승을 거머쥐었다.

몸은 무거웠지만 마음은 날아갈듯 상쾌했다.

그런데 군화를 닦으며 휴가준비를 하고 있던 중 갑자기 비상출동 명령이 떨어지면서 포상휴가가 취소돼 버렸다.

"휴가취소!"라는 말을 듣자마자 머리가 돌면서 주변이 노랗게 보이더니 의식이 흐려졌다. 눈을 떠보니 의무대에 누워 있었다.

1주일 포상휴가 대신 혹독한 몸살을 1주일 앓고 말았다.

아마 예정대로 포상휴가를 떠났다면 감기 몸살은 오지 않았을 것이다.

세상일은 생각하기에 따라 상황이 달라진다는 것을 그때 알았다.

사물의 현상이나 주변 환경도 생각하기 나름이다.

긍정적으로 보면 좋은 결과를 얻을 수 있고 부정적인 시각으로 접근하면 원하는 결과를 얻을 수 없다.

평상시 구보훈련을 안 했지만 휴가를 갈 수 있다는 생각이 우승으로 이어졌고 휴가를 갈 수 없다는 부정적 상황이 몸살을 불러 온 것처럼 어떤 의식이 머리를 지배하느냐에 따라 결과가 달라진다.

더위도 생각하기 나름이다.

산업현장의 근무자들은 열심히 일하며 땀을 흘린다.

그들에게 "남들은 돈을 내고 사우나에서 땀을 흘리는데, 여러분들은 돈을 벌면서 땀을 흘리니까 일석이조라고 생각하면 덜 피곤할 겁니다"라고 위로의 말을 하곤 했다.

그러나 그들은 한결같이 "사우나를 하면서 내는 땀과 일하면서 흘리는 땀이 같습니까?"라고 반문한다.

사우나 땀과 노동으로 흘리는 땀의 본질에 어떤 차이가 있는지 모르겠다. 몸을 움직이면서 흘리는 땀이 유산소운동 효과가 있어 더 유익할 것 같다.

돈 벌면서 건강도 챙긴다고 생각하면 덜 피곤 할 텐데도 부정적인 의식을 갖고 근무하는 사람을 보면 안타깝다.

아프리카 오지에 신발회사 영업사원 2명이 출장을 갔는데, 보고결과는 각각 달랐다고 한다.

"이곳 사람은 다 맨발입니다."

"신발을 사서 신을 사람은 없으니 귀국하겠습니다."

그러나 다른 영업직원의 생각은 달랐다.

"이 사람들은 다 맨발입니다."

이곳은 판매시장이 무궁무진합니다.

"샌들이든 운동화든 빨리 제품을 보내 주십시오."

이처럼 긍정적인 생각을 하는 사람은 특별한 동기부여를 하지 않아도 비관적인 사람과 행동이 판이하게 다르다.

결과는 알 수 없지만, 서둘러 귀국한 사람보다 상품을 빨리 보내달라는 사람이 한 켤레라도 더 팔았을 것이다.

중요한 것은 가능성을 보고 시도하는 그의 생각과 일에 대한 태도를 상사들이 지켜보며 긍정적으로 판단한다는 것이다.

일뿐만 아니라 평상시 긍정적인 생각을 하는 것만으로도 건강에 도움이 된다.

적당한 노동(운동)으로 땀을 흘림으로써 건강을 지킨다고 생각하면 무더운 여름을 덜 고통스럽고 보람되게 보낼 수 있지 않을까?

시각장애인 화가 존 브램블리트

길가 돌멩이를 디딤돌로 여기는 사람

호세 펠리치아노라는 미국 대중가수는 목소리뿐만 아니라 기타연주 솜씨가 관객들의 혼을 빼앗을 정도로 현란하다.

4개의 그래미상과 32개의 골드레코드를 보유하고 있으며 '기타의 명인'으로 추앙받는 그는 시각장애인이다.

지금도 라틴음악의 독보적인 가수로 활동하면서 꾸준하게 인기를 누리고 있다. 특히 그의 현란한 기타연주를 보기 위하여 공연장에는 항상 팬들이 몰려든다고 한다.

선천적 시각장애인으로서 정상인을 능가하는 기타의 명인 반열에 오르기까지에는 처절한 노력이 있었을 것이다. 하지만 누구든 어느 한 분야의 최고봉에 오르면 이 가수처럼 오랫동안 인기를 누리며 일할 수 있지 않을까?

또 미국의 존 브램블리트는 시각장애인 화가다.

뛰어난 예술성과 함께 사람의 얼굴표정이나 눈동자에도 명암을 정확하게 표현한 그의 작품은 앞을 못 보는 사람이 그렸다고는 믿겨지지 않을 만큼 색상이 강렬하고 다채롭다.

그는 놀랍게도 유화물감을 엄지와 검지로 문지르며 색상별로 느껴지는 질감이나 감촉의 미세한 차이로 색상을 구분한다고 한다. 그리고 과거의 기억과 물감의 촉감, 그리려는 대상을 손으로 만져서 얻어내는 형태를 조합하여 손가락으로 화폭을 더듬으며 물감을 칠한다. 하지만 그는 정상인 화가의 작품을 능가할 만큼 독창적이고 완성도가 높다.

예술을 향한 열정이 신체적 결함을 극복한 것이다.

이처럼 인간은 노력하기에 따라 경이로운 능력을 발휘하기도 한다. 자기 형편과 취향에 맞는 분야를 선택하여 한 우물을 파듯이 집중한 결과다.

아는 사람 중에도 한 분야에 집중하여 성공한 이가 있다.

가난한 집안 사정 때문에 초등학교 졸업이 전부인 사람이다. 그는 그야말로 입에 풀칠이라도 하기 위해서 어린 나이에 철공소를 들어갔다.

보통사람이라면 지금도 기껏해야 조그마한 철공소를 운영하는 정도겠지만 그 사람은 달랐다.

일에 대한 열정이 남달랐던 것이다.

'용접을 하면서도 어떻게 하면 남들보다 단단하고 빠르게 용접할 수 있을까?'하고 평생의 숙제로 삼고 온갖 실험을 한 끝에 자신만의 용접비법을 터득하게 되었다.

용접에 관한 한 최고의 경지에 오른 것이다.

그의 가게 옆에 있는 제지공장에는 커다란 통나무를 잘게 갈아서 죽처럼 만드는 파쇄기가 있는데 동력전달장치인 각종 기어가 매우 많다고 한다.

크기도 엄청나지만 고가의 기어가 톱니 하나만 부러져도 쓸모가 없게 된다. 그래서 공장에서는 몇 천 만원을 주고 새 기어로 교체해야만 했다.

공장에는 쟁쟁한 용접공들이 있었지만, 그들이 용접한 부위는 며칠 못가 파손되곤 했다. 그런데 그가 용접하면 다른 톱니가 파손되면 되었지, 용접부위는 멀쩡했다.

어쩔 수 없이 원가절감을 위해서는 그 사람에게 기어를 들고 올 수밖에 없는 상황이 되어 버렸다. 그런데 재미있는 것은 그가 회사의 기어 신품 구입가격을 정확히 파악하고 수리비를 신품구입가의 25%를 받는다는 것이다.

또 고장수리 후 갖다 주지도 않는다.

그들이 와서 가져가도록 전화 한 통화 하면 끝이다.

빌딩을 한 채 가지고 있는 이 사람은 이제 용접 일을 하지 않아도 될 만큼 경제적으로 여유가 있다.

몇 해 전에 그를 만나서 "이제 그만 쉬셔도 되잖습니까?" 라고 인사하니 "그러게 말이야, 나도 쉬고 싶은데, 아 그놈들이 일감을 가지고 와서 통 사정을 하니 쉴 수가 있어야지.

부자회사니까 이제 그만 새것을 사다 쓰라고 해도 말을 듣지 않아. 용접기술자라는 놈들이 내 공장을 기웃거리기만 하고……. 그런 얄팍한 꼴이 보기 싫어서 안 알려줘 내가……."

직장인 중에는 전력을 다하여 열정적으로 근무하기보다는 "내가 받는 만큼만 하면 돼"라고 말하는 사람이 있다.

하지만 그런 부류의 사람은 자신에게도 손해일 뿐만 아니라, 회사에게도 전혀 도움이 안 된다. 내가 받는 봉급만큼만 일한다면 회사는 곧 문을 닫게 될 것이다.

업무에 소극적이고 이기적인 발상을 하는 사람에게는 자기 발전의 기회가 사라지는 것이다.

나쁜 결과에 대한 핑계거리를 미리 생각하기 보다는 긍정적인 사고가 필요하다.

길가의 돌멩이를 보고 걸림돌이라고 생각하는 사람이 있지만 한발 더 도약을 하기 위한 디딤돌로 여기는 사람도 있다.

이것이 부정적인 사람과 긍정적인 사람과의 차이다.

시각장애인보다 신체적으로 월등하고 이 용접사보다 학력이 우월한 사람이라면 누구나 그들보다 훨씬 잘 할 수 있고 큰소리치며 살 수 있다고 본다.
하지만 적극적이고 창조적인 열정이 있어야 기회가 찾아온다.
기회는 미리 준비한 자의 몫이기 때문이다.

어느 자동차 세일즈맨

얼굴이 단점인 영업맨의 성공비법

내가 아는 사람 중에 자동차 판매영업을 하는 사람이 있다.

그런데 외모가 험상궂어서 영업을 하기에는 무리라는 생각을 지우기 어려운 얼굴이다. 하지만 영업수완이 좋아서 매년 판매실적이 상위에 든다고 한다.

언젠가 그와 술자리를 하면서 농담을 던져 봤다.

"자네가 자동차 영업을 한다니 실감이 나지 않아. 실적이 좋아 회사에서 해외여행까지 보내 줬다면서?"

"내공이 중요하지 외모로 영업하는 거 아닙니다."

"비결이 뭐야?"

그는 호기롭게 웃으며 말했다.

"이놈의 얼굴 때문에 고생한 걸 생각하면……. 어렸을 때부터 고약한 인상 때문에 사연이 많습니다. 저와 눈이 마주치는 사람마다 '왜 인상 쓰냐?', '화났냐?'는 말을 수없이 들었어요. '화를 내지 않았다'고 하니까 '얼굴에 화가 나있는데 왜 거짓말 하냐?'고 까지 합니다. '정말 화가 나서 얼굴을 찡그리니까 거봐, 화가 난 것 맞잖아?' 하면서 짜증을 낸다니까요. 어떤 책에 '웃는 얼굴에는 축복이 따르고 화내는 얼굴에는 불운이 괴물처럼 따른다'는 말이 있더라구요. 그래서 '항상 미소를 지어야겠다'고 생각하고 사람을 만날 때 마다 웃었더니 이번에는 '왜 비웃느냐?'고 따지는 겁니다. 나 참⋯⋯."

"생활하면서 불편한 점이 많았겠군."

"이놈의 인상 때문에 손해 본 적이 한두 번이 아니었죠. 고속버스 터미널에서 나만 불시검문 당할 때가 한두 번이 아닙니다. 오래 전 일인데, 지방에 출장을 다니다 보면 헌병이나 경찰이 근무하는 검문소 있죠?"

"그래. 예전에는 검문소가 많았었지."

"이 사람들이 버스를 세우고 승객 신분증을 확인하잖아요? 그런데 버스 안을 훑어본 그들은 곧장 나한테 와서 신분증 제시를 요구하는 겁니다. 어떤 때는 창피하기도 해서 창문을 보며 외면하면 저한테 더 빨리 다가오더군요. 심지어 조는 시늉까지 해봐도 나를 깨우며 신분증을 요구한다니까요?

나중에는 너무 신경질이 나서 '다른 사람 신분증부터 확인하고 나한테 오라'고 옥신각신 했다니까요. 그랬더니 이번에는 승객들이 난리치는 거예요.

'그냥 신분증 한번 보여주면 될 일을 왜 협조를 하지 않아서 출발을 못하게 하냐?'고 하는 사람도 있고 어떤 사람은 '생긴 것처럼 논다'고 수군거리기도 합니다.

그 당시에는 잘생긴 사람이 그렇게 부러울 수가 없었어요.

총각시절에 딱 한번 '잘생겼다'는 말을 들어본 적이 있어요. 그 말도 나이든 아줌마한테 들었어요. 아가씨들에게는 한번도 들어 본 적이 없죠. 나 참, 한번은 고모가 오셨는데 '우리 막둥이 뒤통수 참 잘 생겼네' 하는데 환장하겠더군요.

언젠가는 화를 다스리기 위한 책을 보면서 분노와 좌절감을 삭혀 보려했는데 그 책마저 잃어버리니까 정말 화가 나더군요."

"장가가는 데도 애로사항이 많았겠네?"

"아이고, 말도 마세요. 소개를 받을 때마다 실패하니까 나중에는 아예 소개를 시켜주지 않더군요. 그래서 재미있게 말하는 방법을 끊임없이 연구하고 수없이 연습했죠. 유머 자료도 외우기도 하고 거울 앞에서 웃는 연습도 참 많이 했어요.

결국 말을 재미있게 하니까 첫인상은 비호감이지만 제가 말을 시작하면 금방 호감을 갖더군요. 얼굴이 독특하니까 사람들이 쉽게 기억을 해줘서 지금은 오히려 영업에 큰 도움이 됩니다."

이 정도면 웬만한 사람들은 비관하여 은둔하거나 영업을 포기하기 쉽다. 하지만 그는 부단한 노력으로 단점을 극복하고 오히려 장점으로 활용하고 있다.

긍정적인 생각이 얼굴에 자신감으로 비치며 고객이 그의 마음을 읽는다. 그의 판매실적이 매년 상위에 드는 것도 이 때문이 아닐까?

실패한 사람들의 말을 들어보면 나름의 이유가 다 있다.

"난 학력이 부족해서 이 꼴이 됐어."

"우리 집은 원래 가난해서 유산을 한 푼도 받지 못했어, 종자돈이 있어야 사업을 하지?"

"내 실력을 알아주지 않는 세상이 원망스러워."

"이 외모로 할 게 있어야지……."

그럴듯한 핑계로 자신을 훌륭하게 합리화하고 있지만 이들의 공통점은 실패의 원인을 자신이 아닌 다른 곳에서 찾고 있다는 점이다.

한두 번 시도해보고 쉽게 좌절한 사람들이기도 하다.

어떤 이들은 좌절감을 극복하지 못하고 스스로 목숨을 포기하려 한다.

하지만 그들이 이 땅에 태어난 특별한 이유가 있고 각자 해야 할 몫이 있을 것이다.

자신의 존재 이유를 깊이 성찰하고 패배의식에서 벗어나

인생의 목표를 다시 세워야 한다.

중요한 것은 출발점의 1등이 아니라 끈기와 노력으로 결승점에 이를 때 성취하는 최후의 승리다.

'닳아 없어지더라도 꺾이지는 않겠다'는 각오로 분연히 일어서서 자신의 몫을 다하고 아름답게 생을 마감해야 빛나는 인생이 될 것이다.

스위스 양말가게 점원

발에 대한 해박한 지식과
진지한 고객응대에 감동

얼마 전 잡지 한 권을 보았는데 그 감동적인 일화를 소개한다. 잡지에 기고한 사람은 유럽여행 중에 스위스 백화점에 들렀다고 한다.

여행을 마치면서 친지에게 줄 기념품을 사기 위해서였다.

뭘 살까 망설이던 그는 부피가 작고 가격도 적절한 양말을 사기로 마음먹고 가게에 들어섰다.

그는 한국에서 하던 대로 양말 하나를 집어 들고 "얼마냐?"고 물었다. 그런데 점원은 손님이 물은 가격은 말해주지 않고 양말의 용도를 묻는 것이었다.

"정장용입니까, 스포츠용입니까?"

양말을 사려던 그 사람은 의아스런 표정을 지으며 잠시 생각하다가 말했다.

"아마도 여행용일 것입니다."

점원은 진지한 표정으로 다시 물었다.

"면 100%를 원하시나요, 아니면 폴리에스텔과 50 대 50 혼방을 원하시나요?"

손님은 다소 귀찮은 투로 말했다.

"50 대 50 혼방으로 주세요."

점원은 손님의 귀찮은 표정에 아랑곳하지 않고 질문이 이어졌다.

발에 땀이 많이 나느냐?

발의 피부가 예민한 편이냐?

무좀 등 질병이 있느냐?

처음에는 판매원의 질문을 귀찮게 생각하던 손님은 값이 얼마 되지 않는 양말 하나를 판매하면서 발에 대해서 묻고 또 묻는 그녀의 행동이 믿음직하게 보였다. 게다가 그 부인의 영업방법보다 발에 대한 해박한 지식이 더 놀라웠다.

결국 발에 대한 건강관리 방법을 듣고 여러 켤레의 양말을 더 사게 되었다고 한다.

이것이 프로정신이다.

프로정신은 자신의 일에 대한 자긍심을 가져야 가능하다.

'남이 시켜서 하면 일의 노예가 되고, 스스로 하면 자유인이 된다'는 말이 있다.

창의적인 근무태도로 스스로 일을 찾아서 하며 회사가 요구하는 수준을 능가하는 사람이 진정한 프로다.

　자신에게 떠맡겨진 일을 억지로 하다가 몸 하나 제대로 보전하지 못하여 사고를 당한다면 그는 프로가 아니다.

　양말가게 점원처럼 자기분야에 최선을 다하여 능력을 발휘하는 것이 회사의 발전은 물론 궁극적으로 자신의 발전을 약속받을 수 있는 가장 빠른 지름길이다.

　'자신의 직업을 사랑한다면 매일 자신이 할 수 있는 가장 완벽한 상태를 추구할 것이고 머지않아 주변사람들도 그 열정에 감화될 것이다.'
세계적인 유통기업 월 마트를 설립하여 세계최고 부호가 됐던 샘 월튼이 한 말을 되새긴다면 탁월한 근무실적을 올리며 긍지와 활력이 넘치는 나날을 보낼 수 있지 않을까?

날지 못하는 독수리

풍부한 먹이가 재앙초래-날개 쇠약, 몸 비대해져 날지 못해

먹을 것이 부족한 독수리들이 둥지를 떠나 바다 멀리 먹이 사냥을 나섰다. 그러다 피로에 지쳐 물에 가라앉을 지경이 될 무렵 제법 큰 섬이 나타났다.

우연히 발견한 그 섬은 뜻밖에도 사철 먹이가 풍부하여 독수리들은 아예 정착하기로 했다.

예전처럼 여기저기 날아다니며 힘들게 먹이사냥을 하지 않아도 거센 파도에 죽은 물고기가 수시로 밀려오고 큰 동물의 사체가 발견되기도 했기 때문이다.

지천에 널려있는 풍부한 먹이는 독수리들이 온 힘을 다해 사냥해야 할 이유를 상실케 하고 말았다.

안락한 현실에 안주한 그들의 야성이 점점 사라지면서 거친 바람을 자유롭게 헤쳐 나갔던 날개는 점점 힘을 잃어갔다.

몸통은 하늘을 날기 힘들 정도로 비대해졌으며 날카로운

발톱과 부리는 무디어지고 말았다.

그러던 어느 날, 거대한 폭풍이 불어오면서 갈매기 떼가 몰려왔다.

괭이갈매기들이 처음에는 독수리 떼가 가득한 것을 보고 감히 접근을 하지 못했다. 하지만 날지도 못한 채, 뒤뚱거리며 걷기만 하는 독수리들을 보자 일제히 공격을 하기 시작했다.

야성을 잃고 비대해진 독수리들은 맹렬하게 공격하는 괭이갈매기의 부리에 속수무책으로 당하고 말았다.

결국 괭이갈매기에게 쫓겨 가까스로 날아올랐지만, 쇠약해진 날개와 비대해진 몸통으로 먼 바다를 여행하기는 너무나 큰 무리였다.

하늘을 지배하던 독수리답지 않게 바다에 빠져 허우적거리다 죽기도 하고 일부는 가까스로 섬에 되돌아왔지만 기세가 오른 괭이갈매기의 공격으로 죽고 말았다.

풍족한 먹이가 그들에게는 축복이 아니라 재앙이었던 것이다.

기업이나 사람에게도 같은 이치가 적용된다.

세계 1위 휴대폰 제조업체로 20년 가까이 IT업계를 호령하던 핀란드의 국민기업 노키아 왕국이 끝없이 추락하고 있다고 한다.

노키아는 목재펄프 제조업에서 고무제조회사, 전선회사로 변신을 거듭하면서 통신업에 진출하는 변화를 두려워하지 않는 혁신적인 회사였지만, 세계 1위 무선전화기 제조업체에 등극한 후에는 자만심에 취해 지속적인 변화와 혁신을 거부하고 현실에 안주하면서 몰락의 길에 들어선 것이다.

이처럼 성공한 거대 기업일지라도 기존 성공전략을 고집하면 뒤따라오는 후발기업에게 곧 추월당하고 만다.

인체도 혈관이 경직되면 치명적 위험이 다가오듯이 기업 내 조직도 끊임없이 소통하며 변화를 모색해야 한다.

얼마 전 세계적인 필름 제조기업 코닥이 파산했다고 한다.

우리에게도 낯익은 노랑 필름통의 광고판은 더 이상 볼 수 없게 됐다.

필름이 필요 없는 디지털카메라의 대세에 밀린 것이다.

놀라운 것은 디지털카메라를 세계최초로 만든 회사가 코닥이라는 것이다.

하지만 디지털카메라가 유행하면 세계를 석권하는 필름시장이 줄어들 것을 우려하여 디지털카메라를 상품화하지 않았다.

그러나 그들의 의도와는 달리 디지털카메라 시장이 급속히 확산되면서 쇠락의 길을 걷게 된 것이다.

과거의 성공방정식에 도취되어 절호의 성장기회를 놓치고

만 셈이다.

미쉐린 레드 가이드는 전 세계 음식점을 평가 선정하여 소개하는 책자다.

그래서 권위가 있는 그 잡지에 소개된 음식점은 더 할 수 없는 영광으로 여긴다.

이와 함께 여행안내서 미슐랭 그린 가이드는 외국 여행객에게 든든한 길잡이 노릇을 하고 있다.

여행사나 유명호텔에서 만들었을 것 같은 이 책들은 놀랍게도 자동차타이어를 제조하는 회사 미쉐린에서 정기적으로 발간하는 책이다.

이 회사는 세계최초로 교통표지판을 만들고 도로마다 번호를 붙여 도로이용자들의 편리를 도모하기도 했다.

여행객들의 안전과 편리성을 향상시키기 위한 이들의 노력 뒤에 회사의 이익이 따라 왔다.

결국 차를 이용한 이동성이 향상되면서 타이어 판매량도 증가되었던 것이다.

이제 미쉐린은 소비자에게 타이어 판매회사라기보다는 '여행의 동반자'라는 친숙한 이미지로 강력한 브랜드를 구축하게 되어 더 강해지고 존경받는 회사가 되었다.

눈앞의 이익에만 급급했던 코닥과는 비교되는 대목이다.

코닥이 디지털카메라를 발명하고도 외면하며 자사 이익만

추구할 게 아니라 인류의 공익과 편리를 우선했다면 131년의 역사를 자랑하던 회사가 파산되지는 않았을 것이다.

GPS나 휴대폰의 다양한 기능 등 불과 10년 전에는 듣지도 못한 기술과 상품들이 일상생활의 필수품이 될 만큼 세상은 빠르게 변하고 있다.

1930년대 미국에서 자동차산업이 막 시작했을 때에는 100여 개의 자동차 회사가 있었지만, 지금까지 남아있는 곳은 GM과 포드, 크라이슬러뿐이다.

하지만 몇 년 전 일본의 도요타에 추월당한 것을 보면 그들의 미래에 어떤 운명이 기다리고 있는지 아무도 모른다.

최후의 승리는 생존을 위한 끊임없는 변화와 혁신을 한 회사의 몫이 될 것이다.

기업이나 사람이나 고립된 섬에 정착한 독수리의 신세가 되지 않기 위해서는 비대해진 몸통을 줄여 갈매기처럼 날렵한 몸으로 변화요구에 기민하게 대응해야 한다.

끊임없이 움직이고 변화해야 기업이나 사람이나 건강이 보장된다.

'우리에게 경쟁회사는 존재하지 않습니다.

오직 고객만이 두려울 뿐입니다. 그래서 인류 행복을 위한 제품

개발에 혁신을 거듭할 따름입니다.'

어느 기업의 인상 깊은 홍보 내용이다.

현실에 만족하지 않고 세상이 원하는 제품을 만들기 위해 변화와

혁신을 추구하는 이 회사는 경쟁에서 항상 우위를 선점할 것이다.

Part 8.

지혜로운 처신

어느 자동차 운전자

사소한 이기심으로 아내를 죽게 한 사람

한 직장인이 있었다.

그는 맞벌이하는 아내의 생일을 맞아 함께 골프를 치기로 약속했다.

모처럼 아내와 함께 할 시간을 생각하며 부지런히 업무를 마치고 집으로 향했다.

집에서 아내와 함께 골프장으로 갈 참이었다.

한껏 들뜬 마음으로 집을 향해 가는데 도로교통이 지체되었다.

그는 연신 시계를 보며 아내와 약속한 시간을 지키지 못할 것 같은 생각에 몹시 초조했다.

'이렇게 느려 터져서야 원…….'

그 참에 뒤에서 앰뷸런스가 비상등을 켜고 다가왔다.

하지만 그는 길을 비켜주지 않았다.

"나도 약속시간을 지키지 못 할 판이야."

앰뷸런스가 경적을 울리며 위급상황임을 알렸지만 그는 갈림길이 나올 때까지 끝내 비켜주지 않았다.

아내와 약속한 시간보다 늦게 집에 도착하여보니 아내는 보이지 않고 아이들이 걱정스런 표정으로 말했다.

"병원에서 전화가 왔는데 엄마가 다쳐서 응급실에 있대요."

깜짝 놀란 그는 황급히 병원으로 내달렸다.

하지만 아내는 이미 목숨을 잃은 뒤였다.

"안타깝게도 댁의 부인은 숨을 거두었습니다. 저희들도 최선을 다했지만 손을 써볼 기회가 없었습니다.

환자분이 5분만 일찍 왔더라도 목숨을 건질 수 있었는데… 저희들도 몹시 아쉽습니다."

"제 아내가 어떻게 죽었나요?"

"교통사고로 부상을 입었다는데 사망원인은 과다출혈입니다. 아 참, 댁의 아내를 이송한 앰뷸런스 구급요원의 말이 생각나는군요. 글쎄, 어떤 녀석이 좀처럼 길을 비켜주지 않아서 시간을 많이 지체하는 바람에 병원에 늦게 도착했다더군요. 요즘에도 그런 얼빠진 녀석이 있다니… 큰일입니다. 아무튼 안 됐습니다."

그 남자는 자신의 차 뒤에서 경적을 울려대던 앰뷸런스에서 아내가 사경을 헤맸다는 사실을 알고 고개를 떨어뜨렸다.

결국 '남한테는 조금이라도 손해 볼 수 없다'는 사소한 이기주의가 아내의 죽음을 불러 온 것이다.

이처럼 타인의 고통은 아랑곳하지 않고 눈앞의 이익만 좇는 이기심은 자신을 파멸시키는 최대요인이 되기도 한다.

'남을 배려하는 마음'을 조금만 발휘했더라면 그런 불행은 일어나지 않는다. 문명화될수록 사람의 마음도 '통나무 위의 주먹처럼' 둔탁해진다.

인간이 동물과 다른 점은 양심의 차이다.

본능에 충실해야 생존이 가능한 야생동물에게는 양심이 없다. 하지만 사람은 자신을 들여다보는 양심이라는 마음의 거울이 있다.

모두가 거울에 비치는 양심에 따라 행동한다면 우리 사회는 한층 안전하고 행복해질 것이다.

빛이 있어야 그림자가 생기는 것처럼, 인격의 최종 결정체는 타인에 대한 배려와 친절이다.

토끼의 지혜

굴 출입구 주변의 풀은 뜯지 않는다

'잽싸고 겁이 많은 다산의 동물'이라면 토끼가 쉽게 연상된다. 그리고 우스꽝스럽게 서두르며 짧게 끝내는 성교 시간 때문에 남자들의 입에 오르내리며 놀림감이 되곤 한다. 그러나 이는 종족번식을 위한 치밀한 생존 방법이다.

뭇 동물로부터 잡아먹힐 염려가 없는 민가의 개나 무서운 독을 가진 뱀은 느긋하게 사랑을 즐긴다.

하지만 별다른 무기가 없는 토끼가 한가하게 성교시간을 길게 할 경우 모두 잡아먹히기 십상이므로 최대한 짧게 종족번식 행위를 마칠 수밖에 없다.

극히 짧은 시간에 행위를 마치지만 열 마리 이상의 새끼를 낳는 것을 보면 토끼는 엄청난 능력과 효율성을 가진 동물이다.

또 야생토끼는 굴을 팔 때 출입구를 세 개 이상 만든다고 한다.

언제 올지 모를 침입자를 대비하여 나름의 안전장치를 만드는 것이다. 또한 아무리 굶주려도 굴 입구의 풀은 뜯어 먹지 않는다고 한다.

자신의 잠자리이며 새끼를 키우는 굴을 은폐하여 스스로 안전을 도모하는 지혜로운 행동인 것이다.

연약하지만 생존을 위하여 스스로 이중 삼중으로 위험에 대비하는 영리한 동물이다.

이처럼 토끼는 자신의 생존방법을 배우지 않았어도 스스로 안전을 도모한다.

우리는 회사로부터 안전보호구를 지급받고 교육도 받지만, 해마다 수백 명씩 안전사고로 귀중한 생명을 잃고 있다.

뭇사람의 놀림감인 토끼도 생존을 위해서 이중 삼중으로 대비를 하는데, 왜 우리는 안전을 지키지 않아 불행을 자초하는지 안타까울 뿐이다.

토끼를 연약하고 보잘 것 없는 동물로 비하하기보다는 훌륭한 안전 길잡이로 생각하고 생존의 지혜를 배워야 하겠다.

골목을 청소하는 할아버지

'고마운 아저씨',
수원여고 학생이 살린 사연

잘 아는 지인이 자신의 할아버지에 대해서 들려준 이야기다. 그의 할아버지는 항상 온화한 얼굴로 남을 위하여 선행을 즐겨하셨다고 한다.

이제는 기력이 예전만 못하지만 지금도 새벽에 일어나 동네 골목을 청소하신다.

1년 중 할아버지가 가장 바쁠 때는 눈 오는 날이다.

눈이 쌓이면 이른 새벽부터 흰 머리를 날리며 온 골목을 쓸기에 바쁘다.

오가는 사람의 안전한 보행을 위한 눈 쓸기는 마음이 놓일 때까지 계속한다.

마당의 눈은 수북하게 쌓여 있는데 집밖의 눈을 정성으로 청소하는 할아버지를 이해할 수 없었다.

"할아버지, 마당 눈은 그대로인데 골목부터 청소하세요?"

아무튼 이런 얘기가 오갈 무렵의 TV방송에서는 남북 이산가족 만남의 행사로 떠들썩할 때였다.

그런데 방송을 보던 할아버지가 불쑥 내민 꼬깃꼬깃한 신문의 한 면에는 이산가족 명단과 찾고자 하는 사람들 중에 할아버지의 이름이 있었다.

북한에 있는 할아버지의 사촌 여동생이 형제들과 할아버지를 찾고 있다는 것을 알려준 이산가족 명단이었다.

북한의 사정으로 만남은 이루어지지 않았으나 할아버지 이야기가 발단이 되어 할아버지의 젊은 시절 경험담을 밤새워 듣게 되었다.

6.25전쟁은 할아버지도 피해갈 수 없었다.

전쟁이 중반에 이르자 전쟁터에 나갈 사람 수가 줄면서 나이 많은 사람도 징집되었다.

징집되기 전에도 수원의 한 방앗간에서 일했던 할아버지는 부상병들이 보일 때마다 소달구지로 옮기기에 바빴다.

할아버지는 결국 징집명령을 받고 제주도에서 군사훈련을 받던 중 전쟁이 끝났다.

훈련병들은 집으로 갈 수 있게 되어 하늘을 날듯이 기뻤다. 그런데 훈련병이 탄 배가 부산항에 닿자 '각자 알아서 집에 돌아가라'는 명령이 떨어졌다.

배급받은 식량은 보리쌀 두 되뿐이었다.

할아버지 일행은 걸어서 보름 이상 걸리는 '집으로 가는 길'을 나섰다.

고된 훈련을 하면서도 하루에 한 끼 밖에 주지 않았었던 터라 보리쌀 두 되를 이틀 만에 해치우고 훈련 동료인 수원사람들 넷이서 무작정 걸었다고 한다.

전쟁이 끝난 직후라 서로 죽여 가며 먹을 것을 빼앗던 시절인데다 장티푸스, 콜레라 같은 수인성 전염병까지 돌았다.

길가에는 부패한 시체들이 널려 있었다.

일행은 심한 갈증으로 썩은 물을 마시게 되었고 그로 인해 네 명 모두 장티푸스에 걸려 경상북도 영천 부근의 작은 마을 앞에서 쓰러졌다. 저마다 살기 바쁜 터에 죽어 가는 그들 일행을 거들떠보는 사람은 아무도 없었다.

'이제는 꼼짝 못하고 죽게 되는구나'하고 체념했다.

그때 지나가던 한 아주머니가 할아버지를 우연히 알아보고 마을 사람들과 일행을 마을 회관으로 옮겼다.

마을사람들이 정성껏 치료하고 먹을 것을 준 덕분에 병세가 호전되어 할아버지는 다시 길을 나설 수 있었다.

"다들 자기 몸 추스르기도 힘든 때에 그 아주머니가 왜 자네 할아버지를 도와 줬을까?"

"그 아주머니는 결혼 전에 할아버지 집 근처에 있는 수원여

자고등학교를 다녔다는구만. 그런데 말이야, 할아버지는 젊은 시절부터 눈이 쌓인 날이면 자신의 집 앞에서 수원여고 교문까지 눈을 쓸었다는 거야.

우연인지 필연인지 그 아주머니는 할아버지를 '고마운 아저씨'로 기억한 덕분에 무사히 살아서 돌아올 수 있었던 거야. 그래서 그런지 할아버지는 지금도 동네 골목과 집 앞을 매일 청소하신다네. 아마, 돌아가시기 전까지 골목청소를 계속하실 것 같아."

지인이 들려준 그의 할아버지 이야기는 여기까지다.

"남에게 봉사하고 희생하면 그 이상으로 보답이 온다는 말이 사실인 모양이야."

그의 할아버지가 어떤 보답을 바라고 봉사활동을 하지는 않았을 것이다.

오랫동안 봉사를 할 수 있었던 것은 남들에게 즐거움을 주는데서 자신의 기쁨을 찾았기에 가능했다고 본다.

안전관리를 하는 사람들도 직장동료의 안전을 지킨다는 사명감으로 근무하며 사고를 예방하는데서 보람과 기쁨을 얻어야 한다. 안전업무도 결국은 남에게 기쁨을 주는 일이다.

야생동물의 생존본능

늑대, 병들면 풀 뜯어 먹으며 스스로 치료

바다낚시를 오래 한 사람들의 말에 의하면 평상시 고기가 잘 낚이던 명당자리도 태풍이 몰려오기 2, 3일 전부터는 고기가 잡히지 않는다고 한다.

물고기도 큰 파도가 올 것임을 알고 돌 틈에 숨어 꼼짝하지 않는다는 것이다. 또 먼 바다를 날던 갈매기들이 해안가 방파제에 떼 지어 앉아서 바다를 응시할 때면 큰 파도가 밀려온다. 그래서 경험 많은 어부는 갈매기의 울음소리와 날갯짓을 보고 바다날씨를 예측했다.

야생의 동물들은 사람이 생각하는 것보다 훨씬 현명한 것 같다. 육식동물인 늑대와 여우는 때때로 이름 모를 풀과 꽃잎을 뜯어 먹는다고 한다.

조사결과 이들이 병에 걸렸거나 부상을 입었을 때 약효가 있는 풀을 먹고 스스로 치료하는 것으로 밝혀졌다. 소화된 풀은 먹이를 섭취할 때 뱃속에 들어간 털과 함께 토해낸다.

늘대와 여우가 약효가 있는 식물을 어떻게 알아내는지 신기할 뿐이다. 시골에서 기르는 우리의 토종견도 마찬가지다.

예나 지금이나 농가에서 기르는 개가 아프다고 해서 가축병원에 데리고 가는 일은 드물다.

밥을 먹으면 그만이고 안 먹어도 그만인 신세다.

어떻게든 주인의 멸시를 덜 받고 관심을 끌기 위해 집을 지키는 초병 역할도 충실히 해낸다. 애완견과는 달리 대소변도 주인의 눈에 띄지 않는 곳에 본다.

사람의 얼굴표정을 읽을 줄 아는 영악함도 있어서 주인이 화가 난 것 같으면 함부로 접근하지 않는다.

토종견의 탁월한 생존전략이다. 그런데 어떤 때는 며칠 동안 식음을 전폐하고 제 집에서 납작 엎드려 있기도 한다.

감기에 걸렸거나 어떤 알 수 없는 병에 걸린 것을 알고 스스로 단식을 한다.

몸의 기운을 병과 싸우는데 사용하느라 밥을 먹지 않고 누워 있는 것이다. 그리고 며칠 있다가 수척해진 몸으로 다시 밥을 먹기 시작한다. 즉 치료가 다 끝났다는 표시다.

스스로 위험을 알고 대피하며 치료까지 하는 동물의 지혜가 놀랍기만 하다. 지금은 개로부터 치료의 원리를 배워서 사람도 단식을 치료수단으로 사용하고 있다.

우리는 좀 더 겸허한 마음으로 스스로 생존을 도모하는 동물로부터 안전지혜를 빌려 활용해야겠다.

나는 어디쯤에 있는 존재인가?

인간은 찰나에 사라지는
미세한 입자에 불과

시간은 언제부터 시작되어 어디까지일까?

시작도 알 수 없고 끝도 알 수 없다.

그래서 시간의 영원함을 '영겁의 세계'라고 하기도 한다.

1겁(범어 Kalpa)은 1,000년 만에 한번 씩 천상의 선녀가 내려와 선녀탕에서 목욕할 때 옷을 벗어 바위에 놓았다가 다시 입을 때 바위에 닿아 헤어져서 입지 못하게 될 때까지의 시간이다.

또 어떤 이는 우주가 한번 시작되어 파괴되고 다시 천지개벽을 할 때까지 걸리는 시간이라고 하기도 한다.

그 1겁이 만겁 억겁을 지나 신도 셀 수 없는 영겁의 시간이니 어떤 시간 단위로도 계산할 수 없는 무한히 긴 시간의 상징적인 의미다.

그런데 영원히 지속되는 시간에 인간의 생명을 견주어 보는 것도 흥미로울 듯하다.

인간의 수명을 100년으로 치더라도 영겁의 세계에 비하면 극히 짧은 '찰나'에 불과하다.

우리가 하루살이 곤충을 생각하는 것보다 훨씬 짧은 시간이다. 그러므로 찰나에 불과한 짧은 수명마저 천수를 다하지 못하고 질병이나 자살로 남은 생을 마감한다면 참으로 불행한 사람이다.

또 각종 사고를 당하여 고통스런 나날을 보내기도 하고 어떤 이는 생명을 잃기도 한다.

특히 안전사고는 죽음의 방법 중 가장 나쁘다.

안전사고를 당하느니 차라리 고약한 질병이나 자살로 삶을 끝내는 것이 낫다고 생각한다. 자신의 삶을 정리하기 전에 마음의 준비를 하고 가족에게 유언이라도 남길 수 있기 때문이다.

사람은 마지막 숨을 거둘 때에도 존엄과 품위가 있어야 한다. 하지만 안전사고는 죽음을 준비할 시간을 주지 않는다.

참으로 불행하고 허무한 일이다.

사람마다 소중히 여기는 가치가 있다.

애국, 효도, 우애, 행복 등 각자 추구하는 가치관이 있겠지만, 건강이 우선이다.

건강해야 자신의 가치관을 실현할 수 있기 때문이다.

범죄를 저질러 감옥에서 무의미하게 시간을 낭비하는 사람도 마찬가지다.

만약 하늘에 신이 있다면 지상의 인간들이 벌이는 전쟁, 암투, 사소한 다툼 따위가 얼마나 하찮게 보일까?

우리가 개미들이 뒤엉켜 싸우는 것을 구경하는 정도일 것이다.

얼마 전 태양계 밖에 지구와 비슷한 환경을 가진 것 같은 행성을 발견했다고 천문학자들이 열광한 적이 있다. 그런데 우리가 호흡하는 이 공간의 끝은 어디쯤에서 시작되어 어디에서 끝날까?

공간의 시작과 끝에는 무엇이 있고 어떻게 생겼을까?

우리 눈에 가장 잘 보이는 북극성은 지구에서 약 500광년의 거리에 있다. 가장 밝게 빛나는 북극성이 그 정도라면, 희미하게 빛나는 별들의 거리는 얼마나 될까?

또 천체 망원경으로만 보이는 별들은 지구와 얼마나 떨어져 있을까?

1967년부터 미국에서 우주를 향해 전파를 보내고 있는데,

물체에 부딪치면 되돌아오도록 한 전파의 반사음이 지금까지 돌아오지 않는다고 한다.

천체망원경으로 관측할 수 있는 성운(星雲) 또는 은하계라고 불리는 별들의 무리는 1,000억 개 정도라고 하는데 그 너머에는 얼마나 많은 은하계가 있는지 상상이 안 된다.

지구에서 가장 가까운 은하계인 안드로메다 성운까지의 거리는 250만 광년이라고 하니 우주공간 전체에서 보면 인간이 달나라에 갔다 온 거리는 이웃집에 간 거리도 안 된다.

이렇듯 무한한 우주공간에서 인간의 존재는 무엇인가?

시작과 끝을 알 수 없는 무한한 우주공간에서 '나'라는 존재는 미세한 먼지보다 작은 세균 한 마리 정도라고나 할까?

시간과 공간의 무한함을 생각하면 결국 인간은 '찰나에 사라지는 미세한 입자'에 불과할 뿐이다.

그런데도 극히 짧은 시간을 부여받은 미물에 불과한 인간들이 서로 대립하고, 이념이라는 이름으로 전쟁을 벌이고 종교다툼을 하기도 하고 과욕에서 오는 스트레스로 수명대로 살지 못하는 어리석음을 범하고 있다.

길지 않은 인생을 건강하고 행복하게 살아도 부족할 판에 서로 비난하고 헐뜯으며 시간을 허비하기도 한다.

살인, 강도, 폭동, 약탈, 증오, 이해다툼, 분노…… 등 인간이 만든 모든 부정적 요소들을 없앨 수는 없을까? 주변을 보면 습관적으로 남을 미워하는 사람을 어렵지 않게 볼 수 있다.

별다른 이유 없이 동료나 상사에 대한 험담을 즐긴다.

미워하고 험담할 이유가 없으면 '저 놈은 주는 것 없이 꼴 보기 싫단 말이야'라고 한다. 이런 성향을 가진 사람은 가정에서도 행복해질 수 없다.

아내와 아이에게도 칭찬과 격려보다는 사소한 잘못에도 질책과 꾸중으로 가정의 평화를 깨기 일쑤다.

스스로 자초한 화를 삭이지 못하여 술과 담배에 의존하다가 건강을 해치고 가정의 행복을 망치기도 한다.

만약 신이 존재한다면 먼지만도 못한 이유로 아귀다툼을 하는 인간의 모습을 어떻게 생각할까?

분명 신의 의도가 아닐 것이다. 우리는 약속하지 않은 우연의 일치로 만난 사람들이 아니다.

무한히 긴 시간과 드넓은 우주공간에서 신의 절묘한 조화와 배려로 같은 시간대에 같은 행성에서 같은 인류로 만난 것이다. 그러므로 만나는 사람들 모두가 각별하고 아름다운 인연이 아닐 수 없다.

무한한 우주공간과 같은 너그러움을 가진다면 상대를 용서하고 화해하지 못 할 일은 없다. 주변사람에게 양보하고 배려함으로써 누리는 작은 기쁨이, 사소한 이익에 집착하며 조금이라도 손해를 안 보려는 데서 오는 스트레스보다 훨씬 유익하다.

어느 비오는 날, 현장에서 안전순찰 중 급격하게 후진하는 차량 때문에 하마터면 죽을 뻔한 '아차 사고'가 있었다.

옆에 있던 동료가 내 몸을 잡아끌어 가까스로 목숨을 구했다. 그날 이후 그를 '생명의 은인'으로 부르고 있으며 마음에서 우러나오는 감사의 표시를 하고 있다.

또한 급격한 후진을 한 운전자에게도 화를 내지 않았다.

내가 다쳤다 해도 그를 용서해야 한다. 그를 용서하지 않는다고 해도 결과를 되돌릴 수 없기 때문이다.

그가 더 빨리 후진하지 않은 것에 대해서 감사하고 지금의 건강에 행복할 따름이다. 옷깃만 스쳐도 인연이라는 말처럼 나를 구해준 동료와 소중한 인연을 이어오고 있다.

자신의 존재에 항상 감사하며 타인에게 관대한 마음을 가져야 행복이 오지 않을까?

장님의 등불

미래의 위험에 대비하는
마음의 등불을 들자

어떤 사람이 캄캄한 골목길을 걷고 있는데, 저 앞에서 누군가가 등불을 들고 다가오고 있는 것이 보였다.

그런데 그를 가까이 보니 장님이었다.

"당신은 앞을 못 보는 사람이군요?"

"그렇습니다."

"앞이 안 보이는데 왜 등불을 들고 가시지요?"

"내가 이 등불을 들고 가면 다른 사람들이 장님인 나를 발견할 수가 있을 것이기 때문입니다."

유대인의 경전 탈무드에 있는 내용이다.

장님이 든 등불은 사고를 미연에 예방하기 위한 모범답안이다.

언젠가 일어날지 모를 미래의 잠재위험에 대비하는 장님처럼 모두가 마음의 등불을 든다면 우리사회는 한층 건강한 사회가 될 것이다.

이밖에 탈무드에는 건물의 안전규칙까지도 자세하게 기록되어 있는데, 차양의 길이, 난간 기둥의 굵기까지도 규정해 놓고 있다. 노동에 관해서도 그 지방의 일반 상식을 넘으면 안 되며 과수원 주인이 과일을 따는 근로자를 고용했을 경우, 그들이 과일을 먹는 것을 금해서는 안 된다는 내용도 있다.

난봉꾼의 형량

건강과 행복은 자신 존중에서 시작

6.25전쟁 후 희대의 바람둥이가 있었다.

박인수라는 사람이다. 일명 한국판 카사노바 사건으로 불리며 당시 장안의 화제가 되었다고 한다.

폐허가 된 나라를 재건해보자는 굳은 의지로 모두가 열심히 일하는 사회 풍조에서 그와 같은 사람은 암적인 존재가 아닐 수 없는 시대였다.

그는 부잣집 신세대 여성 100여 명을 농락한 죄로 법정에 서게 되었다. 그 당시 간통죄나 혼인을 빙자한 간음죄는 무거운 처벌을 받던 시절인데 뜻밖에도 그는 무죄선고를 받았다. 무죄를 선고한 판사는 다음과 같은 취지로 말했다고 한다.

'여자의 정조는 지켜줘야 할 가치가 있는 여자에게만 해당된다.

고결하고 순결한 품위를 가진 여성의 정조는 반드시 지켜줘야 하지만, 품위가 방정 하지 못한 여자의 정조까지 법이 보호해줄 수는 없다. 자신의 향락을 위해 미풍양속을 해치며 활보하는 여자의 정조는 무의미하다. 스스로 순결을 지키려고 노력하는 여자만이 보호받아야 할 가치가 있고 존중받는다.'

그에게 농락당한 여자들은 수치심 때문에 한 명도 법정에 나오지 않았다. 당시 판결은 파격적으로 받아들여져 신문지상에 대서특필되었다고 한다.

건강과 행복도 같은 이치가 적용된다고 본다.

스스로 건강을 챙기며 법과 윤리를 지키는 사람은 자신을 존중하는 사람이다. 그래서 타인도 그에게 함부로 야단을 치거나 무시하지 않는다.

자신을 스스로 존중하고 아껴야 다른 사람도 그의 인격을 존중한다. 술에 취해서 길가에 쓰러져 자는 사람을 종종 보게 된다. 그는 자신을 업신여기며 혹사시키는 사람이다. 그래서 사람들은 그를 못 본 체하거나 아예 무시하고 지나쳐 버린다.

자신을 스스로 무시함으로써 타인의 존중을 받지 못하고 방치되는 것이다. 그러므로 자신의 생명에 대한 무한한 외경심을 가져야 한다.

몸은 자신의 영혼이 담긴 생명의 그릇이다. 그 그릇을 스스로 깨는 잘못을 저지르면 영혼을 부여한 신이 생명을 거두어 갈 것이다.

아버지와 아들의 언쟁

새는 빠른 기상,
벌레는 변화적응이 중요

전에 같이 근무하던 직원이 갓 태어난 아이 이름 때문에 아
버지와 언쟁을 했다고 한다.

그의 아버지는 손녀에 대한 지극한 사랑으로 한자 의미와
획 등을 고려한 멋진(?) 이름을 지어왔다.

또한 아들의 의사를 존중하기 위하여 여러 개의 이름을 지
어와 맘에 드는 이름을 고르도록 했다. 그런데 이름을 보니
봉덕이, 순덕이, 덕례, 춘금이 등 하나같이 구시대적이었다.

요즘 아이들 이름과는 거리가 있어 학교에 가면 놀림감이
되기 십상이었다. 그로 인하여 부자간의 세대차이가 갈등으
로 확산된 것이다. 시대의 흐름과 변화의 인식 차이에서 온
웃지 못 할 이야기다.

지금은 변화에 기민하게 적응해야 생존하는 시대다.

현인들의 시에서도 상황변화에 대한 중요성을 노래하였다.

'당신이 새라면 아침에 일찍 일어나야 한다.'

'그래야 벌레를 잡아먹을 수 있을 테니까. 하지만, 당신이 벌레와 같은 처지라면 아주 늦게 일어나야겠지.'

주위에는 시대의 변화요구에 수긍하지 않는 사람들이 있다. 결국 안이한 타성에 젖어 변화를 거부하다가 어려운 처지에 빠지곤 한다.

곤경에 처해지고 나서야 깊은 후회의 한숨을 내쉰다.

귀찮다는 이유로 안전수칙을 지키지 않다가 큰 부상을 당한 후에야 건강의 중요성을 깨닫기도 한다.

'겨울이 되어야 소나무가 푸른 줄 안다'라는 말이 있듯이 건강을 잃은 후에야 건강의 소중함을 깨닫지만 그때는 이미 늦어 돌이킬 수 없다. 그래서 건강할수록 안전수칙을 준수하여 사고를 피해야 한다. 이제 산업현장에서 안전수칙을 잘 지켜야하는 것은 시대적 요구사항이다.

어느 현장을 가더라도 안전수칙을 지키지 않은 사람은 환영받지 못한다.

안전의식이 희박한 사람은 회사도 외면한다. 그래서 그는 갈수록 근무시간이 줄어들면서 수입도 적어질 것이다.

기술이 뛰어나도 채용이 안 되면 이미 경쟁력이 떨어진 것이다. 그러므로 시대가 요구하는 변화의 바람에 동참해야 한다.

성적표의 의미

열등생을 건강한 사회구성원으로
키워내야 참교육

나는 초등학교 때 공부를 열심히 했던 기억이 별로 없다.

요즈음 아이들이 다니는 영어학원, 수학학원, 글짓기, 논리 속독, 학습지등의 혜택(?) 을 받지 못했고 받을 마음도 없었다.

어머니는 몸이 허약한 나에게 항상 "아프지 않고 건강하게 잘 자라 주면 된다"고 만 했지 공부하라는 말은 하지 않았다.

그랬기에 늘 기본실력(?)으로 시험을 쳤고 성적은 당연히 그저 그랬다.

5단계의 '수, 우, 미, 양, 가' 중에서 유독 '양'이 많았다.

어쩌다 한번 '수'가 있었지만 그만큼 '가'도 있었다.

지금 생각하면 부끄러운 성적표였지만, 그 당시 선생님은 공부를 못한다고도 열심히 하라고도 하지 않았다.

어머니도 늘 장난꾸러기이고 말썽장이인 나에게 관심과 사랑으로 대했을 뿐, 미, 양, 가로 얼룩진 성적표를 보고도 머리를 쓰다듬으며 학부모 확인란에 도장을 찍어 주셨다.

가정통신란에 '이 학생은 주위가 산만하니 특별한 가정교육이 필요하다'는 선생님의 기록을 보시고도 빙긋 웃으실 뿐이었다.

아무 탈 없이 건강하게 자라주는 것만으로 만족하셨는지 모른다. 그래서 그런지 '가'와 '양'이 수두룩한 성적표가 별로 부끄럽지 않았다.

중학교에 입학해서도 공부는 별 생각이 없었다.

한번은 국어 선생님이 시를 지어내라는 숙제에 그 당시 유행했던 가수 은희가 부른 '꽃반지 끼고'라는 노래 가사를 제출했다.

다음날 선생님이 대단한 글이라고 칭찬하며 낭랑하게 읊고 있는데 친구 녀석들이 키득거리며 유행가 가사라고 소리치는 바람에 혼쭐 난 적도 있었다.

그 후에도 말썽을 일으킬 때마다 어머니는 학교에 자주 불려 와야 했다.

어느 날 친구 녀석이 학교에 오신 어머니를 보고 나에게 한마디 했다.

"야, 너의 어머니 개근상 받아야겠다."

그 당시 친구의 농담은 몽둥이로 머리를 맞은 것처럼 큰 충격으로 다가왔다. 그리고 길었던 방황을 끝냈다.

어머니도 더 이상 학교에 오시지 않았다.

그 후 한참 나이가 들고 나서야 어머니가 말썽꾸러기였던 나를 꾸중하지 않은 이유를 알게 됐다.

태어날 때부터 너무 허약하여 곧 죽을 것 같았던 자식이 건강하게 자라준 것만으로도 다행으로 생각하셨다고 한다.

또 선생님이 왜 열등생인 나를 혼내지 않았는지도 어렴풋 알게 됐다. 우연하게 수, 우, 미, 양, 가에 대한 뜻을 알게 되었기 때문이다.

수(秀)는 빼어날 '수'자로 우수하다는 뜻이다.

우(優)는 우등생 할때의 '우' 자로 넉넉하다는 의미다.

'수'와 '우'가 큰차이가 없다는걸알았다.

그리고 미(美)는 아름다울'미'이며 '좋다'는 뜻도 있다.

역시 잘했다는 이야기다.

양(良)은 양호하다의 '양'으로, 역시 좋다, 어질다, 뛰어나다는 뜻이 있다.

말 그대로 '괜찮다'는 뜻이다.

성적의 다섯등급에서 네 번째를 차지하는 '양'마저 좋은 뜻을 담고 있었다.

놀랍게도 가(可)는 가능하다고 할때의 '가'로 '옳다'는 뜻을 가지고 있으며, 충분한 가능성을 가지고 있다는 말이다.

결국 나는 '조금 아쉽지만 그런대로 괜찮은 가능성을 가진 아이' 쯤으로 평가된 것이다.

이렇듯 옛 선생님들의 성적표 작성방법에는 누구도 포기하지 않고 좋은 길로 이끌어 주시는 아름다운 사랑의 뜻이 담겨 있었다.

선생님들은 제자를 사랑하는 마음으로 열등생도 포기하지 않고 칭찬과 격려를 하면서 낙오되지 않도록 배려하여 정상적인 사회구성원으로 길러낸 것이다.

이처럼 참교육이란 인내와 끈기를 가지고 실패하지 않는 투자를 하는 것이 아닐까?

요즈음 매일 접하는 뉴스에는 거의 하루도 빠지지 않고 사건사고가 발생한다.

며칠 전에는 10살 된 초등학생이 학교성적을 비관하여 자살한 사건이 있었다.

어린 나이에 극단적인 행동을 할 수밖에 없었던 이유가 있었을 것이다.

요즈음의 엄마들은 자녀들에 대한 욕심이 끝이 없어 보인다.

유치원을 거쳐 초등학교에 입학하면서부터 아이들이 노는 꼴을 못 본다.

아이가 노는 모습을 보면 "학교 잘 다녀왔어?" 정도의 상투적인 말도 하지 않는다.

보자마자 "너 숙제 했어?" 한다.

"응, 숙제 했어"

"복습은?"

대부분의 아이들은 여기서 말끝을 흐린다.

엄마는 그럴 줄 알았다는 듯 "복습도 않고 그렇게 놀면 어떻게 해?" 하면서 기어이 아이를 책상에 앉힌다.

어쩌다 복습까지 다 했다는 아이에게는 "오늘 학원에서 배울 과목 예습했어?"

이쯤 되면 아이들은 대부분 눈치를 채기 마련이다.

"아, 우리 엄마는 내가 잠시라도 노는 꼴을 못 보는구나."

공부에 대한 강박관념은 이렇게 초등학교에 입학하면서 시작된다.

대개의 경우 이런 엄마들은 아이들 성적이 조금이라도 떨어지거나 사소한 잘못에도 세상이 무너진 것처럼 한탄을 하며 아이들을 들볶기 시작한다.

작은 실수나 허튼 짓도 인정하지 않는다.

이런 엄마를 둔 아이들이 시험성적이 떨어진 성적표를 받았을 때 기분이 어떨까?

다음 시험성적이 나올 때까지 엄마에게 받을 질책과 시달림을 생각하면 눈앞이 캄캄해질 것이다.

깊은 후회를 하면서 다음에는 좀 더 공부를 열심히 해야겠다고 다짐을 해보지만, 이미 성적표는 나왔고 엄마의 잔소리와 꾸중을 피할 방법이 없다.

무작정 가출을 할까 생각도 해보지만 당장 먹고 잘 곳이 생각나지 않는다.

엄마의 끊임없는 잔소리와 지옥처럼 느껴지는 집을 피할 방법은 자살 외에는 없는 것이다. 하지만 중요한 것은 질책보다 격려가 자녀교육에 더 효과적이라는 사실이다.

세계인이 즐겨본 명화 〈벤허〉에서 유대인인 벤허와 로마의 예루살렘 호민관인 메살라가 벌이는 전차 경주 장면은 압권이다.

이민족이란 운명 때문에 친구에서 원수가 돼버린 두 사람이 전차경주로 사투를 벌인다.

경주에서 메살라는 전차를 이끄는 네 마리의 말에게 끊임없이 가혹한 채찍질을 한다.

반면에 벤허의 손에는 채찍이 없다.

그는 고삐만으로 백마들을 다룬다.

그럼에도 벤허가 탄 전차가 메살라의 전차보다 앞섰다.

우리가 주목해야 할 것은 애정으로 대하는 말과 채찍으로 대하는 말의 경기력이다.

경주에서 벤허는 승리하지만, 가혹한 채찍으로 승리를 독촉했던 메살라는 패하고 목숨까지 잃는다.

결국 채찍보다 애정이 더 중요하다는 사실이다.

말도 주인이 격려하면 최선을 다하여 보답한다.

태도나 성적이 실망스러운 자녀도 애정 어린 격려와 위로를 받으며 자란다면 머지않아 그들은 자랑스럽게 부모 앞에 설 것이다.

칭찬에 인색하고 일시적인 잘못이나 사소함에도 질책을 한다면 자녀들의 여린 가슴에 멍이 든다.

멍들어 가는 자녀의 고통은 후에 더 큰 슬픔으로 부모에게 다가온다.

어떤 이유로든 자녀의 죽음은 부모의 가슴에 깊은 상처를 주며 정상적인 사회구성원으로 키워내기 위한 투자의 가장 큰 실패다. 그런가 하면 해마다 얼음이 녹는 봄이면 많은 어린이들이 저수지에 빠져 목숨을 잃기도 하고, 여름에는 물놀이 익사사고가 일어난다.

교통사고로 목숨을 잃는 어린이도 계속 발생한다.

통계에 의하면 어린이 사망사고 1순위는 안전사고이며 장소는 놀랍게도 가장 안전할 것으로 여겨지는 가정에서 가장 많이 발생했다고 한다.(2009년 통계청 자료)

특히 인식능력이 부족한 9세 이하 어린이의 안전사고에 의한 사망비율은 64%에 달했다.

사고발생 유형은 교통사고가 45%로 가장 높았고 익사(14%), 추락(9%)순이었다.

부모의 극진한 보살핌을 받으며 안전하게 자라야 할 가정과 그 주변에서 안전사고 발생률이 높다는 사실이 충격적이다. 이는 부모의 안전에 대한 지식과 인식부족에서 비롯됐다고 본다.

자식을 안전하게 키우기 위해서는 가정에서도 지켜야 할 안전수칙이 있다.

전기와 가스는 인간생활에 편리함을 제공하지만 감전과 화재폭발이라는 위험성도 크다. 또 다양한 전기기구를 사용하는 가정일수록 사용방법에 주의를 기울여야 한다.

기계의 편리함 뒤에는 그만큼 위험요인도 숨어있기 때문이다.

이제는 부모가 현명해야 자녀들이 안전하게 성장할 수 있다.

하지만 인간의 편의를 위한 각종 기계와 장비가 발달할수록 생명을 위협하는 위험요인도 증가한다는 사실을 잊고 사는 사람이 너무 많아 안타깝다.

자녀를 키우는 부모들은 아이들이 공부만 잘 하기를 바라기보다 먼저 준법정신과 안전의식을 키워주는 것이 중요하다고 본다.

학원 보내는 시간에 수영하는 방법을 가르치고, 일상생활에서 편리하게 사용하는 가스와 전기의 위험성을 설명하고 안전하게 사용하는 방법을 알려줘야 한다.

아이들을 데리고 외출하는 부모들이 멀쩡한 인도를 두고 아이들과 함께 차도를 걷는 행위는 하지 말아야 한다.

그런 부모들이 아이들에게 교통안전수칙을 지키도록 알려주기는 만무하다.

성적이 떨어졌다는 이유로 야단치는 시간에 화재의 위험성을 설명하고 소화기 사용법을 알려주는 부모가 아이들을 바르고 건강하게 자라도록 인도하는 훌륭한 부모일 것이다.

자전거를 타는 아이들에게 안전모와 무릎덮개를 사주고 왜 안전보호구를 착용해야 하는지 설명하고 이해시킬 수 있어야 한다.

안전교육과 인성교육 대신 입시위주의 편향된 교육을 받고 자란 아이는 사고를 당할 확률이 높다.

아이를 좋은 대학에 보내고 재산을 물려주는 것도 좋지만, 위험요소가 너무도 많은 현시대에서 안전하고 행복한 삶을 위한 가정교육이 선행돼야 건강한 사회가 실현될 것이다.

그러기 위해서는 긴 안목으로 자녀를 양육시켜야 한다.

좋은 목재를 얻기 위해서는 묘목을 심고 가꾸며 수십 년을 기다려야 한다.

문화재 건물을 짓는데 쓰이는 금강소나무는 백년 이상을

가꾸어야 제대로 된 목재를 얻을 수 있다고 한다.

자녀교육도 결과를 성급하게 기대하기 보다는 지속적으로 격려를 하면서 정성으로 보살핀다면, 훗날 부모의 기대 이상으로 잘 해내고 있음을 보게 될 것이다.

한낱 나무를 가꾸는 농부도 오랫동안 기다리며 보살펴서 수확한다. 하물며 사람농사는 얼마나 많은 시간과 노력이 필요하겠는가?

질책보다는 인내심을 가지고 꾸준한 사랑과 격려로 자녀를 양육한다면 정상적인 사회인으로 성장할 것이며 성공적인 부모가 될 수 있다고 생각한다.

뻐꾸기와 오목눈이 새

선의의 피해자가 없어야 진정한 안전

오래전에 〈뻐꾸기 둥지 위로 날아간 새〉란 영화가 있었다.

뻐꾸기의 번식방법은 매우 특이하고 이기적이다.

오목눈이 등 다른 새의 둥지를 엿보다가 주인이 없는 틈을 타 잽싸게 알을 낳고 홀연히 사라져 버린다.

둥지 주인은 영문을 모른 채 알을 품어 새끼를 부화시킨다.

갓 태어난 뻐꾸기 새끼는 먹이를 독차지하기 위하여 주인이 먹이를 구하러 둥지를 비운 틈을 타 두 발과 날개 죽지로 주인의 새끼와 알을 밖으로 떨어트린다.

결국 둥지 안에는 뻐꾸기 새끼 한 마리만 남게 된다. 하지만 둥지 주인은 자신의 새끼인줄 알고 정성껏 보살핀다.

새끼가 둥지를 떠날 때쯤이면 사라졌던 뻐꾸기 어미가 다시 나타난다. 그리고 주변에서 계속 울어대며 자신이 어미라는 사실을 세뇌시킨다. 그래서인지 이때의 뻐꾸기 어미의 목소리는 매우 구슬프고 호소력 있게 들린다.

결국 새끼는 둥지를 떠나 어미를 따라간다.

이처럼 뻐꾸기는 교활한 방법으로 번식하고 성장한다.

둥지를 지어 알을 품고 새끼를 기른 오목눈이 새의 심정은 어떨까? 각자 본능에 따라 번식하고 삶을 이어가는 야생의 세계에서나 가능한 일이다. 약육강식의 야생세계와는 달리 인간사회는 선과 악을 명확하게 구분해야 정의로운 사회다.

뻐꾸기처럼 얌체 짓을 하면 철창에 갇혀야 하고 오목눈이 새는 응분의 보상을 받아야 한다.

실제로 많은 사람들이 파렴치한 범죄를 저지르고 철창신세를 지기도 한다. 하지만 오목눈이 새처럼 성실하고 착한사람들이 행복을 누리기는커녕 피해를 보는 경우도 있다.

산업현장에서 정직한 땀방울을 흘리다가 안전사고를 당하는 사람들이 대표적이다. 누구보다 행복하게 살아야 할 그들이 무관심 속에서 남은 생을 고통스럽게 지낸다면 정의로운 사회구현 차원에서도 맞지 않다. 하지만 이게 현실이고 안전사고를 예방해야 하는 절실한 이유이기도 하다.

고통스런 삶을 이어가는 산업역군들이 더 이상 발생하지 않도록 안전사고 예방에 노사 모두가 전력을 다해야 한다.

안전사고 예방은 정의로운 사회구현의 첫 걸음이다.

조상들의 생명존중 정신

지혜롭고 아름다운 공동체정신이 그립다

옛날 시골에는 부잣집도 있고 끼니를 걱정해야 하는 집도
있기 마련이었다.

나이가 들어 노동을 할 수 없는 홀어머니들이나 농사지을
땅이 없는 가정은 궁핍할 수밖에 없다.

몇 대에 걸쳐 한 동네에 정착하며 사는 이웃들이라서 서로
형편에 따라 품팔이를 하며 사는 집도 있었다.

하지만 가난한 집도 최소한의 자존심과 명예는 있다.

특히 선대에는 잘 살았지만 형편이 쪼그라든 집은 자존심
이 강하여 남에게 도움을 받으려 하거나 구걸하는 행위는 하
지 않았다. 그래서 형편이 넉넉한 집에서는 밤에 부엌에서 인
기척이 나도 모르는 체 하는 것이 예의였다고 한다.

춘궁기 때는 일부러 솥에 밥을 남겨 두기도 했다.

자존심과 명예를 배려하면서 끼니를 해결하도록 한 것이
다.

제사음식을 어려운 이웃들에게 나눠주거나 동네 꼬마들의 수박이나 참외서리를 용인한 것도 다 그 때문이었다.

명절 때 살림이 넉넉하지 못한 사람들은 웃어른이 사는 부잣집에 세배를 다녔다.

동네에서 항상 보는 얼굴이지만 예의를 갖춰 큰절로 새해 인사를 했다.

새해 인사가 끝나면 푸짐하게 한 상 차려주는 것이 당시 부잣집의 관례였다.

배고픈 이웃을 배려한 것이다.

한편 부자라고 해서 마음 내키는 대로 음식을 해먹지는 않았다.

끼니를 걱정하는 사람이 많았던 그 시절에 쌀로 튀밥을 튀겨 먹으면 비난의 대상이 되었다.

또 명절도 아닌데 고기를 구워 먹으며 온 동네에 냄새를 풍기는 집의 며느리는 오랫동안 손가락질을 당해야 했다.

이처럼 우리 조상은 지혜롭고 아름다운 공동체 정신으로 어려운 시기를 극복해냈다.

법은 그 나라의 민족성과 정신을 담은 그릇이다.

우리나라는 죄를 지은 아버지를 아들이 감춰줘도 범인은닉죄가 성립되지 않는다.

준엄한 법도 혈육의 정을 인정한 것이다.

또 수십억대의 사기를 친 사람이 중상을 입힌 폭행치사죄보다 형량이 작은 판례가 많다. 사기범보다 사람을 다치게 한 사람의 죄를 더 무겁게 보는 것이다.

이렇듯 우리 법과 관습은 인명을 중시하는 정신이 녹아 있다.

어려운 상황에서도 남을 존중하고 배려했던 옛 어른들의 정신을 되새겨 각 산업현장에서도 불행한 사고로 무고한 사람이 희생되지 않도록 사업주나 근무자 모두 최선을 다해야 한다.

아내를 감동시키는 말

가정 화목이 만사형통의 출발점

내가 세상을 정복하더라도
나를 위한 도시는 오직 하나뿐.
그 도시에 나를 위한 한 채의 집이 있다.
그리고 그 집안에 나를 위한 방이 하나 있다.
그 방에 침대가 있고 한 여인이 잠들어 있다.
내가 있을 곳은 오직 그곳뿐.
-고대 산스크리트 시인

몇 해 전 여수공항 앞 도로에서 신호대기를 하고 있는데,
뒤에 오던 차량이 내 차를 추돌하여 상대차량 운전자가 크게
다쳤다. 며칠 후 어이없는 사고를 낸 이유를 물으니 부부싸움
이 원인이었다.

운전을 하고 있었지만 의식은 계속 부부싸움 중이었던 것
이다.

'가화만사성(家和萬事成)'이란 말이 틀린 말이 아니다.

부부싸움은 대개 서로 가시 돋친 말에서 시작한다.

가는 말이 고우면 오는 말도 곱기 마련이다.

아내가 차려준 밥상을 당연한 듯 받기보다는 "당신 요리는 알아줘야 해, 내 입에 딱 맞거든"하고 수저를 든다면 아내는 미소를 지으며 이렇게 말할 것이다.

"당신 입맛에 맞으니 기분이 좋네요. 좀 더 잘해주지 못해서 미안해요." (하지만 너무 맛없는 것을 맛있다고 했다간 몇 달 동안 먹어야 할지도 모른다.)

또 승진이나 집안에 좋은 일이 있을 때 "당신이 자랑스러워요"하며 아내가 칭찬하면 당연하다는 듯 생색내기보다는 이렇게 말하면 어떨까?

－내가 뭐 한 거 있나? 모두가 당신 덕분이지.

－내가 당신이랑 결혼하지 않았더라면 이렇게 성공할 수 있었겠어?

또 잠자리에 든 아내를 보며 이렇게 말하면 어떨까?

"당신이 잠든 모습은 마치 천사 같아."

갑작스런 태도변화에 처음에는 서먹하고 아내가 당황할지 모른다.

하지만 계속하다보면 느끼함을 감추지 못하던 아내도 이렇게 말하지 않을까?

"당신 코고는 소리는 경쾌한 멜로디로 들려요."

급기야 닭살 돋는 대화에 익숙해진 아내로부터 이런 말을 듣게 될지도 모른다.

"천년에 한 번씩 비가 내리는 나라가 물에 잠길 때까지 당신을 사랑해요."

사소한 갈등으로 부부싸움을 하고 다른 사람에게까지 피해를 주기보다는 약간의 용기와 결단력을 발휘하여 망설임을 극복하는 것이 낫다.

그 옛날 시쳇말처럼 '명태와 마누라는 사흘에 한 번씩 패야 한다'고 생각하는 남편과 '멸치와 남편은 들들 볶아야 한다'고 생각하는 아내가 있다면 평생 불행을 안고 살 수밖에 없을 것이다.

가정의 평화를 위해서는 마음에 없는 말이라도 기꺼이 해볼 가치가 있지 않을까?

건설인의 DNA는 무엇인가?

인류의 행복한 삶을 위해
지구를 조각하는 사람들

재건축 아파트현장에서 근무할 때의 일이다.

교통량이 많은 도로와 인접한 현장외곽을 점검하고 있는
데, 저만치에서 아줌마와 아이가 오고 있었다.

아이 엄마는 갑자기 나를 가리키며 아들에게 다그치듯 말
했다.

"너도 공부 못하면 이 아저씨처럼 되니까 알아서 해."

"공부 할 거야, 안 할 거야?"

아이는 풀죽은 모습으로 내 눈치를 보며 대답했다.

"알았어, 열심히 할게."

어린 아이보다 못한 그 부인의 몰상식한 행위에 건설 종사
자를 보는 일반인의 한 단면을 보는 것 같아서 씁쓸했다.

그러나 얼굴이 검게 타고 의복이 남루해도 건설인의 DNA
에는 없는 것을 만들어내는 창조력과 부지런함이 녹아있다.

대한민국이 가난했던 시절, 새벽을 여는 부지런함과 개미와 같은 성실함으로 중동의 뜨거운 사막에서 극한의 고통을 견디며 외화를 벌어 온 사람들이다.

아이 엄마가 걷는 그 도로와 다리도 건설을 통해서 만들어졌다.

그들이 안락하게 생활하는 주택과 전기, 가스시설도 건설을 통해 이루어졌다는 사실을 알았으면 좋겠다.

전기를 만드는 발전소나 가정에 공급하는 가스관을 매설하는 것도 건설인이 없으면 불가능하다.

어떤 사람은 건설인을 환경파괴의 주범처럼 말하기도 한다.

산허리를 자르고 도로를 만든다고 해서 환경을 파괴하는 사람들은 아니다.

다리를 놓으며 강물에 흙탕물을 흘려보낸다고 환경을 등한히 하는 집단으로 매도당하기도 한다.

하지만 친환경 시공을 위한 노력을 게을리하지 않고 있으며 환경오염을 최소화하기 위하여 지뢰밭을 건너는 마음으로 공사를 진행한다.

건설인들은 인류의 행복한 삶을 위해 지구를 아름답게 조각한다는 신념으로 거친 작업환경에 맞서 땅을 파기도 하고 다양한 구조물도 세우고 있다.

그들은 "세상은 건설을 통해서 움직이고 이루어진다"는 자긍심으로 일하고 있다.

건설인들도 건전하고 성실한 사회구성원이기에 이방인 취급을 받아서는 안 된다.

더 이상 건설 종사자를 '노가다'라고 폄하하지 말아야 한다.

Part 9.

스트레스는
성공을 위한 비타민이다

육식어종을 넣고
금붕어를 운송하면 생존율 상승

요즘은 국가나 개인이나 경쟁력 향상이 생존을 좌우할 만큼 중요한 요소가 되었다.

남들보다 우위에 서야 하니 정신적 고통이 따르기 마련이다. 그래서 "~ ~ 해서 죽겠다, 죽을 지경이다…" 등 죽겠다는 말을 많이 한다.

죽겠다는 말을 자주하다보니 심지어는 웃기는 이야기를 듣고 "웃겨 죽겠다"고 하고 좋은 일이 생겨도 "좋아 죽겠다"고 한다.

현대인들이 일상적으로 스트레스를 받는데서 오는 사회적 현상이다. 그런데 의사들은 스트레스가 만병의 근원이라고 이구동성으로 말한다.

실제로 어떤 이들은 극심한 스트레스를 견디지 못하고 스스로 생을 마감하기도 한다.

스트레스는 수명을 단축시키는 몹쓸 병인 것 같다. 어떤 문제든 해결방안을 찾기 위해서는 본질을 알아야 한다.

스트레스란 무엇이고 어떤 때에 발생할까?

'원하지 않은 상황에 부딪치거나, 하고 싶지 않은 것을 억지로 할 때 받는 정신적 피로감'을 스트레스라고 정의하고 싶다. 즉 스트레스란 외부에서 오는 자극을 부정적으로 생각하는데서 출발한다.

스트레스를 받지 않기 위한 가장 좋은 방법은 원하지 않은 상황을 만나게 될 경우 이를 회피하면 된다.

하지만 그런 경우는 많지 않다.

피할 수 없기 때문에 스트레스를 받는 것이다.

결국 바람직한 해결책은 매사를 긍정적으로 생각하고 대처하는 것이 답이다.

모든 일은 마음먹기에 따라 결과가 달라진다.

특전사 부대원들은 "피할 수 없으면 즐겨라"라는 말을 즐겨한다.

피하고 싶은 상황이나 하고 싶지 않은 일을 인내심으로 극복하고 성취했을 때의 즐거움을 상상해 보는 것도 좋은 방법이다.

스트레스를 부정적으로 생각하면 병이 되지만, 긍정적으로 생각하면 활력소가 된다.

적당한 긴장과 스트레스는 삶을 활기차게 하며 경쟁력의 원천이라는 사실을 입증해주는 사례가 있다.

미국 남부 금붕어 양식농장의 규모는 수십 에이커나 될 만큼 넓다고 한다. 그런데 다 키운 금붕어를 미 대륙과 각국에 수출하는 과정에서 치사율이 높아 양식업자들의 고민이 많았다. 애써 키운 금붕어가 막상 목적지에 도착했을 때는 상당한 양이 폐사되니 고민이 이만저만이 아니었다.

게다가 운송수단과 거리에 따라서 치사율이 일정하지 않아 주문수량에 미달하는 경우도 있어 고객에 대한 신뢰도 떨어졌다.

산소공급량을 늘려보기도 하고 다양한 수단을 동원해봤지만 치사율은 줄지 않았다. 하는 수 없이 수백 만 불을 들여 해결방법을 찾기 위한 용역을 주었다.

농장주로부터 현황설명을 들은 전문가는 바로 해결책을 제시했다.

이동하는 수족관에 금붕어를 잡아먹는 육식어종 몇 마리를 넣어 수송하면 된다는 것이었다. 양식업자는 전문가의 말이 미심쩍었지만 그의 말대로 금붕어를 먹고 사는 물고기를 넣어 보냈다.

이윽고 목적지에 도착하여 보니 전과 다르게 수족관에는 생기가 넘치고 있었고 단 몇 마리만이 죽어 있었다.

전문가로부터 치사율이 낮아진 이유를 들은 농장주는 땅을 쳤다.

천적이 없는 넓은 곳에서 풍부한 먹이를 먹으며 자유롭게 살던 금붕어가 장시간 동안 기차로 운반되는 좁은 수족관에서 계속 흔들리고 잡음이 심해 스트레스를 받아 죽은 것이다.

그런데 그 수족관에 흉악스럽고 커다란 고기가 어슬렁거리니 금붕어들은 아연실색했을 것이다. 자신을 잡아먹으려는 괴물 같은 녀석을 피하기도 바빠서 주변 소음이나 흔들림 따위에 신경 쓸 겨를이 없었다.

생존을 위하여 본능적으로 긴장하다보니 판이하게 달라진 물속의 환경을 느끼지 못한 것이다.

결국 적당한 스트레스가 긴장을 유발하고 아드레날린을 샘솟게 하여 생존율을 높인 것이다.

자살통계에 의하면 한강이 보이는 고층아파트에 사는 오십 대 주부들이 우울증에 걸릴 확률이 타 지역보다 높다고 한다.

자식들은 학교에 가고 남편도 출근하여 커다란 집에 혼자 남아 도도히 흐르는 한강을 보며 인생의 허무함에 빠지기도 하고 증세가 심해지면 자살로 이어진다.

그들에게 삶의 목표와 강력한 동기가 있었다면 죽음의 그림자로 불리는 우울증에 걸릴 확률이 낮아질 것이다.

병원에서 병마와 싸우는 환자들은 자살하지 않는다는 사실이 이를 뒷받침한다.

반드시 완쾌하여 지독한 고통으로부터 벗어나겠다는 뚜렷한 목표의식이 있기 때문이다.

우리는 전쟁 중에 극한의 공포와 스트레스를 받아왔지만 포기하지 않았다.

대신 이를 발전의 원동력으로 삼아왔다. 그래서 종전 후 파괴된 서울을 보며 이 나라는 복구에 100년은 걸릴 것이라던 맥아더 장군의 장담을 완전히 빗나가게 했던 것이다.

스트레스를 부정적으로 생각하는 사람에게는 암적인 존재로 작용한다. 하지만 자신에게 닥친 불리한 상황을 긍정적으로 생각하며 자기발전의 계기로 삼는 사람에게는 축복이자 변화의 선물이다.

> 긍정의 힘은 건강한 삶과 자아실현의 목표를 달성하는 훌륭한 무기다.

상대는 내 얼굴을 읽는다

상사 험담은 당신에게 마이너스이다

요즈음 많은 사람들이 직장생활을 하면서 갖가지 스트레스를 받는데 특히 상사로부터 받는 정신적 피로감 때문에 심각한 고민을 한다고 한다.

직장에서 부하직원이 상사에게 지켜야 할 예절이 있듯이 윗사람도 아랫사람에게 지켜야 할 도리가 있다.

하지만 부하직원이 심한 스트레스를 받고 있다면 상사의 리더십이 부족하거나 윗사람으로서 상대에게 지켜야 할 도리를 지키지 않고 인격을 모독했기 때문일 것이다.

그래서 스트레스를 받는 대부분의 직장인들은 가까운 동료에게 고민을 풀어 놓으며 상사의 부당한 처사를 술안주 삼으며 스트레스를 해소하려 한다.

그러나 그 방법은 현명하지 않다.

상사에 대한 험담은 자신의 인격을 드러내는 어두운 그림자일 뿐이다.

어떤 경우에도 직장동료에게 상사를 험담해서는 안 된다.

왜냐하면 친한 동료에게 속마음을 털어 놓는다고 해서 원인제거가 되지 않기 때문이다. 또 지금의 친한 동료가 언제 돌아서서 적대적으로 변할지 모른다.

여러 사람에게 험담을 반복하다보면 그 사람에게는 친구도 사라진다. 오히려 그를 기피하며 멀리하려 할 것이다.

그 사람에게 조금이라도 잘못 보이면 또 다른 타인에게 험담을 늘어놓을 것을 알기 때문이다. 그러므로 어떤 형태든 상사는 경험과 능력 면에서 나보다 월등한 사람임을 인정해야 한다.

현명한 사람들은 상사에 대한 불만을 터트리기보다는 겸허한 마음으로 상사에게 배우려 든다.

상사의 태도를 도저히 수용할 수 없는 경우라면 반면교사의 교훈을 삼아서라도 배워야 한다.

나의 업무능력과 실적이 탁월하다면 아무리 까다로운 상사라도 자기 기분에 따라 함부로 대하지는 못할 것이다. 현명치 못한 사람은 까다로운 상사를 어떻게든 피할 궁리를 한다.

적극적인 태도로 적응하려는 노력을 하지 않고 기회만 오면 타 회사나 타부서로 옮길 생각으로 하루하루를 피곤하게 보낸다.

타 부서나 타 회사로 옮겼을 때 과연 그곳에는 천사 같은 상사가 기다리고 있을까? 당신의 태도가 바뀌지 않는 한 그곳에도 천사표 상사는 결코 없을 것이다.

차라리 온 힘을 다하여 업무에 충실하다 보면 모든 갈등과 스트레스는 자연스럽게 해결되지 않을까?

상사를 험담하는 그 시간에 상사의 능력을 압도할 수 있을 때까지 피나는 자기계발 노력이 훨씬 유용한 방법이다. 그리고 무엇보다 중요한 것은 상사에 대한 인식을 바꿔야 한다.

당신의 상사는 바보가 아니다.

당신이 표정연기를 잘하는 영화배우가 아니라면 상사에 대한 증오심을 감추기 어렵다. 상사에 대한 당신의 생각이 얼굴 표정에 나타나고 상대가 그 표정을 읽는다.

얼굴표정을 들킨 당신은 상사로부터 더욱 핍박을 받을 것이다. 그러므로 최선의 방법은 상사에 대한 생각을 바꾸는 것이다. 생각을 바꾸면 당신 얼굴에 상사에 대한 긍정적이고 선한 표정이 나타날 것이고, 그 표정을 읽은 상사의 태도도 변화될 것이다.

스트레스를 적절히 해소하지 못하면 건강도 잃고 가정도 초라해진다. 스트레스는 마음먹기 달렸다.

적극적이고 긍정적인 태도로 자신의 일에 전력을 기울이는 사람에게는 그림자처럼 따라다니는 스트레스가 얼씬거리지 않는다.

테레사 효과

과욕 스트레스는 자신의 무덤 파는 것

몇 해 전 하버드 의대에서 흥미로운 실험결과를 내놓았다.

의대생들을 봉사활동에 참여시킨 후, 체내 면역기능을 측정했더니 크게 증강됐다는 것이다.

또 마더 테레사 수녀의 전기를 읽게 한 다음 인체 변화를 조사했더니 그것만으로도 면역력이 크게 향상되는 것으로 나타났다고 한다.

연구진은 이렇게 봉사활동을 하거나 봉사모습을 보기만 해도 면역기능이 높아지는 것을 두고 '테레사 효과'라고 이름 붙였다.

타인에 대한 봉사를 생각하거나 보기만 해도 신체 내에서 바이러스와 싸우는 면역물질(LaA)이 증가한다는 사실이 놀랍다. 하지만 화가 잔뜩 난 사람의 입김을 응축하여 쥐에게 주사하면 얼마 못가 죽는다고 한다.

강한 스트레스를 받거나 화를 내면 신체장기들이 비정상적으로 작동하면서 독소를 뿜어내기 때문이다.

스트레스는 단순히 마음의 분노로 그치지 않는 것이다.

과욕에서 오는 조급성과 부정적 사고방식은 자신의 무덤을 파는 일이다.

하지만 스트레스에 대한 긍정적이고 선량한 마음가짐은 일에 대한 성취도를 높일 뿐만 아니라 건강에도 도움이 된다.

스트레스는 자기 발전의 촉매제다.

Part 10.

절망의 늪을
황금연못으로 바꾸는 힘

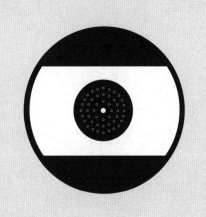

기댈 곳 없는 고아였고 문맹이었던 징기스칸

집안이 나쁘다고 탓하지 말라.

나는 아홉 살 때 아버지를 잃고 마을에서 쫓겨났다.

가난하다고 말하지 말라.

나는 들쥐를 잡아먹으며 연명했고,

목숨을 건 전쟁이 내 직업이고 내 일이었다.

작은 나라에서 태어났다고 말하지 말라.

그림자 말고는 친구도 없고, 병사는 10만이었으며

백성은 어린애, 노인까지 합쳐 2백만도 되지 않았다.

배운 게 없다고, 힘이 없다고 탓하지 말라.

나는 내 이름도 쓸 줄 몰랐으나 남의 말에 귀 기울이면서

현명해지는 법을 배웠다.

너무 막막하다고, 그래서 포기해야겠다고 말하지 말라.

나는 목에 칼을 쓰고도 탈출했고,

빰에 화살을 맞았어도 살아났다.

적은 밖에 있는 것이 아니라 내 안에 있었다.

나는 내게 거추장스러운 것은 깡그리 쓸어버렸다.

나를 극복하는 그 순간 나는 징기스칸이 되었다.

-징기스칸 어록

기댈 곳 없는 고아였고 문맹이었던 징기스칸.

삶을 포기해야 할 이유를 찾으면 누구보다 많았다. 하지
만……

통계청이 발표한 2010년 자살통계에 의하면 우리나라 자
살률이 경제협력개발기구^{OECD} 국가 중 가장 높다고 한다.

이 불명예스러운 1위는 2003년부터 8년째 이어지고 있다.

자살로 인한 사망자 수가 무려 15,566명으로 하루 평균 43
명이 스스로 목숨을 끊고 있는 것이다.

자살을 불명예스럽게 생각하기 때문에 사망신고서에 제대
로 표시하지 않아 통계에 나타나지 않는 경우를 생각하면 실
제 자살률은 더 높을 것으로 추측된다. 특히 청소년의 사망원
인 1위가 자살이며 OECD국가 평균 자살률의 3배에 가깝다.

밝고 건강하게 자라야 할 청소년들이 자살을 생각하는 이
유 중 1위는 성적과 진학문제 때문인 것으로 밝혀졌다.

전통적으로 자살을 미화하는 관습을 가진 일본보다 자살건수가 많다.

처절했던 6.25전쟁과 험난한 보릿고개도 넘어왔던 노인들의 자살률도 급격하게 늘어나고 있다.

가족공동체가 무너지면서 외로움과 소외감을 견디지 못하는 것이다.

전후 국가재건의 원동력이었던 세대들이 쓸쓸하게 생을 마치는 것이 안타까울 뿐이다. 더 심각한 것은 미래의 주역인 젊은이들의 자살률이 늘어나고 있는 것이다.

인터넷에 자살카페가 성행하여 생면부지의 사람들이 동반자살하기도 한다. 만약 누군가 사람을 살해하면 무거운 처벌을 받을 것이다.

또한 직계존속을 살해하면 더욱 무거운 벌을 받는다. 그러나 자신을 살해하는 자살은 직계존속보다 더 가까운 자신을 죽이는 것이므로 존속살해죄보다 훨씬 무거운 죄를 받아야 한다. 하지만 본인이 사망했기 때문에 죄를 물을 수 없는 것뿐이다.

자신의 의지로 스스로 목숨을 끊는 것은 다른 사람을 죽인 것보다 훨씬 무거운 범죄행위인 것이다.

그러므로 고통과 좌절의 회피수단으로 자살을 선택하는 것은 인생의 올바른 마무리가 아니다.

지금 이 시간에도 삶과 죽음의 언저리에서 갈등하는 사람이 있다면 그 용기로 좌절을 딛고 새 출발해 볼 것을 강력하게 권유한다.

실패는 위대한 성공을 향한 또 하나의 디딤돌이다.

넘어져 본 적이 없는 사람은 단지 위험을 감수해 본 적이 없는 사람일 뿐이다.

실패를 인정하되 포기를 해서는 안 된다.

계속해서 기회를 노리고 도전을 할수록 목표달성은 가까워진다. 또 굳이 성공한 삶이 아닐지라도 세상에 태어난 이상 의미가 있는 삶의 흔적을 남기고 가야 한다.

건강한 신체만으로도 얼마든지 아름다운 삶이 가능하다.

소외된 노인을 위한 봉사활동은 모든 사람을 감동시키며 그 분들의 생명을 보듬을 수 있다.

장애인 복지시설 등 건강한 사람의 손길을 기다리는 곳에 가면 보람과 함께 생명에 대한 경외감을 새롭게 느낄 것이다.

이렇듯 건강한 신체 하나만으로 의미가 있는 삶을 이어갈 수 있는데도 생명을 낭비하는 것은 가장 큰 죄악이다.

기댈 곳 없는 고아였으며 문맹이었던 징기스칸이 삶을 포기해야 할 이유를 찾으려 했다면 누구보다 많았을 것이다.

하지만 그는 모든 불리함을 극복하고 역사상 가장 거대한 몽골대제국을 건설했다.

비탄의 실의에 빠져 자살을 생각하고 있는 사람이 있다면 이렇게 말하고 싶다.

"의지할 가족이 있고 문맹이 아니라면 당신의 가능성은 징기스칸보다 훨씬 높다."

당신이 젊고 건강하다면 당신의 능력을 믿고 다시 도전하라.

"10년 후 당신의 미래가 궁금하지도 않은가?"

인생지사 새옹지마

기쁜 일이나 슬픈 일에도
일희일비 말아야…

오랑캐와 마주한 국경의 어느 마을에 노인이 살고 있었다.

노인이 끔찍하게 아끼는 말 한 필이 있었는데, 어느 날 오랑캐 땅으로 도망쳐 버렸다.

말이 가장 큰 재산이었던 노인에게 마을사람들이 찾아가 위로를 하자 노인이 말했다.

"난 슬퍼하거나 서운해 하지 않소. 이번 일이 좋은 일이 될지 누가 알겠소?"

그는 낙담하지 않고 담담하게 받아들이고 있었다.

몇 달 후 도망갔던 말이 뜻밖에도 말 한 마리를 데리고 돌아왔다.

마을 사람들이 경사 났다며 축하하자 노인은 예전처럼 담담한 투로 말했다.

"기뻐할 일이 아니오. 이것이 화를 부를지 알 수 없는 일이오."

어쨌든 그 집에는 좋은 말 한 필이 늘어나게 되었다. 그런데 말 타기를 좋아하던 노인의 아들이 오랑캐의 매력적인 야생마를 타다가 그만 낙마하여 다리가 부러지고 말았다.

사람들이 다시 몰려가 슬픔을 위로하자 노인은 아무렇지 않은 표정으로 말했다.

"앞날은 알 수 없는 일이오. 오히려 다행스러운 일이 될지 누가 알겠소?

그로부터 얼마 지나지 않아 오랑캐들이 쳐들어왔다.

나라의 젊은이들이 모두 징집되어 열에 아홉은 죽었지만, 노인의 아들은 절름발이였기에 징집을 피할 수 있게 되어 무사할 수 있었다.

후세사람들은 이를 두고 '인생지사 새옹지마'라고 하며 세상을 살아가는 마음가짐의 본보기로 삼았다.

이 일은 현세를 사는 우리에게도 '기쁜 일이나 슬픈 일에도 일희일비하지 말고 담담하게 대처하라'는 교훈을 준다.

사고를 당하여 고통스런 나날을 보내고 있는 분들도 이 교훈을 본보기로 삼았으면 좋겠다.

불굴의 의지로 아픔을 딛고 일어나 새롭게 출발해야 한다.

어느 환자분에게 드리는 글

시련과 역경 속에 그 이상의
커다란 이익의 씨앗이 들어있다

사람들은 "그까짓 천원으로 할 게 있어야지?"하며 돈의 가치를 너무 쉽게 평가절하하고 무시해 버린다.

하지만 세계최대의 유통업체인 월마트의 창업자이며 세계최고 부자였던 샘 월튼은 평소 낡은 픽업트럭을 운전하며 출퇴근했다.

신문 구독료를 아끼기 위해 며칠 지난 신문을 주워서 보는 그에게 기자가 물었다.

"왜 신문을 구독하지 않습니까?"

"정보를 하루나 이틀 정도 늦게 알아서 손해 본 적이 없는데, 굳이 돈을 주고 신문을 사 볼 필요가 있습니까?"

"어째서 이렇게 절약하시는 겁니까?"

"고객에게 질 좋은 제품을 조금이라도 싸게 공급하기 위해서입니다."

그의 성공요인은 여러 가지가 있겠지만, 근검절약하는 습관이 그를 성공으로 이끌었음을 짐작케 하는 대목이다.

지금도 월마트의 경영층이나 직원들은 해외출장 길에도 일반 항공권을 이용하며 호텔에 투숙할 때도 사장과 직원이 한 객실을 사용한다는 기사를 보면 창업주의 경영정신이 고스란히 계승된 듯하다.

이처럼 성공은 큰 것에서부터 이루어지는 것이 아니고 오히려 작고 사소한 것들이 쌓인 결과물이다.

또한 성공하는 사람들은 대부분 몇 번의 실패를 경험한다는 것이다. 그러나 경험만큼 값진 재산은 없지만, 실패가 재산이 되려면 어떤 실패에도 굴복하지 말아야 한다.

실패는 포기하지 않는 사람에게만 성공으로 가는 이정표가 되기 때문이다.

실패라는 한 마디 말속에는 뼈아픈 고통과 많은 사연이 감춰져 있다. 그러나 그것을 극복한 사람은 성공 비타민을 먹는 것과 같다.

미국의 해리 트루먼은 남성복 전문점 경영에서 큰 실패를 경험한 적이 있다.

그때 그가 스스로를 실패자라고 낙인찍었다면 그는 미국의 제33대 대통령이 될 수 없었을 것이다.

장사를 하다가 실패한 사람은 이외에도 얼마든지 있다.

가게를 열었으나 고전을 면치 못하다가 문을 닫고만 어느 한 남자가 있었다.

그는 측량기사가 되어 사업을 시작했는데 또 실패하고 말았다. 그래서 자신의 전 재산인 측량 기구를 팔아서 빚을 정리해야 했다. 그 와중에 사랑하는 애인이 사망하여 실의에 빠지기도 했다.

이어서 그가 선택한 직업은 군인이었다.

그는 대장이라는 직위를 얻었지만 패배를 거듭하여 졸병으로 강등되며 불명예제대를 하였다.

그 후 그는 이상한 병에 걸려 매우 흉한 얼굴이 되었다. (그래서 우리는 턱수염이 무성한 사진 외에 그의 다른 사진을 볼 수 없다.)

그는 결혼을 하였는데 성질이 고약한 악처를 만나서 정신쇠약으로 장기간 정신과 치료를 받기도 했다.

힘들게 가정을 꾸려가던 중 부인이 죽자 정신적 충격 때문에 한동안 괴로움 속에서 벗어날 수 없었다. 그러나 그는 강인하고 끈기가 있는 사람이었기 때문에 피나는 노력 끝에 변호사가 되었다. 하지만 변호사로서 그의 활약상은 별로 주목받지 못했다.

얼굴이 흉한 이상한 변호사에게 사건해결을 의뢰하는 고객이 없었던 것이다

그래도 그는 포기하지 않았다

이번에는 정치에 뜻을 두고 여러 차례 입후보했으나 늘 낙선의 고배를 마셨다.

그의 선거낙선 이력을 보면 비참해 보인다.

34세 국회의원 낙선, 37세 국회의원 낙선, 39세 국회의원 낙선, 46세 국회의원 선거 입후보 낙선, 47세 부통령 후보에 입후보했으나 낙선, 49세 때는 국회의원 입후보 경선에서도 패배한다.

대부분의 사람들은 이 정도가 되면 포기한다.

국회의원이 되고 정치가가 되겠다는 꿈을 접을 뿐만 아니라 인생의 낙오자 또는 패배자가 되었다는 생각에 사로잡혀서 자살을 생각하거나 좌절하기 마련이다.

그러나 이 사람은 연이은 실패에 주변의 눈총도 따가웠을 테지만, 추구하고자 하는 행보를 계속했다.

51세 되던 해, 계속되는 낙선에 한 어린이가 이색적인 제안을 한다.

"아저씨는 못생긴데다가 얼굴에 흉터가 있어서 자꾸 떨어져요. 턱수염을 길러서 얼굴을 가려 보세요"

지푸라기라도 잡고 싶었던 그는 여자 어린이의 진지한 제안을 받아 들였다.

그는 마지막으로 대통령에 출마하여 실패로 점철된 경력을

'미국 대통령 당선!!!'이라는 영예를 안으며 마무리 지었다.

만일 그가 쇠사슬을 끌고 가는 죄인처럼 실패나 실망을 자신의 마음속에 담고 있었다면 대통령에 당선될 수 있었을까?

세상에는 과거의 실패를 끌어안고 일생을 허우적거리며 사는 사람들이 많다.

그들은 실패한 과거의 망령에 사로잡혀 자신이 패배자라는 굴레를 벗어 버릴 수 없는 사람들이다.

그러나 그는 수없이 겪었던 실패를 툴툴 털어버리고 다시 출발했던 것이다.

그렇기에 그의 성공은 기적이나 우연한 행운이 아니다.

그와 같은 능력은 사실 누구에게나 주어진 특권이지만 사람들은 알아채지 못한다.

그는 다만 누구에게나 주어진 이 특권을 잘 활용했을 뿐이다. 이 특권을 버렸다면 그처럼 위대한 역사적 위업도 남기지 못했을 것이다.

이미 그가 누구인지 짐작했겠지만, 바로 흑인노예를 해방시킨 에이브러햄 링컨이다.

그의 성공은 무수한 실패를 딛고 일어선 결과라고 할 수 있다. 이와 같이 실패는 생각과 의지에 따라 축복으로 재구성될 수 있고 재앙이 될 수도 있다.

인생은 온갖 역경이 연달아 일어나는 법이다.

어떤 사람은 "나는 가방끈이 짧아서 안 돼"라고 스스로 포기하는 사람이 있다.

정상적인 교육을 받지 못하고도 성공한 사람은 얼마든지 있다. 학력이나 신체적 장애가 실패와 성공과는 아무런 관계가 없다.

중요한 것은 그 사람이 품고 있는 생각과 마음이다.

링컨은 같은 인간인데도 짐승 취급당하는 흑인노예를 해방시키겠다는 확고한 목표가 있었기에 수없는 실패에도 도전을 계속할 수 있었다.

그는 결국 남북전쟁을 승리로 이끌면서 필생의 목표를 이룬 것이다. 그러므로 넘어지거나 실망한다고 해서 인생이 실패한 것은 아니다.

실패했다는 것은 '넘어진 상태로 그냥 누워있거나, 부정적인 사고방식을 계속 주장하는 것'이다.

넘어졌을 때 어떻게 행동하느냐에 따라 실패자가 될 수도, 성공한 사람이 될 수도 있다.

한 번에 성공하는 사람은 흔하지 않다.

사람은 누구나 실패한다.

실패를 반성하되 후회는 하지 말아야 한다.

인생에서 중요한 것은 어떻게 시작했느냐가 아니고 어떻게 끝내느냐에 달려 있다.

인생의 여정에서 부딪히는 여러 장애물들을 힘들다고 생각하고 주저앉으면 그 사람의 가정과 인생은 엉망이 될 것이다.

실의에 빠지거나 실패했다고 생각하는 사람이 있다면 '시련과 역경 속에는 반드시 그 이상의 커다란 이익의 씨앗이 들어있다'라는 말을 되새기면서 분연히 일어서야 한다.

—나폴레옹 힐의 〈인생지침서〉 인용

인생은 혼자서 단 한번 뿐이다. 멋지고 아름답게 마감해도 아쉬운 것이 인생이 아니던가.

안데스인들의 다리 놓는 방법

큰일도 시작은 아주 작게

남아메리카 안데스 산맥의 깊은 골짜기에는 지금도 갈대줄기를 꼬아 만든 밧줄로 된 다리가 있다.

그런데 아무런 장비도 없는 인디오들이 굵은 밧줄을 어떻게 깊은 골짜기를 건너게 할까?

우선 바람이 적당한 날에 작은 연을 띄운다.

건너편에 연이 도착하면 맞은 편 연실에 조금 두꺼운 실을 연결하여 잡아당기면서 점점 굵은 실을 연결한다. 나중에는 굵은 밧줄을 깊은 골짜기 건너편에 설치하면서 다리를 놓는다. 완성된 다리는 커다란 트럭이 다닐 만큼 튼튼하다.

문명사회에서는 각종장비와 자재를 동원하여 다리를 만들지만, 그 전에는 서구사회도 마찬가지 방법으로 다리를 놓았다. 남미의 인디언에게서 다리 놓는 방법을 배웠던 것이다.

이처럼 커다란 다리도 '연 날리기' 같은 보잘 것 없고 작은 일부터 시작한다.

세계 최고의 갑부인 빌 게이츠는 단돈 몇 십 달러로 사업을 시작하였다.

어떤 일을 할 때 거창하게 시작하기보다는 남들이 비웃건 말건 꿈은 크되 작게 시작하는 것이 중요하다.

그래야 실패해도 다시 시작할 수 있다. 그러므로 "나는 돈이 없어서 하고 싶은 일을 못 한다."는 말은 핑계에 불과하다.

현재의 생활에 만족하거나 또는 부자가 되고 싶은 생각이 없거나, 성공을 향한 의지가 없어서 일 뿐이다.

"나는 틀렸어, 이 나이에 무슨…… 나보다 똑똑한 사람들이 얼마나 많은데…" 하지만 일본의 대법원장을 지내다 은퇴한 노인도 10평이 안 되는 작은 가게에서 즐거운 마음으로 초밥을 만들어 팔고 있다.

그는 자신이 만든 초밥을 먹은 고객의 기뻐하는 모습을 보면서 삶의 보람을 느낄 것이다. 그러므로 실의에 빠져 구차한 변명을 하기보다는 지금 당장 일을 시작해야 한다.

일을 통하여 매일매일 조금씩 발전하고 변화하는 자신의 모습에서 성취감을 느끼다보면 비탄과 절망의 늪에서 빠져나와 성공의 문턱에 들어설 수 있다.

진정한 경쟁력은 작게 시작하여 섬세하고 완벽한 일처리가 쌓인 결과이지 하루아침에 만들어지지 않는다.

우유 통에 빠진 세 마리의 개구리

고통과 절망은
더 큰 성공의 준비된 디딤돌

어느 목장에 개구리 세 마리가 살았다.

그런데 물이 그리웠던 개구리들이 우유 통 속으로 들어갔다. 물이 아님을 느낀 개구리들이 밖으로 나가려고 했으나, 도약이 잘되지 않아 발버둥을 치고 있었다.

잠시 후 성질 급한 개구리는 지쳐서 죽고 말았다.

또 한 마리는 계속 헤엄치면서 탈출구를 찾아보았다.

그러나 그 개구리도 탈출구가 없음을 알고 낙담한 채 지쳐서 죽었다. 그러나 나머지 한 마리는 끝까지 포기하지 않았다.

뭔가 알 수는 없지만 푸른 하늘을 보며 1%의 희망을 가지고 몸이 가라앉지 않도록 꾸준히 헤엄을 치며 기회를 찾았다.

이윽고 계속 휘저어진 우유에서 치즈가 만들어지기 시작했다.

마침내 한 덩이의 치즈위에 올라탄 개구리는 도약에 성공하여 우유 통을 벗어날 수 있었다.

앞길에 희망이 보이지 않습니까?

견딜 수 없을 만큼 고통스럽습니까?

그래서 자살 같은 현실도피를 생각하고 계십니까?

인생은 마라톤과 같다고 하지 않습니까?

지금의 고통과 절망은 더 큰 성공을 위한 준비된 디딤돌입니다.

좌절하지 않고 끝까지 희망의 끈을 놓지 않는 자가 성공합니다.

마지막 살아남은 개구리처럼…….

혼신을 다하면 기적이 일어난다

희망의 끈을 놓지 않으면
절망의 늪을 벗어날 기회가 온다

북한의 6.25남침은 스탈린, 모택동, 김일성이 합작하여 일으킨 전쟁이다.

그런데 당시 안보리상임이사국(미국, 영국, 프랑스, 소련) 중 유엔군 참전에 대한 거부권이 1표라도 행사되면 참전이 원천 봉쇄되는 상황이었다.

스탈린이 책동한 전쟁에 소련이 유엔군 참전 결의에 거부권을 행사하는 것은 당연해 보였다. 하지만 어쩐 일인지 소련은 유엔안보리에 불출석하는 바람에 유엔군이 참전하여 빼앗긴 땅을 수복할 수 있었다.

맥아더는 한강 이남에서 전선 시찰 중 참호를 지키는 한국군 이등병의 "총과 실탄을 더 달라"는 한 마디에 감격하여 전 병력을 동원해서라도 한국을 구하기로 결심하였다고 한다.

당시 전세는 한치 앞도 안 보이는 암울한 상황이었지만 기적 같은 일이 일어나 전세를 뒤집은 것이다.

이처럼 절체절명의 위기상황에서도 기적을 간절히 원하고 혼신을 다하면 결국은 이루어진다.

누구나 살다보면 실타래가 엉킬 대로 엉켜 도저히 풀 수 없을 것 같은 절망스런 상황이 한번쯤은 온다.

하지만 엉킨 실타래를 보는 시각에 따라 인생의 승리자가 되기도 하고 실패의 나락으로 빠지기도 한다.

"꼬일 대로 꼬였으니 더 이상 꼬일게 없어, 이제 풀어질 일만 남았다"라고 생각하는 사람에게는 누군가 희망의 밧줄을 던져준다.

–모든 것은 지나가기 마련이야.

–기쁜 일도 슬픈 일도 때가되면 지나가는 거야, 영원한 것은 없어.

–희망을 잃지 않는 한 절망의 늪을 빠져 나올 수 있는 기회는 반드시 오게 돼 있어.

–비탄에 잠겨 가라앉기 보다는 거센 급류를 타면 반전의 기회가 올 거야.

이렇게 생각하는 사람은 절망의 문턱 너머에서 기다리고 있는 무지개 같은 나날을 만날 것이다.

하지만 "내 힘으로는 도저히 안 되겠어, 더 이상 방법이 없어"라고 체념한다면 그를 도와주려던 이도 손길을 거둔다.

그러므로 어둠의 끝에는 태양이 떠오르듯이 절망 뒤에는 희망이 따라온다는 신념을 가져야 한다.

숯과 다이아몬드의 외형은 전혀 다르지만 둘 다 주성분은 탄소다. 평범한 탄소덩이는 단순한 연료에 그치지만 땅속 200Km에서 엄청난 압력과 고온을 견뎌내면 다이아몬드가 생성된다고 한다.

고온고압의 극한환경을 견뎌낸 탄소덩이는 원자배열이 바뀌져 성질이 전혀 다른 다이아몬드로 탄생하는 것이다.

다이아몬드는 혹독한 환경을 견뎌낸 고통의 산물이다.

모든 사람은 다이아몬드의 재료를 가지고 태어나지만, 가진 재능을 담금질하고 연마하여 다이아몬드처럼 값진 존재가 되기도 하고 평범한 숯에 그치기도 한다.

성공은 피나는 노력으로 고통을 극복한 결과물이다.

누구에게나 시련이 오지만 어떤 이에게는 절망이 되기도 하고 또 다른 사람은 성공의 밑거름으로 활용한다.

외롭고 힘든 절망의 고통을 이겨내야 무지개처럼 아름다운 행복을 움켜 쥘 수 있다. 그래서 시인들은 "인생은 아름다운 것이다"라고 노래하는지도 모른다.

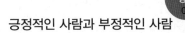

긍정적인 사람과 부정적인 사람

발명왕 토머스 에디슨,
'실패할수록 성공에 가까워졌다'

우리 주변에는 희망과 긍정적인 말보다 비관과 자포자기하는 말을 하는 사람들이 의외로 많다.

자신의 입에서 나오는 그런 말들은 습관화되며 그 습관이 자신에게 보복한다는 사실을 모른다.

부정적인 말들은 그럴듯한 논리로 안 되는 이유를 설명하기 때문에 꽤 설득력이 있게 들려 쉽게 전염되기도 한다.

부정적인 말과 생각은 창조적인 상상력을 파괴시키고, 타인의 선의적인 충고를 받아들이지 않음으로써 스스로 파멸의 늪에 빠진다는데 문제가 있다.

그래서 부정적인 생각에 사로잡힌 사람의 종말은 넓은 바다를 표류하는 나무 조각처럼, 자신의 인생을 스스로 결정짓지 못하고 불행하게 삶을 마감한다.

안전에 대한 부정적인 생각은 훨씬 더 피해가 크다.

사소하고 대수롭지 않은 생각과 행동이 삶과 죽음을 좌우하기 때문이다.

아직도 산업현장에는 되풀이 되는 지적에도 불구하고 불안전한 행동과 습관을 고치지 않는 사람들이 많다.

하지만 안이한 생각과 습관으로부터 벗어나지 못한다면 불행한 삶이 될 확률이 높다. 그러므로 전염성이 강한 부정적인 생각에 맞서고 극복해야 한다.

긍정적 습관을 가지기 위해서는 꿈과 목표를 가지고 미래의 성공모습을 떠올려야 한다.

항상 희망적인 생각을 하다보면 새로운 가치가 창출된다.

수많은 역경에도 자신의 의식을 조절하여 성공한 사람은 많다.

녹음기와 백열전구 등을 발명한 에디슨만큼 부정적인 주장에 방해를 많이 받은 사람도 없을 것이다.

그는 무려 1,000여 종의 새로운 물건을 창안한 발명왕이며 미국의 시사주간지(Life)가 '지난 1,000년간 세계사를 만든 100대 위인' 중 당당하게 1위에 선정된 위인이다.

어릴 때 그는 명석한 두뇌는 아니었던 것으로 전해진다.

초등학교 3학년 때 퇴학을 당해서 어머니를 통해 기초적인 교육을 받은 것이 전부였다.

집안이 가난하여 12세 때 기차역에서 신문팔이, 과자 등을 팔아 생계를 이을 만큼 가난했다.

어느 해에는 화물칸에서 발명을 위한 실험을 하다 화재가 나면서 차장에게 얻어맞아 심한 청각장애를 앓게 된다.

이후 그는 기차역 주변에는 얼씬도 못하고 집에서 연구에 몰두하여 축음기, 영사기 등 당시 사람들이 상상할 수 없는 물건들을 만들어낸다. 그리고 마침내 그의 최대의 발명품인 백열전구를 발명하기에 이른다.

무려 3천여 번의 실험과 실패 끝에 얻은 결과물이다.

'천재란 99%의 노력과 1%의 영감으로 이루어진다'는 그의 유명한 말도 이때 나왔다.

사람들은 그에게 사람의 목소리를 녹음하는 기계나 백열전구를 만드는 것은 불가능하다고 말했다.

"지금껏 아무도 만들지 못했는데 당신이라고 할 수 있겠느냐?"고 빈정댔다. 그러나 에디슨은 마음속에서 상상하고 믿는 대로 이루어진다고 생각했다.

수없는 실패에도 좌절은커녕 기뻐했다고 한다.

실패할수록 성공에 가까워지고 있음을 알았기 때문이다.

믿음과 긍정의 신념이 그를 발명의 천재로 만들었고 지금도 인류는 그의 발명품을 사용하고 있다.

수없는 실패에도 좌절하지 않고 불굴의 의지와 노력으로 인류 역사상 최고의 위인이 된 것이다.

뜻하지 않은 사고로 실의에 빠진 분이 있다면 자포자기의 늪에서 하루빨리 빠져 나오십시오.

육체적 장애는 당신의 의지를 꺾지 못한다는 것을 보여주십시오.

정작 무서운 것은 재활의지를 포기하는 것입니다.

불같은 의지로 모든 고통을 떨쳐버리십시오.

'노(No)'를 거꾸로 쓰면 전진을 의미하는 '온(On)이 되는 것처럼 생각을 바꾸십시오.

어떤 일이라도 좋으니 지금 시작하십시오.

에디슨은 초등학교도 졸업하지 못했고 듣지도 못했습니다.

당신이 초등학교를 졸업한 청각장애인이 아니라면 좋은 결과를 만들어 낼 수 있습니다.

어느 소장수 형제

최악 상황에도 감사의 마음으로 새출발

오래전 흑백 TV시대에 방영된 영화가 생각난다.

만주에서 소장수를 하며 생활하던 형제의 이야기다.

그들은 여위고 마른 소를 사서 살을 찌워 얼마간의 이익을
남기고 팔아 생활을 해왔던 형제들이다. 그런데 어느 날 소를
팔러 가다가 강도에게 다 빼앗기고 겨우 목숨만 건졌다.

낙담한 동생이 저수지에서 자살하려 하자 만류하는 형에게
울부짖는다.

-이제 가진 재산을 모두 잃었는데 형은 어떻게 살아가려
고 그럽니까?

-그동안 우리는 소 때문에 먹고 살았잖니? 강도에게 고마
워해야 해.

-형님이 성인군자라도 됩니까? 소를 빼앗아 간 놈에게 고
마워해야 할 이유가 뭡니까?

－소만 가져갔지 우리를 죽이지는 않았잖아? 그리고 여위고 보잘 것 없는 소를 짧은 시일 내에 살찌우는 방법을 아는 사람은 우리 밖에 없잖아? 다시 시작하면 되는 거야.

형은 이렇게 동생을 설득했다.

이 형제가 나중에 굴지의 대기업을 일군 형제들이다.

전 재산을 다 잃었는데도 형은 감사한 마음을 잃지 않았고 더 열심히 노력하여 자수성가한 것이다.

하지만 어떤 사람들은 재산을 잃거나 일시적인 고난을 견디지 못하고 실의에 빠져 스스로 삶을 포기하기도 한다.

그들이 소장수 형제처럼 최악의 상황에서도 '감사하는 마음'을 가졌더라면 불행하게 삶을 마치지는 않았을 것이다.

시각장애인이었던 미국 흑인음악의 전설적인 거장 레이 찰스의 말을 음미해 볼 만하다.

"사람들은 자신이 들을 수 있다는 것을 참으로 무심하게 생각하고 있습니다."

안 보이는 까닭에 귀는 내게 소중합니다.

나의 귀는 눈으로 볼 수 없는 것들을 보여주며 내가 알아야 할 세상의 일들을 99%보여줍니다.

들을 수 있기 때문에 사람들과 자유로이 대화를 나누고 있습니다.

나는 신이 우리에게 주신 가장 기본적인 인간의 소망을 표현하는데 어떤 불편함도 느끼지 않습니다.

"이런 까닭에 신이 허락한 나의 삶을 하루하루 매우 감사드리며 살아가고 있습니다."

그의 공연실황이나 사진을 보면 항상 해맑은 웃음을 짓는 것으로 보아 자신에게 늘 감사하는 마음을 가지고 있음을 알 수 있다.

인생은 주식의 그래프처럼 질곡이 있기 마련이다.
실패했다고 비탄의 세월을 보내기보다는 감사한 마음으로 새롭게 출발하는 것이 현명하다.

할일이 많은 당신, 죽음은 뒤로 미뤄라

대한민국은 지금 자살의 늪에 빠져 있다.

자살자가 교통사고 사망자의 2.3배라고 하니 가뜩이나 출산율이 감소하는 판에 심각한 사회문제로 대두되고 있다.

특히 이혼남성과, 남편과 사별한 여성의 자살이 크게 늘어나고 있으며 여성 자살률은 2009년 10만 명 당 19.7명으로 OECD국가 중 1위라고 한다.

대한민국 여성 자살률이 미국의 5배이며 그리스에 비해 무려 25배나 된다.

여성들의 주된 자살이유는 맞벌이를 하면서도 자녀교육에서 오는 이중 스트레스 때문이라고 분석되었다. 출산을 장려하는 마당에 여성들이 스스로 목숨을 끊는다니 무척 안타깝다.

사람들이 자살을 선택하는 이유는 뭘까?

자살은 극심한 절망감에서 오는 심적 고통이나 인생의 목표의식을 상실한데서 오는 허무함을 회피하기 위한 수단이다. 하지만 조금만 달리 생각하면 자신의 목숨에 대한 선택권이 없음을 알게 될 것이다.

신은 자신의 대리인으로 지상에 어머니를 보냈다고 한다.

우리는 어머니를 통해서 태어났으므로 우연히 존재하고 있는 것이 아니다.

신의 정교한 계획과 설계에 의해서 만들어졌다.

그러므로 자살은 신의 대리인으로 자신을 잉태하고 길러준 부모님에 대한 예의가 아니다.

또한 생명을 부여한 신에 대한 모독이다.

그래서 모든 종교는 자살을 최악의 이단행위로 보고 있다.

자살은 모든 것을 포기한다는 또 다른 이름이다.

왜 포기하려는가?

왜 귀중한 생명을 무의미하게 낭비하려는가?

모든 것을 포기하려고 마음먹었다면 모든 속박을 벗어난 진정한 자유인이기도 하다. 그러므로 자유인으로서 하고 싶은 일을 마음대로 할 수 있다.

세상에는 개인의 능력 안에서 할 수 있는 선한 일들이 무수히 많다.

아프리카 오지에 가서 목마른 자를 위한 샘을 파다가 생을 마감한다면 의미가 있는 인생이 되지 않겠는가?

당신을 구속하는 모든 속박을 풀어버리고 당신이 가진 지식과 능력을 기다리는 곳을 찾아가야 한다.

그곳을 찾아가면 당신은 환영받을 것이고 이내 활력을 찾을 것이다.

매일 작은 실천목표를 세우고 그 일을 마침으로써 나날이 성취감을 맛보다 보면 살아야 할 이유를 찾을 수 있다.

당신이 어떻게 해볼 도리가 없는 비참한 상황에 빠져 스스로 생을 마감하겠다고 생각한다면 더 이상 나빠질 게 없다는 뜻이다.

그렇다면 좋은 일만 남아 있다는 의미이기도 하다.

희망이 없다면 상상력을 동원하여 희망을 만들면 된다.

그리고 그 희망을 좇아 의연하게 일어서야 한다.

사람은 누구나 죽는다.

하지만 죽음은 뒤로 미뤄도 늦지 않다.

모든 욕심을 버린 그 결단력과 용기를 의미가 있는 일에 충분히 사용한 후 죽는다면 숭고하고 아름다운 죽음이 될 것이다.

꿈을 꾸면 → 목표가 생기고 → 목표를 잘게 나누면 → 계획이 되고 → 계획을 하나씩 실행하면 → 꿈은 이루어진다. (작가 박경리 선생의 어록)

모든 일은 마음먹기 달렸다

날카로운 금속 마찰음이 새 소리로
밝혀지자 기분 좋게 잠들어…

몇 년 전 여름밤이었다.

날씨가 무더워 창문을 열어 놓고 잠을 청하는데 어디선가에서 규칙적으로 들려오는 날카로운 금속성 마찰음 때문에 잠을 이룰 수가 없었다.

잠은커녕 귀속에 송곳같이 파고드는 소리 때문에 머리가 아플 정도였다.

집 앞에 있는 초등학교 운동장 그네 위에서 쇠가 서로 마찰하는 소리 같았다.

중고생들이 그네에 앉아 데이트를 하는 것으로 생각하면서 소리가 멈추기를 기다렸지만, 한 시간 이상 계속 되었다.

화가 나서 운동장을 가로질러 그네에 가봤지만 아무도 보이지 않았다.

가만 귀를 기울여보니 바로 옆 숲속에서 나는 새소리였다.

−이렇게 특이하게 우는 새가 있나?

−아, 짝을 찾는 사랑의 세레나데였군.

캄캄한 숲을 한참 바라보다가 돌아와서 자리에 누웠다.

그런데 귓속을 파고드는 날카로운 소리가 새소리였음을 알고 나니 전혀 짜증스럽지 않았다.

오히려 짝을 찾는 집요한 구애의 울음소리가 애처롭게 들렸다.

−똑같은 소리인데도 이렇게 달라질 수가…….

−천국과 지옥도 생각하기 나름이군.

야생의 새 울음소리가 들리는 숲 옆으로 이사 오길 잘했다고 생각하며 편안하게 잠들었던 기억이 난다.

그 뒤로 나는 어떤 어려움이 닥쳐도 비관하지 않게 되었다.

곤혹스러운 일이 생길 때마다 위안거리를 찾았다.

−그래, 더 이상 나빠질 게 없어.

−지금의 모든 상황은 시간과 함께 지나가고 새로운 기회가 오기 마련이야.

−그렇다면 이제부터는 좋은 일만 있을 수밖에 없지 않겠어?

스스로 위안을 찾으면 내재하고 있던 희망과 용기도 샘솟는다.

역경과 고난을 벗어나기 위한 가장 강력한 해결책은 희망과 용기다.

살다보면 좋은 일도 있고 결코 원하지 않던 일도 생기기 마련이다.

최소한의 위안과 용기는 불리한 상황을 벗어나는 가장 효과적인 수단이다.

일시적인 고통으로 실의에 빠져 삶을 포기하고 싶은 사람이 있다면, '아름다운 무지개도 잠깐이듯이 천둥번개도 계속되지 않는다'는 말씀을 드리고 싶다. 그리고 최악의 상황에서도 최소한의 위안거리를 찾아야 한다.

그리고 작은 위안을 디딤돌 삼아 다시 시작해도 늦지 않다.

모든 것은 생각하기 나름이다.

오프라 윈프리

시력 0.1의 양궁선수 금메달을 따다

사생아로 태어나 어린 나이에 먼 친척에게 성폭행 당하고 마약에 중독되어 10대 미혼모가 된 모질고 얼룩진 어린 시절을 보냈던 그녀는 지금 미국의 가장 영향력 있는 인사 중 한 명이다. 그녀가 진행하는 오프라 윈프리 쇼는 세계 117개국에서 방영한다고 하니 '토크 쇼의 여왕'으로 불릴 만하다.

일류 제조업체들도 그녀의 토크 쇼에 협찬하려고 안달하고 웬만한 유명인사도 그 쇼에 참가하려고 기를 쓴다.

그녀가 지금의 명성을 얻기까지 얼마나 많은 노력을 기울였을까? 보통 사람들이 생각하는 것보다 훨씬 더 많은 노력을 했을 것이다. 왜냐하면 어린 나이의 뚱뚱하고 못생긴 흑인 미혼모가 미국 주류사회에 진입하기는 쉽지 않았을 테니까…… 철저히 외톨이였던 그녀는 어려운 가정형편 때문에 애완견을 키울 수 없어 바퀴벌레에게 음식을 주며 친구 삼았다.

그녀가 할 수 있는 유일한 것은 독서였으며 그 습관이 훗날 성공의 밑받침이 되었다.

가장 낮은 곳에서 출발하여 가장 높은 곳까지 오른 여자.

세계에서 유일한 흑인 억만장자이며 방송제작회사 회장인 여자. 그녀가 세상을 향해 당당하게 외치는 말이 있다.

"탁월함은 모든 차별을 압도한다."

2008년 올림픽 남자양궁 단체전 3연패를 이끈 임동현 선수의 승전보도 잔잔한 감동을 준다. 그는 시합 일주일 전에 손에 익은 활이 부러져 새제품으로 바꿨다. 새활이 손에 익으려면 최소 3개월, 길게는 1년 이상 걸리는데도 모험을 감행한 것이다.

양궁선수는 뛰어난 시력이 필수적이지만 뜻밖에도 그의 시력은 양쪽 모두 0.1에 불과하여 70미터 밖의 표적지가 뿌옇게 보인다고 한다. 하지만 그는 모든 불리함을 딛고 정상을 정복한 것이다. 불가사의한 그의 우승에 놀란 기자들의 질문에 그는 이렇게 답했다.

"시력이 아니라 감각이다. 보고 쏘는 게 아니라 느끼고 쏜다." 그의 올림픽 우승은 엄청난 노력 끝에 얻은 작은 결과일 것이다. 요즈음 일시적인 실의에 빠져 스스로 생을 마감하는 젊은 이들이 늘어나고 있어 안타깝다.

사업실패나 학교성적을 비관하여 자살하기도 한다.

불우한 환경을 탓하면서 탈선하는 사람도 있다.

스스로 목숨을 끊기 위해서는 대단한 용기와 각오가 필요하다. 어린 나이에 절망의 나락에 빠졌던 오프라나 신체적 열세였던 임동현 선수는 피나는 노력으로 절망을 극복했다. 자살할 용기와 각오로 자기발전을 위한 노력을 한다면 고통의 사슬에서 해방되리라 확신한다. "인명을 다하고 천명을 기다려라"라는 말을 새기며 다시 일어서야 한다.

Part 11.

실패를 성공으로 이끄는 리더십

식물도 칭찬하면 보답한다

칭찬은 자신과
타인 인생도 훌륭하게 만드는 마술

양계장이나 젖소 농장에서 사육동물에게 클래식 음악을 들려주는 것을 본 적이 있다.

음악을 듣고 자란 동물과 기계화된 시설의 작은 공간에서 사육된 동물과는 계란과 우유의 생산량과 품질에서 월등한 차이가 난다고 한다.

잔잔하게 흐르는 선율이 동물에게 어떤 영향을 줘 생산량이 증가하는지 자못 궁금하다.

그런데 동물뿐 아니라 식물에게도 음악이나 칭찬을 들려주면 성장률이 빠르고 튼튼하게 자란다고 한다.

강원도의 한 군부대에서 양파를 키우며 칭찬의 효과를 실험한 신문기사를 본 적이 있다.

각 내무반별로 한 쌍의 양파를 같은 장소에 놓고 한쪽 양파에는 칭찬과 격려를 하며 관심을 쏟았고, 다른 양파에게는 군 생활에서 오는 스트레스도 해소할 겸 욕설과 폭언을 가했다. 칭찬을 받는 양파는 잎을 부드럽게 쓰다듬기도 하고 물을 갈아 줄 때도 정성을 쏟은 반면 욕설을 해주던 양파에게는 주먹질을 하며 적대적인 감정을 표시했다.

몇 개월 후 병사들의 사랑과 칭찬을 받은 양파는 뿌리가 튼튼하고 풍성하게 자란 반면 욕설과 스트레스를 받은 양파는 성장이 느리거나 구부러지게 자라다가 시들시들하며 볼품없게 되어 버렸다.

병사들은 양파실험을 통해 칭찬과 배려의 중요성을 직접 체험한 후 상호간에 욕설과 질책보다는 격려와 칭찬을 하며 근무 분위기를 바꿔가고 있다고 한다.

신세대 사병들이 군 생활에 적응하지 못하고 부대를 이탈하거나 각종 장비로 인한 안전사고를 당하지 않도록 하기 위한 지휘관의 고민과 부하를 사랑하는 마음을 읽고 감명 받았다. 지각능력이 없는 식물마저도 칭찬과 욕설을 구분한다는 사실이 놀랍기만 하다.

듣고 말할 수 없는 양파도 칭찬을 받으면 자기 할 일을 다 하는데 하물며 사람은 얼마나 칭찬을 갈구하겠는가?

사람은 누구나 상대방의 진심어린 칭찬을 받으면 기분이 좋아지면서 하던 일도 더 열심히 하기 마련이다.

외국의 유명한 경영학 강사의 강의내용을 보면 사람의 마음을 움직이는 데에 칭찬이 얼마나 효과적인지 알 수 있다.

월터 데일러는 댈러스의 열정적인 사업가로서 칭찬을 잘하는 능력 하나만으로 대기업을 만든 사람이다.

회사를 방문한 친구와 함께 사무실과 매장을 돌면서 있었던 상황이다.

-전화교환원에게 : 당신은 사람들이 전화했을 때 그들을 즐겁게 해주는 일을 하고 있습니다. 당신의 목소리는 언제 들어도 참 듣기 좋아요.

-한 사무실을 지날 때 그 부서의 책임자에게 : 당신이 이 부서를 책임진 이후로 직원들이 불평하나 없이 일하고 있다는 사실을 잘 알고 있어요. 뭔지 알 수 없지만, 당신에게는 특별한 재능이 있는 것 같아요.

-판매원에게 : 이 사람은 우리 회사 판매원인데, 하고 말을 시작하려하자 그 판매원이 "또 시작이군요, 하지만 듣기 좋습니다. 계속해 주세요."

-자기 사무실에 들어오면서 자기 비서를 바라보며 : 내 역사상 최고의 비서를 소개하지. 그러면서 그 비서에게 하는 말이 "내 아내의 말이 당신은 내가 달을 따오라면 따다 줄 사람이라고 하더군. 하지만 부탁하는데 제발 그렇게는 하

지 말아 주세요."

-그러자 그 비서는 "언제나 그렇게 말씀하시네요. 그러나 그 말이 듣기 좋아요, 그 말을 계속해 주세요."

그가 이 모든 과정을 마치는데 걸린 시간은 길지 않았지만 그들은 종일 기분 좋게 더욱 열심히 일을 하고 업무능률도 더 올랐을 것임은 의심의 여지가 없다.

그가 한 일은 직원 별로 좋은 점을 칭찬하고, 감사하다는 말밖에 하지 않았음에도 경쟁사보다 월등하게 매출을 많이 올리고 비약적으로 발전하고 있다고 한다.

다른 사람의 장점을 보는데 익숙해지면 차츰 놀랄만한 일들이 일어난다. 칭찬은 자신 뿐 아니라 다른 사람의 인생까지도 훌륭하게 만드는 마술 같은 것이다. 그런데 칭찬하는 것도 방법이 있다.

1. 나를 위해 칭찬한다. 칭찬하면 일도 잘되고 나도 스트레스를 덜 받는다.

2. 구체적으로 칭찬한다.
"생산성이 엄청 좋아 졌어"보다 "저번 달보다 생산량이 2배 증가 했어"라고 말한다.

3. 꾸중할 때도 칭찬한다.

"전체적인 내용은 훌륭한데, 구체적인 추진계획을 보완하면 더욱 좋겠어"라고 말한다.

4. 잘하면 즉석에서 칭찬하고 부진하면 따로 만나서 야단친다.

5. 상대의 눈을 보면서 칭찬이 진심이라는 사실을 전달한다.

6. 지난번보다 결과가 좋으면 그 점을 더욱 칭찬한다.

직장에서나 가정에서 구성원들이 칭찬받을 만한 일을 해도 유독 칭찬에 인색한 사람이 있다. 하지만 조금만 잘못하면 기다렸다는 듯 질책을 퍼붓는다. 이는 질책을 하는 사람이나 듣는 사람 모두에게 득이 되지 않는다.

자신의 노력으로 좋은 결과가 나왔는데도 상사나 주변사람으로부터 아무런 반응을 얻지 못한다면 맥 빠질 일이다.

안전관리도 마찬가지다.

부서의 책임자나 관리감독자들은 안전수칙을 잘 지키며 열심히 일하는 근무자들을 보고도 당연하다는 듯 무심히 지나친다. 오직 지시사항만 전달할 뿐이며 작은 실수에도 따가운 질책을 쏟아낸다.

안전사고를 예방하고 생산성을 향상시키려는 관리감독자라면 관리방법을 바꿔야 한다. 그들에게 조금만 따뜻한 관심을 보이면 어떤 형태든 긍정적인 효과가 나타난다.

"날씨가 이렇게 추워서 어떻게 하죠?"

"좀 춥더라도 안전하게 작업하세요."

질책도 칭찬처럼 하면 효과가 좋다.

작업을 태만히 하거나 말대꾸도 하지 않는 사람에게 목캔디나 껌이라도 하나 건네주면 단번에 우호적으로 태도가 바뀐다.

"어제는 잘 하시더니, 오늘은 기분이 안 좋은가요?"

"집에 무슨 일이 있습니까?"

"피곤할수록 안전수칙을 잘 지켜야 사고가 나지 않습니다."

그는 몹시 미안한 표정을 지으며 이내 자세를 바로 잡을 것이다.

"자, 힘내세요"하면서 어깨를 두드려주면 대부분의 근무자들은 이내 정상적으로 작업을 수행한다.

칭찬을 섞은 질책이 분발의 촉매제가 되는 것이다.

짧은 시간에 근무자의 태도변화를 이끌어내는 감성관리의

한 방법이다.

또한 열심히 일하는 근무자를 보고 그냥 지나치면 안 된다.

사람은 누구나 자신의 행동에 대해서 칭찬과 보상을 받고 싶어 한다.

"수고하십니다. 안전을 잘 지켜주시니 제 마음도 든든합니다."

"너무 열심히 하지 마시고 좀 쉬었다 하세요."

하지만 그 말을 듣고 작업을 하다말고 쉬는 사람은 없었다.

오히려 신바람을 내며 더 열심히 근무한다.

짐수레를 힘겹게 끌고 가거나 무거운 물건을 들고 갈 때 잠깐이라도 도와주면 그들은 감동한다. 그리고 수일 내에 그때 있었던 일을 모든 근무자가 다 알게 된다.

그 후로는 먼저 인사를 하려 해도 그들이 먼저 한다.

이처럼 감성관리를 하다보면 뜻하지 않은 즐거움(?)도 있다.

외부 점검기관이나 유관기관에서 현장을 방문하는 일이 잦다. 방문객을 작업장에 안내할 때면 마주치는 근무자마다 먼저 목례를 하거나 인사말을 건넨다.

"과연 듣던 대로 카리스마가 대단하군요."

"어떻게 하면 근무자들을 이렇게 관리할 수 있습니까?"

"이 정도면 현장관리는 빈틈이 없겠군요."

"더 이상 시간낭비하지 말고 사무실로 돌아갑시다."

이렇듯 감성적 관리는 멀리 있지 않다.

가식적이거나 일회성 이벤트로는 근무자들의 마음을 움직일 수 없다.

"당신이 다치거나 목숨을 잃는 것을 절대 두고 볼 수 없다"는 진정성을 꾸준히 보여주면 그들도 태도를 바꾼다.

동기유발의 가장 중요한 핵심은 칭찬이다. 하지만 칭찬은 진실할 때만 효력을 발휘한다.

윤리경영이 대세

세계 최대 항공사고와
세계 최고 존경받는 기업

사상 최악의 항공기사고는 1977년 3월 27일 북아프리카의 서쪽 스페인령 카나리아제도에서 일어났다.

당시 네덜란드 KLM 항공의 B747기와 미국 팬암 항공사의 B747기가 충돌하여 583명이 사망한 사고로서 인명피해가 가장 큰 최악의 참사로 기록되어 있다.

두 점보기가 충돌한 이 사고는 인근 라스팔마스 공항에서 카나리아제도의 분리 독립주의자가 폭발물테러를 일으켜 공항이 잠정폐쇄되어, 이곳을 향하던 항공기들이 인근의 테네리페 섬의 작은 공항에 임시 착륙하게 되면서 시작되었다.

국제공항이 아니라서 한가했던 테네리페의 비행장에 유럽 항공사의 중형여객기들이 속속 착륙하면서 포화상태가 되어가고 있었다.

사고를 유발한 KLM 항공기도 라스팔마스 공항의 지시에 따라 테네리페 섬의 공항에 착륙하였다.

KLM 기장은 사내에서 베테랑으로 꼽혔을 만큼 노련한 조종사였지만, 라스팔마스 공항폐쇄 때문에 이번 비행이 초과비행시간 금지규정이 엄격한 네덜란드항공법에 저촉될까봐 매우 초조해졌다.

일정시간 근무한 조종사는 반드시 휴식시간을 가져야 하며 이를 어기면 구금까지 할 수 있는 법을 도입한 직후였기 때문이다.

비행근무시간을 초과하면 교대승무원이 없으니 자신은 물론 승객들이 테네리페 섬에서 밤새 오도 가도 못하는 끔찍한 상황이 초래될 판이었다.

자칫하면 회사의 엄청난 손실비용이 발생함은 물론 수백 명의 승객을 수용할 호텔도 충분하지 않았기 때문이다.

그래서 어떻게든 '빨리 이륙하여 법정 근무시간 내에 최종 목적지인 라스팔마스 공항에 도착해야 한다'는 강박관념에 사로잡혀 있었다.

기장은 라스팔마스 공항폐쇄가 언제 풀릴지 몰라 초조하게 기다렸지만 20분이 지나도 아무런 소식이 없자 승객들을 공항 터미널에 대기 조치하고 그 사이에 재급유를 하기로 했다.

테네리페 공항에서 급유를 받기로 결정한 것도 시간을 절약하기 위해서였다.

한편 KLM 점보기 보다 약 30분 늦게 테네리페 공항에 임시 착륙한 팬암기 기장은 승객들과 함께 기내에서 대기하며 이륙허가가 나기만을 기다리고 있었다.

이윽고 임시폐쇄 됐던 라스팔마스 공항이 다시 개방되면서 착륙이 가능해졌다.

승객을 기내에 대기시킨 덕분에 당장 이륙이 가능했던 팬암 점보기는 관제사에게 이륙요청을 하였지만 활주로로 들어서는 길목에서 급유를 하는 KLM 점보기가 버티고 있어서 움직일 수가 없었다.

할 수 없이 팬암 점보기는 KLM 점보기가 먼저 이륙할 때까지 기다리는 수밖에 없었다. 하지만 KLM기가 급유하는 동안 갑자기 짙은 안개가 끼기 시작하여 시계가 200미터로 줄어들 정도로 나빠졌다. 설상사상으로 공항의 지상감시레이더도 작동을 하지 않고 있었다.

두 점보기는 상호간은 물론 관제탑에서도 위치를 육안으로 확인할 수가 없는 상태였다.

급유를 마친 KLM 보잉기는 승객을 태우고 서둘러 이륙을 준비했다.

활주로 진입허가는 받았지만 시간에 쫓긴 나머지 관제사로부터 이륙허가를 받지 못했다는 사실도 깨닫지 못한 채 안개 낀 활주로에서 거대한 기체를 가속시켰다.

잠시 후 활주로에서 대기 중이던 팬암 보잉기가 안개 속에서 나타났고 두 항공기는 충돌하여 끔찍한 사고가 발생한 것이다.

왜 유능한 기장이 이처럼 무리한 이륙을 시도했을까?

라스팔마스 공항에 제 시간에 도착하지 못했을 때에 발생될 회사의 막대한 손실을 연상하면서 그의 이성이 마비된 것이다.

사고를 유발한 KLM기장은 사내 안전교육까지 담당하는 베테랑 조종사였음에도 어이없는 오판을 하게 된 결정적 원인은 승객의 안전보다 회사가 입을 손실비용을 더 염려하고 치중한 것이다.

인간의 손실기피 심리가 다년간의 비행경험과 탁월한 조종능력을 무력화시키면서 역사상 최악의 대형 참사를 불러온 것이다.

희생당한 승객들은 승무원이 안전을 최우선하여 운항을 할 것이라는 굳은 믿음으로 탑승했을 것이다. 하지만 항공사를 무한 신뢰한 승객의 안전을 책임진 기장의 치명적인 판단착오로 희생된 것이다.

미국에서 있었던 도요타 리콜사태도 인간의 손실기피 심리로 인한 대표적인 사례라고 볼 수 있다.

도요타 승용차를 구입한 운전자가 차체결함으로 목숨을 잃는 사고가 몇 건 있었던 것이다.

도요타 경영진은 이미 4년 전에 자동차 결함을 인지하고 있었지만 대규모 리콜사태를 우려해 운전자의 운전미숙으로 책임을 돌렸다.

자동차 결함을 즉시 인정하고 적극 대처했더라면 피해를 최소화할 수 있었지만, 그들은 상황의 심각성을 인식하지 못하고 대규모 리콜비용을 아끼기 위하여 미온적으로 대처하며 감추기에 급급했다.

미국 고속도로 교통안전국이 대대적인 조사에 나선 후에야 가속페달의 결함을 시인했다.

결국 회사는 더 큰 손실을 보았고 뒤늦게 회사대표가 여러 차례 머리 숙여 사과했지만 수십 년간 공들여 쌓아온 브랜드 가치도 심각하게 훼손됐다.

도요타 경영층은 기업의 핵심가치를 자사제품을 사용하는 운전자들의 안전을 우선하는 윤리경영보다는 이윤추구에 두었기 때문에 더 큰 손실과 명예까지 실추된 것이다. 세계최고의 품질을 자랑하던 그들의 명성도 퇴색되어 버렸다.

그들이 소비자의 신뢰를 회복하기 위해서는 오랜 시간동안 더 많은 비용과 노력이 있어야 할 것이다.

기업들은 대부분 현명한 판단을 하지만 단 한 번의 비이성적인 판단으로 곤욕을 치르거나 몰락하기도 한다. 그러므로 존경받는 기업이 되기 위해서는 위기관리대처요령의 바이블처럼 전해지는 '타이레놀 독극물사건'으로부터 교훈삼아야 한다.

우리나라 서해안에서 대형해상크레인이 인근 해역에 정박한 유조선과 충돌하면서 기름이 유출되어 인근해역을 대규모로 오염시켰던 환경오염사고도 인간의 손실기피 현상이 원인을 제공했다.

우선 지정된 장소에 묘박(錨泊=정박)을 하지 않은 유조선의 잘못도 있다.

교통사고로 말하자면 유조선은 '주차위반'을 한 것이지만 더 큰 잘못은 해상크레인에 있다.

기상이 악화된 날씨에는 운항을 중지하든가, 폭풍우에도 견딜만한 와이어로프로 해상크레인을 견인했어야 했다.

하지만 강한 맞바람을 받는 해상크레인을 견인하던 와이어로프가 절단되면서 통제 불능이 된 육중한 해상크레인이 유조선에 부딪친 것이다.

급속한 해양오염 확산에 많은 국민들이 놀라면서 발 벗고 수습에 나섰지만, 유조선이 가입한 외국 보험회사 직원도 어민들의 피해산출내역을 보고 아연실색했다고 한다.

주요 해산물인 미역, 다시마, 김 등을 바다에서 자라는 잡초로 보는 그들 입장에서는 기가 찰 노릇이었다.

"잡초를 보상하라니 청구서 전체를 신뢰할 수 없다"며 협상이 난항을 겪는다고 한다.

또한 어민들은 해산물의 판로가 걱정되어 드러내놓고 피해 내용을 알릴 수 없는 이중고를 겪고 있다.

사고를 유발시킨 2척의 예인선원들도 악천후 날씨에 생명을 담보해가며 무리한 운항을 하고 싶지 않았을 것이다.

기상이 악화되었음에도 불구하고 무리한 운항을 할 수밖에 없었던 근본적인 원인 역시 그들이 소속된 기업이 추구하는 핵심가치의 방향에서 찾아야 한다,

경영층이 안전을 우선시하는 윤리경영보다는 이윤 극대화를 최우선 핵심경영가치로 추구했기 때문에 직원들도 안전보다는 회사의 손실비용을 두려워하며 모험적인 행동을 한 것이다.

결국 무리한 운항을 할 수밖에 없도록 무언의 압력을 가한 비윤리적인 경영방침이 수많은 어민들에게 말로 표현할 수 없을 만큼 심각한 피해를 준 것이다.

기업의 핵심경영가치가 변하지 않는 한 이와 같은 사고는 재발될 것이다.

최고경영층이 이윤추구에 앞서 인명을 존중하는 윤리경영을 우선해야 근무자들도 회사의 손실을 피하기 위한 모험적인 행동을 하지 않고 고객의 안전을 최우선 도모할 것이다.

'타이레놀 독극물 사건'을 현명하게 대처한 존슨 앤 존슨 회사처럼 진정으로 고객안전을 최우선하는 기업은 오히려 고객에게 깊은 신뢰와 감동을 줌으로써 제품판매량이 지속적으로 성장하고 존경받는 기업으로 거듭난다.

백년 이상 장수한 기업들의 공통점은 인류보편적인 윤리와 도덕을 바탕으로 한 핵심경영가치를 전 직원이 공유하며 실천하고 있음을 깊이 인식해야 할 때다.

※타이레놀 독극물 사건 : 1982년 미국 시카고에서 존슨 앤 존슨사의 진통제 생산제품 타이레놀 캡슐을 복용한 환자 3명이 목숨을 잃었는데, 조사결과 타이레놀에 청산가리가 들어있었던 것으로 밝혀졌다. 즉각 위기관리 대응 팀을 구성한 최고경영층은 놀랍게도 각 언론사에 자사제품인 "타이레놀을 먹지 말라"고 대대적인 홍보를 하며 수백 대의 핫라인을 설치하여 소비자들의 궁금 전화를 모두 받을 수 있도록 했다. 독극물은 생산 공정에서 들어간 것이 아니라 소매단계에서 사회에 대한 앙심을 품은 사람이 독극물을 투약한 것으로 조사되었다. 사실 존슨 앤 존슨사는 아무 책임이 없었지만 최고 경영자 제임스 버크 회장은 유가족에게 애도편지를 보내는 한편 "우리 잘잘못과는 관계없이 고객이 피해를 입을 수 있다면 회사 돈을 들여서라도

제품을 회수하는 게 마땅하다"며 1천여 억 원을 들여 이미 전국에 출고된 3천만 병의 타이레놀을 회수하여 폐기처분했다. 그것도 모자라 모방범죄로 인한 추가범죄까지 걱정하며 캡슐형태의 진통제를 복용하고 있는 사람들에게 정제 복용을 권유했다고 한다. 최고경영층은 당장 그들이 잃게 될 이익보다 고객의 생명을 더 귀중하게 여겼던 것이다. 이 사건을 계기로 인명을 존중하는 진정한 윤리경영에 깊은 감명을 받은 고객은 존슨 앤 존슨사를 더욱 신뢰하게 되어 사건발생 후 7%로 하락했던 시장점유율도 8개월 만에 35%로 상승하여 세계5대 제약회사로 도약하는 계기가 됐다.

일선부대의 어느 대대장

부하에게 관대했던 지휘관과
칼같이 엄격했던 지휘관과의 차이

군 생활하면서 겪었던 일이다.

갓 부임한 대대장은 작은 키에 배가 불룩 나온 사람이었다.

하지만 그는 휴일에도 웃통을 벗고 반바지 차림으로 내무
반을 둘러보며 사병들의 건강상태를 점검하곤 했다.

창설부대라서인지 강도 높은 훈련이 연일 계속되었다.

그런데 어느 날 부대가 뒤숭숭하며 사병들이 걱정스러운
표정으로 수군거렸다.

알고 보니 대대장실 뒤편 언덕에 있던 무전차량이 경사면
을 타고 내려와 대대장실 벽을 부숴 버린 것이었다.

경사면 위에 주차된 무전차량의 뒷바퀴에 구름방지 쐐기를
제대로 설치되지 않아 굴러 내려온 것이다.

차가 대대장실 안까지 밀고 들어와 책상과 집기비품이 망
가져 있었다.

만약 대대장이 사무실에 있었다면 꼼짝없이 목숨을 잃을 상황이었다.

외출했던 대대장이 보고를 받고 황급히 돌아왔다.

통신장교와 수송 장교는 물론 파랗게 질린 무전차량 운전병도 부들부들 떨며 어쩔 줄 모르고 있었다.

하지만 사고보고를 받은 대대장은 다친 사람이 없는 것을 확인하고 별 일 아니라는 듯 파손된 비품을 보며 말했다.

"이거 자랑이라고 놔 둔 거야?"

"일 좀 하게, 빨리 치워."

그는 부서진 벽을 가리키며 정보과장에게 말했다.

"자네 하마터면 죽을 뻔 했어."

"앞으로는 여기서 졸지 마."

평상시 정보과장이 대대장실 밖 그늘진 곳에 의자를 놓고 자주 졸았던 것을 두고 한 말이었다.

그는 겁에 질려있는 운전병의 어깨를 두드리며 몸 상태를 확인했다.

"괜찮나?"

"걱정하지 말고 가서 열심히 근무해."

이 소식은 삽시간에 퍼져 전 부대원이 알게 되었다.

몇 개월 후 부대별 전투력을 측정하는 경연대회가 열렸는데 거의 모든 종목을 휩쓸어 버렸다. 창설부대가 경연대회 종합우승을 차지한 것은 처음이라고 한다.

지휘관의 넓은 도량과 관용에 사병들은 전력을 다하여 우승으로 보답한 것이다.

어느 조직사회든 유능한 사람은 윗사람이 먼저 알아보고 그를 가만 놔두지 않는다. 빛나는 리더십을 발휘하여 혁혁한 실적을 세운 그는 얼마 후 사단 인사참모로 전격 발탁되었다.

사병들의 존경을 받던 그가 가면서 신임 부대장이 왔다.

외모는 비슷했지만 지휘방침은 달랐다.

그가 온 지 며칠 안 된 어느 겨울이었다.

날씨가 추워 주머니에 손을 넣고 걷던 사병이 그의 눈에 띄었다. 그는 사단 군기교육대(사병들은 사단영창이라고 한다)에서 일주일 동안 혹독한 교육을 받아야 했다.

사병들은 겁에 질렸고 보행 중 팔의 높이는 직각이 되어 있었다.

신임 부대장의 지휘방침은 독특하면서 확고했다.

조금만 잘해도 포상휴가 1주일이 주어졌고, 조금만 잘못하면 어김없이 군기교육대에 보내졌다.

어떤 사병은 자체배구대회에서 우승하는데 공을 세웠다고 포상휴가를 갔다 온 다음날 보초근무 중 소변을 보았다는 이유로 군기교육대에 가야 했다.

사병들이 원하는 것은 한결같았다.

'포상휴가는 안 가도 좋으니 전역할 때까지 군기교육대만큼은 가지 말아야 할 텐데 ……'

사단 군기교육대를 피하기 위해서 모두 두려움에 떨었다.

겉으로 보기에 사병들의 동작과 구령소리는 예전보다 사뭇 절도가 있고 우렁찼다.

칼로 무 자르듯 군기는 날이 섰다. 하지만 사기충천해야 할 부대 분위기는 급속하게 위축되었다.

긴장과 공포에 질린 사병들은 휴식시간에도 웃지 않았다.

담배연기와 침묵만이 흘렀다.

몇 개월 후 다시 군단 경연대회가 시작되는 날이었다.

지휘관은 출발에 앞서 연병장에 도열한 전 부대원에게 비장한 연설을 했다.

온갖 미사여구를 동원한 감동적인 연설을 듣는 한 시간 동안 사병들은 꼼짝하지 않았다.

경연대회가 끝나고 1주일 후 전투력 시험결과가 나왔다.

중간점수를 받은 몇 종목을 빼고는 모두 꼴찌였다.

알 수 없는 일이었다.

전보다 훈련시간과 강도가 훨씬 더했는데 믿을 수 없는 결과가 나온 것이다.

식당에 모인 전 부대원은 열변을 토해내는 부대장의 길고 지루한 강평을 들어야만 했다.

목에 돋은 굵은 핏줄과 부대장의 핏발 선 눈을 차마 볼 수 없었다. 그리고 환골탈태하여 천하무적 강군으로 다시 태어나야만 했다.

그 후 군단 전투력 시험측정 결과는 모른다.

부하들의 안위보다는 실적 쌓기에 전력을 다했던 그가 소원 성취했는지도 모른다.

몇 개월 후 전역했기 때문이다. 하지만 전역하면서 그도 하루빨리 전역하거나 다른 부대로 가기를 간절히 빌었다.

달갑지 않은 포상휴가와 군기교육대를 피하고 무사히 전역할 수 있었던 것은 엄청난 행운이었다. 그 당시 지휘관이 무서운 채찍 대신 조금만 관용을 베풀었더라면 사병들은 주눅이 들지 않고 제 실력을 발휘했을 것이다.

자신에게는 엄격하고 남에게는 관대한 마음가짐이 얼마나 중요한지 그 시절에 배웠다.

보스는 가라고 하지만 지도자는 함께 가자고 한다.
보스는 겁을 주지만 지도자는 꿈을 준다.
보스는 챙길 때 지도자는 베푼다.
보스는 부하를 만들지만 지도자는 지지자를 만든다.
보스는 권력을 쌓지만 지도자는 신뢰를 쌓는다.

세계 최초 백화점 왕

실행력이 거부가 되는 지름길이었다

미국 필라델피아에 한 소년이 있었다.

나이가 13세인 소년은 집안이 가난하여 학교에 다니지 못하고 벽돌공장의 벽돌공으로 일하고 있었다.

선배들이 그에게 궂은일을 시키고, 조금만 잘못해도 흙덩이와 주먹을 날릴 때마다 그는 각오를 새롭게 다졌다.

"열심히 공부하고 노력해서 기어이 성공하고 말 것이다."

그는 낮에는 일하고 밤에는 열심히 공부했다.

그의 아버지가 돌아가시면서 가족의 생계까지 떠맡아야 했지만, 묵묵히 일하면서 목표를 향해 남들과 다른 길을 추구했다. 어느 날 일을 마치고 집에 돌아오는데 비가 내려 마을길이 진창길이 되어 있었다.

그 길은 조금만 비가 내려도 언제나 진창길이 되곤 했다. 그러나 사람들은 우산을 받쳐 들고 옷자락을 움켜쥐며 힘겹게 걸으면서 불평만 할뿐 길을 고칠 생각은 하지 않았다.

만약 자신들의 집 앞이었다면 어땠을까?

소년은 어른들의 불평을 듣고 그 길을 고쳐야겠다고 결심했다.

다음날부터 그는 얼마 안 되는 자기 일당 7센트에서 일부를 떼어내 매일 벽돌 한 장 씩을 자기공장에서 사서 길에 깔기 시작했다.

그 넓고 긴 길을 혼자서 완성하려면 2년도 넘게 걸릴 일이었다. 그런데 한 달 뒤 기적이 일어났다.

그는 그날도 벽돌 한 장을 길에 깔고 있었다.

우연히 마을 사람 한 명이 그 장면을 보게 되었다.

어린 아이가 벽돌을 자기 돈으로 사서 날마다 한 장씩 길에 깐다는 사실을 알게 된 그 사람은 부끄러움과 함께 마을사람들에게 이 사실을 알렸다.

소년의 행동을 통하여 자신들의 모습을 반성한 마을사람들은 길을 포장하기로 마음먹고 힘을 모았다.

얼마 후 길은 말끔하게 포장되어 비가 와도 더 이상 걱정할 필요가 없었다.

1861년에 23세가 된 이 소년은 남성의류점을 시작하여 31세 때 세계 최초의 백화점 사장이 되더니 70세가 되었을 때는 세계에서 가장 많은 백화점을 거느리는 백화점 왕이 됐다.

그 후 200억 달러가 넘는 자신의 재산을 사회로 환원하기 위해 고민하던 중 불우했던 자신의 과거를 떠올리고 세계의 불우한 어린이와 청년들을 위한 복지시설과 건물을 무료로 지어주는데 자기의 전 재산을 모두 사용하기로 결심한다.

1896년 그가 58세 때 YMCA를 창설하고, 전 세계에 수많은 건물을 지어 기증하였다. 서울의 종로 2가에 있었던 YMCA 건물도 그가 지어 우리나라에 기증한 건물이다.

초등학교 졸업장도 없었지만 미국 체신부장관까지 지낸 그의 이름은 존 워너메이커다.

진창길을 모든 사람들이 이용하기에 편리한 길로 만들기 위해 벽돌 한 장부터 깔기 시작한 소년, 그가 평생 지녔던 신념은 '생각하라, 그리고 실천하라'였다.

안전도 마찬가지다. 머리에 든 안전지식은 실천하지 않으면 아무런 의미가 없다. 마을사람들도 흙탕길을 포장하는 방법을 몰라서 하지 않은 것은 아니다.

알고만 있었을 뿐 실천을 하지 않은 것이다. 그러나 소년은 그가 알고 있는 것을 과감히 실천에 옮긴 것이다. 지식이란 머리에 담아 두었다가 필요시 사용하기 위해서다. 고인 물은 반드시 부패하듯이 머리에서만 잠자는 지식은 가치가 없다.

안전을 실천하는 것은 커다란 결심이나 용기가 필요치 않다.

타인이 아닌 자신과 가족의 행복을 위한 일인데 무슨 결심이나 용기가 필요한가?

우리는 왜 이렇게 서두르는가?

술을 물 마시듯 마시고
급히 나가는 사람

짝짝이로 신은 양말, 두고 온 휴대폰, 과속운전, 오타, 맞춤법 부실서류……

뜨거운 음식에 입천장이 데기도 하고, 소변을 보면서 바지에 몇 방울 떨어뜨리기도 한다.

여유를 가지고 좀 천천히 하면 실수가 줄어들 텐데도 우리는 일상생활 중에 크고 작은 실수를 하면서 대수롭지 않게 지나친다. 하지만 습관화된 조급성이 큰 문제를 야기한다.

사원시절 근무하던 현장에 '산적'이라는 별명을 가진 작업반장이 있었다.

턱과 가슴에 털이 무성하고 우람한 체격을 가진 사람이었다. 그는 여름이건 겨울이건 메리야스도 입지 않고 군용잠바만 입고 일을 했다.

그런데 그는 산적이라는 별명답게 우락부락한 얼굴에 성질 또한 무척 급했다.

현장에서 작업진행 속도가 마음에 들지 않거나 일이 조금이라도 틀어지기라도 하면 울화통이 치미는지 단골식당에서 술을 마시곤 했는데, 속도가 너무 빠른 것이 문제였다.

그는 식당에 들어오자마자 "아줌마, 계란 하나 익혀주세요"라고 말하면서 소주병을 집어 든다.

산적의 급한 성질을 잘 아는 식당아줌마는 즉시 하던 일을 멈추고 부랴부랴 불판 위에 계란을 깨트리고 다 익기도 전에 접시에 담아 산적에게 가지만 이미 그는 술을 다 마시고 나간 뒤다.

산적이 하는 일은 매사 이런 식이다.

철근작업반장인 그는 안전수칙이나 품질수칙은 아랑곳하지 않고 자신의 경험에만 의존하다보니 품질검사 과정에서 시공불량으로 재작업이 다반사다.

왜 시공불량이 잦아지는 걸까?

작업을 빨리 하기 위해서는 숙련된 경험이 필요하다.

그런데 산적이 맡고 있는 작업반은 고된 노동 강도뿐만 아니라 안전사고 발생율도 높아서 오랫동안 일하던 숙련공들이 더 이상 작업을 할 수가 없는 상황이었다.

결국 경험이나 기능이 낮은 사람으로 숙련공의 자리를 채

울 수밖에 없고 작업속도는 줄이지 않으니 품질에 문제가 발생하는 악순환이 반복된 것이다.

이것이 산적으로 하여금 낮술을 하면서 안주도 먹을 시간이 없을 만큼 바쁘게 하는 이유다.

재작업으로 인한 과다한 인건비 발생으로 사업주는 금전적 손해와 함께 회사의 신용도가 떨어지게 되고 공사수주와 영업에 악순환이 이어지게 된다.

그래서 안전은 회사경영의 중요한 요인으로 작용한다.

안전이 곧 성장의 기반인 것이다.

얼마나 더 희생을 치러야 평화가 올까?

네 탓 손가락질은 곧 내 탓 의미!

우리나라의 반도체 산업 초기에 있었던 일이라고 한다.

기술과 장비를 대부분 일본회사에 의존하던 시절이었다.

그런데 일본을 따라 잡기 위해 연구개발에 전력을 기울이는데도 불량률을 줄일 수 없어서 애를 먹고 있었다.

당연히 생산원가도 높아지고 제품에 대한 신뢰도가 떨어져 수출단가도 싸구려 취급을 받을 수밖에 없는 일이었다.

모든 시설을 일본에서 수입하여 일본 반도체 공장과 똑같이 설치했는데도 불량률이 떨어지지 않아 사업이 불투명한 상황에 직면하게 되었다.

하는 수 없이 거액을 들여 일본의 반도체 전문가에게 불량률 저감을 위한 용역을 주었다고 한다.

그들은 원인을 찾기 위해 필요하다며 회계장부에서부터 직원들의 인사기록까지 요구했다.

거액의 돈을 주면서도 알몸을 보여 주듯이 모든 자료와 정보를 내줄 수밖에 없었다.

드디어 용역결과가 나왔다.

용역결과보고서는 지극히 간단했다.

원인: 생산직 여직원의 화장품에서 떨어지는 분말이 불량품 발생 원인임.

대책 : 여종업원의 화장행위 일체 금지조치.

용역결과를 받은 회사는 땅을 치며 후회했다고 한다.

엄청난 용역비 때문만은 아니었다.

공장입구에 붙어있는 품질수칙에 '생산근무자는 화장을 하지 말아야 한다'는 조항이 있었던 것이다.

돈과 자존심도 잃고 회사의 기밀이 완전히 노출된 뼈아픈 기억을 되씹어야만 했다.

공장설계도면과 생산 장비 일체를 일본과 동일한 제품으로 구입설치하고 운영 지침서까지 받았지만 원칙과 기본을 등한시한 결과 거액의 용역비를 지불하면서 쓰디쓴 교훈을 얻은 것이다.

기본적인 품질수칙을 지키지 않은 대가치고는 너무 크게 치렀다는 생각을 지울 수가 없다.

아무리 우수한 기술과 인력을 가졌어도 원칙과 기본을 철저히 준수해야만 더 정밀하고 더 큰 기술발전을 이룰 수 있지 않을까?

어쨌든 품질은 타인의 도움을 받아 원하는 목표를 이룰 수 있어 다행스럽다. 하지만 안전은 원칙과 기본을 지키지 않으면 생명이 위태로워진다.

품질은 잠깐의 후회를 하고 심기일전 할 수 있었겠지만, 안전사고는 당하면 돌이킬 수 없다.

지금도 각 산업분야에서 안전의 원칙과 기본을 준수하지 않아 귀중한 목숨을 잃는 사고가 이어지고 있다.

장애를 입은 재해자들을 만나보면 좀처럼 자신의 잘못을 인정하지 않는다.

회사나 동료작업자에게 손가락질하며 '그들 때문에 자신이 다쳤다'고 주장한다. 그러나 남의 탓을 하며 손가락질하는 손을 자세히 보면 왜 사고가 났는지 알 수 있다.

한 손가락은 하늘을, 한 손가락은 동료나 회사를, 나머지 세 손가락은 자기 자신을 가리키고 있는 것이다.

자신에 대한 후회를 회사에 대한 분노로 표출시킨다.

하지만 사고의 책임을 동료나 회사에게 돌린다고 해서 장애가 회복되는 것은 아니다.

품질은 실수로부터 배울 수 있지만, 안전은 실수로부터 배울 기회가 주어지지 않는다.

미국의 반전(反戰)가수가 "얼마나 더 포탄이 날아야 평화가 올까?"라고 목청을 높였듯이 "얼마나 더 희생을 치러야 안전의식이 향상될까?"라고 외치고 싶다.

지금도 늦지 않았다.

공종별 안전수칙만 잘 지켜도 재해율이 훨씬 줄어들 것이다.

더 늦기 전에 국민 모두가 각자의 위치에서 안전의 원칙과 기본을 실천하고 생활화해야 한다.

내가 만난 독일인들

125년 전 매설,
하수도관 도면도 새것처럼 보관

'시작이 반'이란 말이 있다.

우리는 계획이 제대로 되어 있지 않아도 무조건 시작하면 반이 되는 것으로 인식하고 있다. 그래서 일단 시작부터 해놓고 계획을 짜다보니 실수가 잦을 수밖에 없다. 그러나 구미 선진국에서는 계획이 잘 짜여 완성되었을 때를 반이라 한다.

회사나 개인적인 일도 치밀한 계획을 수립하고 수시로 확인해야 실수를 최소화할 수 있다.

우리가 본받아야 할 좋은 사례가 있다

몇 년 전 독일에 주재하는 함부르크 총영사가 기고한 신문 기사 요약 내용이다.

대구지하철 공사장의 가스폭발사고로 수많은 사상자가 발생했다는 소식을 듣고 한동안 멍했다.

'아현동 가스폭발사고와 성수대교가 붕괴된 지 얼마 지나지 않았는데 또…….'

자책하고 있는데 마침 함부르크 우리 집 앞의 하수관교체공사를 하는 장면을 유심히 살펴보았다.

이 사람들은 공사를 어떤 식으로 하는지 궁금하여 보고 싶어서였다.

최신식 장비를 동원하여 최신공법으로 공사를 하는 것은 놀랄 일이 못된다.

하지만 인근에 있는 건물이 손상되지 않도록 보호방책을 설치하고 가로수 한 그루도 다치지 않도록 철저히 안전방책을 설치하고 작업하는 것을 보고 감탄하였다. 그러나 진정 나를 감탄하게 한 것은 다른 데 있었다.

새것으로 교체되고 있는 낡은 하수도관이 125년이나 된 것이었으며, 이렇게 오래된 하수도관 설계도면과 시공도면이 새것처럼 깨끗하게 보존돼 있었고 기술자들은 그 도면을 참조하여 작업을 하고 있는 것이었다.

하도 믿어지지 않아 현장소장에게 "그 설계도가 원본이냐?"고 확인해보니 "그렇다"고 하여, 다시 "정확하냐?"고 되물어보니 "당연한 것을 왜 묻냐?"는 표정을 지으며 역시 그렇다고 한다.

이렇게 완벽하게 안전대책을 세우고 시공을 하니 안전사고가 있겠는가?

독일인이 완벽주의자로 소문나 있었지만, 한번 매설한 하수도관이 125년이나 갈 수 있고 시공도면을 그토록 오래 보관하고 있다는 것은 무엇을 의미하는가?

그들은 공사의 설계, 시공, 도면보관 등에 이르기까지 설계사, 토목기술자, 감독, 감리, 하수도관 제조업자, 도면보관관리 담당 공무원 등 모든 사람들이 각자 자기위치에서 자기의 임무와 역할을 빈틈없이 수행하고 있었다.

이 글을 읽으며 대구 지하철 폭발사고도 완벽한 지하매설물 도면만 있었다면 충분히 예방할 수 있었다는 사실을 생각하니 안타까움과 함께 독일인들이 몹시 부러웠다.

그러면서 지난 날 그들과 함께 공사를 수행하며 우리와 두드러지게 달랐던 특별한 기억들이 다시금 생각이 났다.

필자가 근무한 현장에는 2명의 독일기술자가 있었다.

어느 날 오후에 비가 내려 작업자들이 일찍 퇴근한 시간에 현장점검을 하던 중 쓰레기장에서 허리를 구부린 채 비를 맞아가며 뭔가 일에 열중하는 사람이 눈에 띄었다.

가까이 가보니 그는 작업자들이 사용하고 버린 그리스(Grease, 서로 접촉하여 미끄러지는 기계부품들 사이에서 마찰과 마모를 줄이고 마찰열을 흡수하는 고상(=固體相)의 오일종류) 통에서 모서리에 조금 남아있는 그리스를 굵은 철사로 긁어내 별도의 통에 담고 있었다.

헛기침으로 인기척을 하니 그 독일인은 계면쩍은 웃음을 지어 보이며 어깨를 으쓱했다.

사실 그들 회사와 맺은 계약서에는 그들이 청구하는 소모성 자재 모두를 지급하도록 되어 있었다. 그 일이 있은 다음 날부터 그를 눈여겨보게 되었다.

항상 고개를 숙인 채 두리번거리며 다니는 그의 바지 주머니는 항상 불룩해 있었다.

알고 보니 땅에 떨어진 못, 볼트, 너트 등 사용가능하다고 생각하는 부품들을 주은 것이었다.

점심 후 휴식시간에 폐 합판으로 만든 그의 현장사무실에 가보니 오전에 주은 부품들을 종류와 규격별로 구분하고 있었다.

한국인 반장에게 건네주기 위해서였다.

그의 유별난 행동에 적잖게 당황스러웠다.

목수들이 사용하는 자재 부품은 그들과 아무런 관계가 없는 일이었기 때문이다.

어느 날엔가는 아침에 사용한 일회용 종이컵 하나로 종일 사용하는 그에게 이유를 물으니 이렇게 반문하는 것이었다.

"수십 년 동안 자란 나무가 한번 사용하고 버려지는 종이컵으로 일생을 마치기에는 너무 억울하지 않겠는가?"

그들이 한국에 올 때 가져온 안전화가 너무 낡아 보여 새것을 지급하려했으나, 정중하게 사양하며 "아직 한참 더 사용해도 된다"는 대답이 돌아왔다.

몇 년 후 다른 현장에서 만난 독일인들도 마찬가지였다.

계약에 따라 출퇴근용 차량을 지원했지만 그들은 자신이 가져온 스포츠용 자전거로 출퇴근을 했다.

꽤 먼 거리인데도 비를 맞으며 자전거로 퇴근하는 그들을 보고 많은 생각을 했었다. 다음날 그들과 커피를 마시며 말을 걸어보니 역시 예상했던 대답이 돌아왔다.

"화석연료를 사용할 필요도 없고 운동을 할 수 있는 자전거가 좋다."

"돈도 아끼고 환경에도 좋으니 계속 자전거를 사용 할 생각이다." 그러면서 조심스럽게 덧붙이기를 "한국인은 여름을 겨울처럼 지내고, 겨울은 여름처럼 지내는 것 같다."고 말하는 것이었다.

설명인즉 여름에는 에어컨을 과다하게 가동하여 감기에 걸리는 사람이 많고 겨울에는 반바지 차림으로 지내는데 난방비를 어떻게 감당하는지 궁금하다는 것이었다.

에너지를 폭풍처럼 사용하는 한국인을 이해할 수 없다는

표정들이었다.

그들은 또 모피코트를 예로 들며 한국인인 나를 진지하게 설득(?)시켰다.

한국의 겨울은 그다지 춥지도 않고 겨울이 길지 않은데도 모피코트가 왜 필요한지 모르겠다. 고작 한두 달 입기 위해서 값비싼 모피코트를 장롱에 보관하는 것은 낭비라고 생각한다.

자신들은 값비싼 모피코트나 양복은 물론 파티용 그릇 등 거의 모든 생활용품을 필요할 때마다 임대업체에서 빌려 사용한다는 것이다.

창밖에서 담배꽁초를 버리고 가는 사람을 물끄러미 보던 그는 자리에서 일어나면서 말했다.

"저 사람도 자신의 집에서는 담배꽁초를 저렇게 버리지 않겠지요?"

"독일 사람들은 집안행동과 집밖의 행동이 똑같습니다."

"우리는 법을 지키지 않거나 환경오염 행위를 하면 심한 스트레스를 받는 사람들입니다."

과소비는 죄악이라는 인식을 가지고 근검절약과 친환경생활이 몸에 밴 게르만 민족의 위대함에 소름이 끼쳤다.

하기야 가축을 도축 후 버려왔던 부산물을 가공하여 소시지를 만들어 먹었던 그들이고 보면 놀랄 일도 아니다. 하지만 그들이 근검절약하고 도면을 100년 이상 보관한다면 우리도 못 할 것 없다.

대한민국은 조선왕조실록이란 위대한 기록문화유산을 가진 나라다.

소나 돼지고기도 우리만큼 부위별로 다양하고 알뜰하게 요리해 먹는 나라는 없을 것이다.

우리도 위대한 저력을 가진 민족답게 마음만 먹으면 얼마든지 할 수 있다. 그러기 위해서는 의식을 바꿔야 한다.

가정과 직장을 변화시키기 위해서는 나부터 변화된 모습을 보여줘야 한다.

우선 나부터 가정과 직장에서 내가 할 일을 빈틈없이 하고 있는지 확인하자.

성찰의 바탕 위에서 새로운 출발을 다짐한다면 그들보다 훨씬 더 잘 할 수 있다고 본다.

그는 성공한 사람일까?

자신의 목표 이뤘지만 일찍 세상을 뜬 사람, 과연 성공한 사람일까?

사람들이 흔히 말하는 성공의 기준은 뭘까?

돈을 많이 번 억만장자, 자신이 원하는 대로 자식교육을 잘 시킨 사람, 덕망 높은 정치인, 안락하고 행복한 가정을 일군 사람, 모두가 성공한 사람일 수 있다.

결국 자신의 목표를 달성하여 원하는 바를 이룬 사람을 성공한 사람이라고 할 수 있겠다.

혁명가 중에는 자신의 생명보다 더 소중한 가치관이나 원대한 삶의 목표를 가진 사람도 있다.

그런데 투철한 사명감을 가진 군인이거나 특별한 의협심을 가진 의인도 아닌데 자신의 생명을 단축시키면서까지 목표를 이룬 사람을 성공한 사람이라고 할 수 있을까?

IT혁명을 이뤄 부와 명성을 이뤘지만 젊은(?)나이에 불치의 병으로 목숨을 잃은 스티브 잡스는 성공한 사람일까?

마지막 삶을 정리하면서 회한은 없었을까?

그는 빌 게이츠, 워렌 버핏 등 세계적 부호들과는 달리 가난하고 형편이 어려운 사람을 위한 자선사업에 몹시 인색했다고 한다.

일생동안 써도 다 쓰지 못 할 천문학적인 돈을 벌었지만 마음은 가난한 사람이었다.

라이벌 회사에 대한 무차별적인 특허소송을 제기하는 것을 보면 자신의 아이디어로 인류의 공익을 위해 애쓴 사람이라고 볼 수도 없다.

컴퓨터 운영체제의 하나인 '리눅스'를 개발하고 무료 배포함으로써 모두가 자유스럽게 사용하도록 한 핀란드의 리누스 토발즈라는 사람과도 차별된다.

그는 자신의 아이디어를 제품화하여 돈을 모으는데 기쁨과 성취감을 얻었던 사람에 불과했다고 본다.

누군가 '행복하지 않은 성공은 의미가 없다'고 했듯이 모든 것을 버리고 일찍 세상을 뜬 그를 성공한 사람이라고 볼 수는 없다.

그를 추앙하거나 존경의 대상도 아니라고 본다.

일가족을 이끌고 공원에 소풍 나온 어느 가장과 팔순의 할아버지가 손녀와 함께 비단잉어에게 먹이를 주며 천진난만한 미소를 짓는 모습이 내게는 성공한 사람으로 비쳤다.

그는 화목한 가정을 일구었고 연못가에서 노는 아버지와 딸을 주의 깊게 살펴보는 자식의 표정으로 보아 극진한 효도를 받고 있음직했다.

또한 소풍을 다닐 만큼 건강한 심신으로 손자들의 재롱에서 더할 수 없는 기쁨과 만족을 누리고 있었기 때문이다.

미국의 저명한 경제학자이며 자연주의자였던 스콧 니어링은 평생 동안 병원에 가지 않고 100세까지 건강하게 살다가 '살 만큼 살았다'며 스스로 곡기를 끊고 죽음을 음미하면서 생을 마쳤다.

그는 불치의 병으로 죽거나 극심한 스트레스를 피하기 위하여 스스로 목숨을 끊은 사람들과는 차별되어야 한다.

– 다음은 스콧 니어링의 유언이다.

인생의 마지막 순간이 오면 나는 자연스럽게 죽게 되기를 바란다.

나는 병원이 아니고 집에 있기를 바라며 내 곁에는 의사도 없어야 한다.

의학은 삶에 대해 아는 것이 거의 없는 것처럼 보이며 죽음에 대해서도 무지하니까.

나는 죽음이 가까이 왔을 무렵에 지붕이 없는 툭 트인 곳에 있고 싶다.

그리고 나는 단식을 하다 죽고 싶다.

나는 죽음의 과정을 예민하게 느끼고 싶다.

그러므로 어떤 안정제, 진통제나 마취제도 필요 없다.

나는 되도록 빨리 조용히 떠나고 싶다.

그래서 어떤 치료도 거부한다.

나는 회한에 젖거나 슬픔에 잠기지 않을 것이니, 나와 자리를 함께 하는 사람들은 정숙과 위엄, 이해와 평화로움을 갖춰 죽음의 경험을 함께 나누기 바란다.

죽음은 무한한 경험의 세계, 나는 힘이 닿는 한 성실하고 충만하게 살아왔으므로 기쁘고 희망에 찬 마음으로 간다.

죽음은 옮겨감이거나 깨어남이므로 삶의 다른 일들처럼 환영받아야 한다.

내가 죽은 뒤 어떤 장의업자나 직업적으로 시체를 다루는 사람이 끼어들어선 안 된다.

되도록 빨리 작업복을 입혀 침낭에 넣은 다음 평범한 나무 상자에 뉘기를 바란다.

상자 안이나 위에 어떤 장식도 해서는 안 되며 장례식도 열려서는 안 된다.

그렇게 옷을 입힌 몸은 조용히 화장되기를 바란다.

어떤 상황에서든 설교자나 목사, 다른 직업 종교인이 주관해서는 안 된다.

화장이 끝난 뒤 되도록 빨리 재를 거두어 바다가 보이는 나무 아래에 뿌려주기 바란다.

나는 맑은 정신으로 이 모든 요청을 하는 것이므로 가장 가까운 사람들에게 존중되기 바란다.

(21살 어린 스콧의 아내 헬렌이 그의 유언을 그대로 받들었다.)

자신의 목표와 의지대로 온전하게 살다가 스스로 삶을 마감하고 평온하게 자연으로 돌아간 그가 진정한 성공을 거둔 사람이라고 본다.

※리눅스 : 기존의 비싼 대형 컴퓨터에서나 작동하던 유닉스 운영체계를 386기종의 개인용 컴퓨터에서도 작동할 수 있게 만든 프로그램으로서 1991년 최초 개발자인 리누스 토발즈가 인터넷을 통해 무료 배포한 컴퓨터 기본 운영체계(OS)이다.

스콧 니어링처럼 평범하지만 가정에 충실하고 주어진 능력 안에서 사회에 봉사하며 오랫동안 건강하게 사는 것이 성공한 삶이 아닐까?

21%의 법칙

개미, 벌, 인간사회도 21%법칙이 존재

인체는 수분이 79%이며 나머지 건조상태^{Dryed Solid} 고형물은 21%로 구성되어 있다고 한다.

또 건강한 사람의 대변은 인체와 마찬가지로 79%가 수분이고 21%가 고형물이다.

우리가 호흡하는 공기 중에 산소가 21%이고 나머지 79%는 질소 등의 기체다.

지구의 지표면적을 100으로 볼 때 바다와 저수지 강, 하천 등 물이 차지한 면적을 제외한 순수한 땅의 면적은 21%이며 79%는 물이 차지한 면적이다.

정사각형 안에 변의 길이와 같은 지름의 원을 내부에 그려 넣으면 전체 정사각형 면적의 79%가 원에 해당되고 나머지 4귀퉁이 면적은 21%가 된다.

달걀이 부화하려면 어미닭 품에서 21일이 소요된다.

개미와 벌은 평생 일만하다가 죽는데, 그중 21%는 놀면서 양식만 축낸다.

21%의 못된 놈들만을 골라 집단을 구성시키면 한동안 모두 놀다가 굶어 죽을 상황에 이르면 결국 일터로 나간다. 하지만 그 집단에서도 21%는 일을 태만히 하거나 수수방관하면서 먹기만 한다.

비단 개미나 벌뿐만 아니라 인간사회에서도 21%법칙이 존재한다고 한다.

79% 정도의 사람은 법을 준수하지만 21%가 범법행위를 하며 어느 직장이나 조직에서도 21%는 업무에 소극적이다.

돌이켜보면 필자가 근무했던 현장에서도 대부분은 안전수칙을 준수하려 노력했지만 21% 정도는 안전을 지키려 하지 않았던 것 같다.

또한 그 부류의 사람들이 안전사고를 당하거나 실수를 유발하여 동료에게 피해를 입혔다,

사고를 줄이고 업무의 효율성을 위해서는 습관적으로 안전수칙을 등한히 하는 그들을 집중관리할 수밖에 없었다.

결국 그들을 선택적 감성교육으로 밀착관리하며 태도를 변화시켰더니 재해율이 현저하게 감소되었으며 작업능률도 향상되었음을 확인할 수 있었다.

의사의 아들과 농부의 아들

치료하는 의사,
사고를 미리 예방하는 농부

초등학교 저학년에 다니는 아이들이 있었다.

어느 날 농부의 아들은 수업이 끝나고 친구의 집에 놀러갔다. 친구의 아버지는 의사였다.

둘은 마당에서 놀다가 농부의 아들이 돌부리에 걸려 넘어져 이마가 찢어지는 부상을 당했다. 의사는 아들의 친구를 치료하고 맛있는 과자를 주며 달랬다.

농부의 아들은 집에 돌아와 낮에 있었던 일을 아버지에게 자랑하듯 말했다.

"친구네 집에서 놀다가 다쳤는데 아버지가 의사라서 공짜로 치료해 주었어요. 아버지는 과자를 한 번도 사주지 않았지만, 친구 아버지는 과자도 이만큼 주었어요."

아들의 이야기를 듣고 있던 농부가 말했다.

"너는 태어나서부터 마당에서 뛰어놀며 자랐는데, 그동안 돌부리에 걸려 넘어진 적 없지?"

다친 적도 없을 게다.

나는 너희들이 마당에서 마음껏 뛰어 놀아도 다치지 않도록 작은 돌멩이도 캐냈단다. 너의 친구 아버지는 치료만 해줄 줄 알았지, 돌멩이를 캐낼 줄은 모르는 사람이구나.

이제 네가 생각해보렴.

"너희들이 다치지 않도록 위험한 물건들을 미리 없애 버린 아버지와 자신의 집에서 다친 사람을 공짜로 치료해준 사람 중 누가 더 훌륭한 아버지라고 생각해?"

아들은 고개를 숙이고 작은 목소리로 말했다.

"이제 친구 아버지가 부럽지 않아요."

이 땅에 사는 우리는 농부와 같은 마음을 가진 부모님의 극진한 보살핌을 받으며 자랐고 그렇게 자녀들을 양육하고 있다.

모두가 소중한 존재들이다.

그들이 불행한 사고를 당하지 않도록 서로 존중해야 한다.

도로에서는 운전자가 보행자를, 산업현장에서는 경영층이 근로자를 배려해야 한다.

생명존중 정신을 묵묵히 실천하는 농부와 같은 사람이 많을수록 건강하고 안전한 사회가 될 것이다.

진정한 안전은 아이를 돌보는 부모의 마음과 같아야 한다.

살아있는 화석

완벽한 경쟁력을 갖춘 은행나무

흔히 은행나무를 살아있는 화석이라고 한다.

2억 년 전에 출현하여 빙하기를 견뎌내고 지금껏 번성하고 있기 때문이다.

다른 나무와 달리 끈질긴 생명력을 자랑하는 이 나무의 생존비결이 뭘까?

나무는 햇빛을 통하여 광합성작용을 해야 생존이 가능하다. 그래서 큰 나무 밑에 가려져 햇빛을 받지 못하는 작은 나무는 도태된다. 그런데 은행나무는 상향식으로 자라기 때문에 햇빛을 선점하기 용이하다. 또한 방어력이 뛰어난 독특한 냄새 때문에 병충해가 얼씬도 하지 않는다. 그래서 집 안에 은행 나뭇가지를 놓으면 바퀴벌레나 집개미가 사라진다.

목재로도 손색이 없어 조각이나 가구를 만들어도 뒤틀림이 없고 나무좀이나 흰 개미 등 벌레가 먹지 않는다고 한다.

또 엄청나게 많은 열매를 맺음으로써 후손의 번식에도 어려움이 없다. 열매에서 나는 고약한 냄새도 이유가 있다.

야생의 은행나무에서 떨어지는 열매는 특유의 고기 썩는 냄새 때문에 육식동물의 먹이가 된다.

포유동물이 먹은 뱃속의 씨앗은 어미나무로부터 멀리 떨어진 곳에서 배설되며 발아율 또한 높아진다.

이처럼 생존능력이 탁월하니 웬만한 빙하기 같은 급격한 기후변화에도 끄떡없었다. 온갖 공해에도 별 문제없이 잘 자란다. 그래서 수명도 2,000년 이상이나 된다.

더 이상 진화가 필요 없는 완벽한 나무이며 이것이 지금까지 번성하는 이유다. 또한 다른 나무보다 5~6배의 산소를 뿜어내며 대기오염을 정화시키는 능력이 탁월한 것으로 밝혀지면서 가로수로 사랑받고 있다.

잎과 열매는 약용으로 널리 사용되는 것을 보면 다른 수종에 비해 탁월한 경쟁력을 가져 멸종될 염려가 없는 나무임에 틀림없다. 은행나무가 수천 년간 진화를 멈춘 이유는 완벽한 경쟁력을 갖췄기 때문이다.

> 은행나무가 사람을 이롭게 함으로써 탁월한 경쟁력을 갖춘 것처럼 기업도 세상 사람들이 간절하게 원하는 제품을 계속 생산해 낸다면 항구적인 발전과 함께 불멸성을 가질 것이다.

어느 직원의 기도

저의 게으름으로 인하여
귀중한 생명이 꺼지지 않도록…

저는 인간의 생명을 지키는 고귀한 일을 합니다.

하지만 때때로 고독하고 외로운 직업이라는 생각이 찾아들곤 합니다.

원컨대, 동료들이 저의 일을 차갑게 외면하더라도 의기소침하지 않도록 하여 주십시오.

그럴 때마다 불같은 사명감을 갖도록 저를 일깨워 주십시오.

나약해지거나 용기가 꺾이지 않도록 하여 주십시오.

저의 일은 저 자신에게도 소중하지만 다른 사람에게도 의미가 있고 값진 일이기 때문입니다.

저로 하여금 마음 상한 사람이 있을지라도 생명을 존중하는 선한 마음에서 비롯되었다는 것을 그들이 알게 하여 주십시오.

또한 모든 이들이 자신의 일에 대한 의욕에 앞서 안위를 먼저 생각할 수 있도록 그들에게도 현명함을 주십시오.

'의사는 병든 사람을 치료하지만, 저는 건강한 사람이 한 순간에 목숨을 잃거나 다치지 않도록 한다'는 제 마음 속의 자긍심을 잃지 않도록 격려하여 주십시오.

하지만 이러한 저의 마음이 자만심으로 변질되지 않도록 필요할 때마다 채찍을 들어주십시오.

저의 게으름으로 인하여 귀중한 생명이 꺼지지 않도록 저에게 항상 맑은 의식을 주십시오.

열심히 일할 수 있도록 적당한 건강을 항상 허락하여 주십시오.

최선의 노력으로 하루를 마쳤을 때 오는 피곤함에서 성취감과 기쁨을 누릴 수 있도록 하여 주십시오.

저의 직업의식과 양심에 따라 이 모든 사항을 요구합니다.

함께 근무했던 직원의 노트에 적혀 있던 글이다.

모든 안전관계자가 이 직원처럼 경건하고 진지한 마음으로 업무를 수행한다면 사고를 당하여 고통을 받는 가정이 대폭 줄어들 것이다.

Part 12.

노년에도 청년처럼
살 수 있다

청춘이란?

20세 청년보다
80세 노인이 더 청춘일 수 있다

청춘

청춘이란 인생의 어떤 시기가 아니라 마음가짐을 뜻하나니
장미와 같은 용모, 붉은 입술, 나긋나긋한 손발이 아니라
풍부한 상상력과 왕성한 감수성, 굳건한 의지,
활화산처럼 타오르는 정열을 가리킨다.
청춘이란 소심성을 초월하여 두려움을 물리치는 용기,
안이한 마음을 뿌리치는 모험심을 의미한다.
청춘이란 탁월한 정신력을 뜻하나니
때로는 스무 살의 청년보다 여든 살의 노인이 더 청춘일 수
있네.
우리는 누구나 나이를 더해가는 것만으로는 늙지 않는다.

이상을 잃어버릴 때 비로소 늙는다.

세월은 피부에 주름살이 늘게 할 뿐이지만,

열정을 상실하면 영혼은 주름지고 시든다.

근심, 두려움, 자신감 상실은 기백을 죽이고 정신은 타락되어 먼지가 된다네.

80세든 16세든 인간의 가슴에는 경이로움에 이끌리는 마음,

어린애와 같은 미지에 대한 탐구심,

인생이라는 게임에 대한 흥미와 환희가 있다.

그대와 나의 가슴에

인간과 하나님으로부터 아름다움, 희망, 기쁨, 용기, 힘의 영감을 받는 한 그대는 젊다.

기개를 잃고, 영감이 끊기고, 냉소적인 눈으로 비탄의 얼음에 갇혀질 때 그대는 스무 살일지라도 늙은이라네.

그러나 머리를 치켜들고 기개가 희망의 물결을 붙잡고 있는 한,

그대는 80세라도 청춘으로 살아갈 수 있다.

– 사무엘 울만 –

이 시는 맥아더, 나카소네, 레이건 등 저명인사들이 애송했으며 그들은 노년에 들어서도 젊은이 못지않은 왕성한 활동을 보였다.

주변에는 삶의 의욕을 잃고 무기력한 나날을 보내는 젊은이가 있는가 하면, 80세가 넘어 보이지만 건강한 모습으로 생업에 종사하는 분도 있다.

우리 몸은 어떤 생각을 하느냐에 따라 건강상태가 달라진다고 한다.

노동이나 운동은 우리 몸의 세포를 긴장시키고 젊게 하는 마력이 있다. 하지만 무기력에 빠진 사람의 세포와 조직은 급격히 노령화된다.

'내가 그 일을 하기에 너무 늙었어. 이 나이에 무슨……'이라고 생각한다면 그는 젊은이 일지라도 나이에 상관없이 노인이다.

하지만 마라톤 완주에 도전하는 70세 노인의 몸과 마음은 70세가 아니다.

혈기왕성한 20대로 돌아간 것이다.

"나는 할 일이 많아서 100세까지 살 거야"라고 마음먹으면 휴식을 취하려던 세포가 바짝 긴장하며 "어, 아직도 할 일이 그렇게 많은 거야?"하며 젊은이처럼 신진대사가 활발해진다고 한다.

일에서 보람을 찾고 이마에 흐르는 땀에서 기쁨을 찾는 것이 건강을 위한 필수조건이다.

인생은 노동의 연속이다. 일을 통해서 기쁨을 찾아야 삶이 풍요로워진다.

아침부터 황혼이 질 때까지 움직이고 또 움직이는 사람에게는 병도 쉽사리 다가오지 않는다.

적당한 목표와 성취의지로 몸과 마음을 움직일 때, 건강과 행복은 저절로 찾아온다.

'나이 듦'이란 단점이 아니라 젊은이들에게 없는 풍부한 경험에서 오는 현명함, 자제심, 이해력을 갖춘 완벽한 인간이 되어가고 있음을 의미한다.

성인병에 대한 어르신들의 대화

육식동물은 송곳니가 발달,
사람의 이는 초식동물에 가깝다

전주시 교동에 위치한 전통한옥보존지구에는 태조 이성계의 어진이 봉안된 경기전(사적 339호)이 있다.

여름이면 수백 년 된 고목나무가 우거진 경기전 뜰 안에서 상투를 튼 노인 분들이 세상사는 이야기를 하거나 다양한 주제로 토론을 하면서 시간을 보낸다.

어느 해 그곳을 지나다 나무그늘에서 쉬고 있는데, 그날도 노인 분들이 열띤 토론을 하고 있었다.

주제는 성인병에 관련 된 내용이었다.

그 중 한 분의 인상 깊은 말씀을 소개한다.

그는 성인병을 음식의 급격한 변화에서 원인을 진단하고 있었다.

"풀만 먹고 사는 소는 송곳니가 없고 맷돌처럼 넓적한 어금니가 발달되어 있는 이유를 알아야 해.

풀을 뜯어먹으려면 날카로운 송곳니는 방해만 될 뿐이고 앞니가 평평해야 풀을 뜯기 쉽거든. 또 어금니가 넓적한 것은 맷돌처럼 풀을 잘게 하기 위해서지. 반면에 고기만 먹고 사는 사자나 호랑이는 날카로운 송곳니만 있고 어금니란 게 없어.

이게 육식동물과 초식동물의 두드러진 차이란 말이야.

또 풀은 소화가 잘 안되니까 초식동물은 긴 내장이 필요해. 그래서 소나 염소의 내장이 육식동물보다 훨씬 길쭉한 거야.

육식동물의 내장길이가 형편없이 짧은 이유도 고기는 풀보다 소화가 잘 되기 때문이라고 봐. 그런데 사람의 이를 보면 송곳니는 있는 둥 마는 둥 하는 대신 어금니는 초식동물처럼 잘 발달되어 있단 말이야.

사람의 내장도 상당히 긴 편이고 보면 근본이 초식을 하도록 되어 있단 말이야.

그나마 송곳니가 조금 있다는 것은 어쩌다 한번 정도 고기를 먹으란 뜻이야. 그런데 요즘 사람들은 먹고 살만해졌다고 날마다 고기를 먹어대니 고혈압이니 암이니 하는 병들이 올 수밖에 없다고 봐.

아들놈이 의사인데 그 아이 말을 들어보니 한국 사람은 수천 년 간 쌀과 채소를 먹어 와서 그런지 고기를 먹는 서양 사람보다 대장 길이가 월등하게 길다고 하더란 말이야.

오랫동안 푸성귀만 먹어 오던 사람들이 느닷없이 고기를 끼니마다 먹어대니 몸이 탈이 날 수밖에 없는 거여.

고기와 동물의 젖은 농사를 지을 수 없는 사막에서 사는 사람들이 먹는 음식이란 말이여."

"맞아, 거기는 농사를 지을 수 없으니께 고기라도 먹고 살아야지. 조상대대로 농사를 짓고 살아왔던 우리나라 사람들은 옛날 어른들이 먹어오던 대로만 먹으면 탈이 없어.

조물주가 사람을 만들기를 고기는 어쩌다 한번 먹고 채식을 하며 살라고 했단 말이여. 우리 입속에 조물주의 뜻이 담겨 있는데도 왜 요즈음 사람들은 고기를 더 못 먹어서 환장하는지 몰라. 요즈음 젊은 사람들이 암에 많이 걸리는 것도 다 이유가 있어.

암(癌)자를 뜯어보면 '입 구(口)'자가 3개나 있고 밑에 '뫼 산(山)'자가 있단 말이야.

즉 다른 사람들보다 3배나 많이 산더미처럼 먹으면 걸리는 병이란 뜻이지. 그러니까 음식욕심이 없는 사람은 암을 걱정할 필요가 없다고 봐야 해."

그의 말에 모두들 수긍을 한다는 듯 고개를 끄덕이고 있었다. 한 어른신도 맞장구를 치면서 이렇게 말했다.

"요즘 젊은 것들이 시도 때도 없이 아무데서나 입을 맞추고 허벅지를 드러내고 돌아다니는 것도 다 이유가 있어. 사람이 사람 젖을 먹고 커야 하는데, 태어나자마자 소젖을 먹고 크니까 개나 소처럼 아무데서나 동물 같은 짓들을 하는 것이지."

"아이들이 버르장머리가 없는 것도 다 그 때문인 게야."

신문을 보니 우리나라 남성의 대장암 발병률이 아시아 1위, 세계 4위라고 한다.

여성의 경우도 184개국 중 19번째로 높다고 한다.

20년 후인 2030년경에는 대장암 발병률이 현재의 두 배까지 급증할 것이라는 전망도 내놨다.

육식을 주로 하는 미국, 영국 등 구미국가보다 높은 수치다. 또 위암, 폐암, 간암 등 다른 병의 발병률이 하락하고 있는 것과 대비되는 결과다.

의사들은 그 원인을 육류 위주의 서구화된 식습관, 과도한 업무 스트레스, 음주, 흡연 등이라며 국가 차원에서 대장암 조기진단에 필수적인 대장 내시경 검사를 활성화하기 위한 제도적 지원이 필요하다고 한다.

또 대장암을 조기에 발견하고 예방할 수 있는 최선의 방법은 정기적으로 대장 내시경 검사를 받는 것이라고 한다.

하지만 의사들의 처방이 근원적 해결방법은 아니라고 생각한다.

신영수 세계보건기구 서태평양지역 사무처장은 '채식위주의 식사를 하던 농경사회 유전자를 가진 아시아인들이 서구식 지방질 식사를 과도하게 하면서 당뇨병이 폭증하고 있다'고 말한 것을 보면 어르신들 대화를 무시할 수 없다.

전주 경기전의 어르신들 대화내용을 한낱 시골 노인네들의 고리타분한 이야기라고 치부할 것이 아니라 그들의 지혜와 경험에서 오는 가르침을 주의 깊게 새겨야 한다고 본다.

술! 어떻게 마실 것인가?

'술'이란 한자에 닭이 포함된 이유

우리나라 사람들은 다른 나라에 비해서 음주량이 많다고 한다.

술을 서로 권하는 독특한 음주문화가 폭음의 한 요인 같다.

마치 술을 마시는 양과 우정이 비례하는 것처럼 만취한 상태에서도 서로 술을 권한다.

그로인해 건강을 해치기도 하고 음주운전행위로 인하여 본인은 물론 타인에게 커다란 피해를 주기도 한다.

실제로 주변에서 음주운전이나 취중 폭행사고 등으로 큰 고생을 치르는 사람을 가끔 본다. 그런데 술자리를 함께 했던 친구들이 곤욕을 치르는 친구를 진심으로 걱정하며 문제를 해결하려고 애를 써주는 경우는 못 봤다.

애써 바쁜 척하며 내심 '내가 당하지 않은 게 천만다행이다'고 생각하며 가슴을 쓸어내릴 뿐이다.

결국 돈독했던 술자리의 우정도 금이 가게 된다.

이처럼 과도한 음주는 심신이 건강한 사람을 파멸시킬 뿐만 아니라 경제적으로도 궁핍하게 되어 가족에게도 고통을 준다.

바다는 배를 띄우기도 하지만 가라앉히기도 하는 것처럼 술은 인간관계를 좋게 하기도 하지만 파멸시키기도 한다.

유대인들의 경전인 탈무드에도 술에 대한 가르침이 기록되어 있다.

아주 오래 전에 인간이 포도나무를 심고 있는데 악마가 물었다.

"이게 무슨 나무인가?"

"이 나무의 즙을 마시면 아주 행복해진다네."

"그래? 그럼 나도 거들어 줘야겠군."

악마는 양과 사자, 원숭이, 돼지를 끌고 와 그 피를 거름으로 쏟아 부었다.

그래서 붉은 포도주가 생겨났는데 처음 마실 때는 양처럼 순하지만, 좀 더 마시면 원숭이처럼 춤을 추거나 노래를 부르게 된다.

계속 더 마시면 사자처럼 난폭해지고, 그보다 더 마시면 돼지처럼 추해진다.

이것이 바로 악마가 인간에게 준 선물이라고 한다.

그럼 어떻게 술을 마셔야 하는가?

술(酒)이라는 한자를 보면 삼수변에 '닭유' 자를 조합해서 만들었음을 알 수 있다.

술은 액체이므로 삼수변이 포함된 것은 이해할 수 있다.

그런데 닭유 자가 포함된 것은 무슨 이유일까?

술과 닭이 무슨 관계가 있을까? (술을 마실 때는 닭고기를 안주로 먹어야 한다고 생각하는 독자가 있을지도 모르겠다.)

닭은 물을 마실 때 한 모금 씩 천천히 마신다.

결코 급히 마시는 법이 없다.

한 모금을 입안에 넣고 뒤로 고개를 젖히면서 천천히 마신다.

마신 후에도 바로 고개를 숙이지 않는다.

고개를 돌려 옆도 보고 솔개가 올지 모르는 하늘을 살펴보기도 하다가 느긋하게 고개를 숙여 또 한 모금 들이킨다.

또한 닭은 물을 많이 마시지 않는다.

사람이 술을 마실 때도 닭이 물을 마시는 것처럼 천천히 조금씩만 마시라는 뜻으로 술(酒)에 닭유가 포함된 것은 아닐까?

건강하게 장수하려면?

먹고 마시는데서 즐거움 찾으면 안 돼

인간이 건강을 유지하는데 있어 에너지의 수지균형은 매우 중요하다.

에너지의 수입은 식사이며 지출은 작업이나 운동이다.

한국인의 평균 에너지 수지타산은 1일 400Kcal가 흑자라고 한다.

경제는 흑자경영을 해야 좋지만 인체에 필요한 에너지를 흑자경영하면 문제가 생긴다.

에너지를 흑자경영(과다섭취)하면 제일 먼저 비만이 온다.

비만은 성인병의 촉매제 역할을 하여 고혈압, 당뇨병, 암 등을 유발시킨다. 그러므로 과식은 자신의 입으로 스스로 무덤을 파는 것과 같다.

장수하고 싶거든 배가 부르기 전에 식사를 끝내는 습관을 가져야 한다.

백세 이상 장수한 사람의 공통점은 "한 숟갈 만 더 먹고 싶을 때 수저를 과감하게 놓았다"고 말하고 있다.

그래서 건강하게 장수한 사람치고 뚱뚱한 사람은 없다.

값비싼 음식을 과식하여 비대해진 몸을 시간과 돈을 들여 감량하는 것은 커다란 낭비다.

숨을 헐떡이며 자신의 불필요한 살을 저주하는 것은 기아에 허덕이는 아프리카 어린이들에 대한 반인륜적인 행위이기도 하다.

넘치는 식욕을 억제하고 식사량을 조절하는 습관을 가져야 한다.

먹고 마시는 데서 즐거움을 찾으면 비만이 온다.

운동이나 자기수양, 자신의 목표를 달성한데서 오는 성취감과 기쁨을 찾아야 건강을 유지할 수 있다.

맛있다고 목까지 차도록 먹는 것은 내장기관을 혹사시키고 노화를 촉진시키는 결과 만 초래할 뿐이다.

대부분의 사람들은 하루에 밥 세끼를 먹는다.

농경시대에 고된 노동을 하기 위해서는 밥 세끼가 필요했을 법하다.

채식위주의 식사를 하는 농경민족은 영양균형을 맞추기 위해서라도 충분히 먹어야 했을 것이다.

하루에 밥 세끼를 먹는 것은 농경시대의 유물인 셈이다.

하지만 도시인은 말할 것도 없고 농기계에 의존하여 농사 짓는 요즈음은 상황이 달라져 육체적인 노동이 심하지 않다.

그래서 기름진 음식과 패스트푸드가 널려있는 현 시대에 하루 밥 세끼는 영양을 과잉섭취 할 우려가 높다.

그런데도 하루 밥 세끼가 공식화되어 배가 고프지 않아도 습관적으로 먹는다.

이것이 현대인을 괴롭히는 비만의 주요인이다.

적게 먹어 탈이 나는 경우는 거의 없으므로 배가 고프지 않으면 음식을 먹지 말아야 한다.

25년 동안 냉수 한잔이 아침식사의 전부였지만 지금껏 건강에 이상이 없다. (아침을 굶기 시작한 이유는 새벽잠이 많아 잠을 좀 더 자보려는 욕심 때문이었다.)

몇 년 전 공사기간이 촉박한 현장에서 근무할 때는 매일 밤 늦게까지 야근이 계속되어 잠이 몹시 부족했다.

그래서 3년여 동안 아침과 점심은 냉수 한 잔 마시고 저녁은 채식으로 한 끼 식사를 했지만 몸무게만 4킬로그램 줄었을 뿐 건강에는 아무런 이상이 없었다.

당시 한 잔의 냉수는 영혼까지도 맑게 해주는 지상에서 가장 싸고 가장 맛있는 음식이었으며 저녁에 먹는 한 끼의 식사는 별 다른 반찬이 없어도 꿀맛이었다.

농부에 대한 감사하는 마음을 반찬 삼아 먹는 것만으로도 충분할 만큼 밥맛이 좋았다.

적당한 공복감은 세포를 활성화하고 항상 맑은 의식을 갖게 하여 업무능률도 향상시켰다. 그러므로 하루에 밥을 세끼 먹어야 할 의무감이나 책임의식 따위는 가질 필요가 없다.

한 끼라도 굶으면 건강을 해칠까 두려워 기름진 식사로 억척스럽게 배를 채우는 것은 위장만 혹사시킬 뿐이며 포만감에 짓눌린 신경과 세포는 질식할 것이다.

살을 빼느라 비대해진 몸을 학대하는 것보다는 적게 먹는 것이 훨씬 윤리적이고 건강에도 좋다.

직립보행을 하는 인간이 네 발로 걷는 하마와 같은 몸을 갖는다면 자연스럽지 못하다. 마치 여드름투성이의 피부미용학원 원장을 보는 것처럼 어색할 뿐이다.

그러므로 가장 편안하고 쉬운 건강유지법은 적당히 먹고 편안한 생활방식을 벗어나 많이 움직이는 것이다.

신선한 물과 채소에 약간의 곡물로 배를 채워도 영양실조에 걸릴 일은 없다.

운동량이 부족한 사람은 더욱 그렇다.

'우유를 마시는 사람보다 우유를 배달하는 사람이 더 건강하다'는 영국속담을 되새겨 봐야 한다.

록펠러의 교훈

욕심 버리고 감사한 마음 가지니 장수

미국의 철강 왕 록펠러는 주인형 경영자였다.

회사의 모든 상황을 혼자 챙겨보고 결정해야 직성이 풀리는 사람이었다. 그래서 직원들은 편했지만 그의 삶은 고달프고 피곤한 생활의 연속이었다.

말 그대로 '풍요속의 빈곤'이었다.

오랫동안 회사경영을 하느라 만성적인 피로와 스트레스를 견디다보니 몹쓸 병에 걸리고 말았다.

무리한 욕심이 화를 부른 것이다.

53세에 세계최고의 부자가 되었지만 몸이 극도로 쇠약해진 그는 우유와 크래커 몇 조각으로 목숨을 연명하는 신세가 되고 말았다.

먹지도 못하고 잠도 제대로 못자는 비참한 나날들이 이어졌다.

의사는 그가 1년 이상 이상 살지 못한다고 진단했다.

"내 인생이 1년 밖에 남지 않았단 말인가?"

"그렇다면 내가 가진 이 많은 돈이 무슨 의미가 있단 말인가?"

그는 낙심한 채 모든 욕심을 버리기로 하고 경영에서 손을 뗐다.

재산의 절반을 좋은 일에 사용하도록 하고 속세를 벗어나다시피 했다. 그러자 얼마 후 병도 완쾌되었고 회사는 그가 독점적 경영을 했을 때보다 경영성과가 엄청나게 좋아졌다.

회사의 주식가치도 몇 배로 뛰어 그가 기부한 재산의 몇 배로 불어났다.

무리한 욕심보다는 평온하고 감사하는 마음이 가져온 결과다.

의사로부터 1년을 넘기기 어렵다는 시한부 인생을 선고받았지만, 그는 100세 가까이 살았으며 편안하게 눈을 감았다고 한다.

신이 빚은 작품

인간은 왜, 맨 나중에 창조됐을까?

건축가들은 인체를 건축물에 비유하곤 한다.

우리 몸을 지탱하는 뼈는 철근에 해당하고 살은 콘크리트와 같다. 그리고 핏줄과 신경은 각종 배관과 전기통신선과 역할이 같다는 것이다.

우리가 땀과 오줌 등을 배출하듯이 건물도 지속적으로 폐기물을 쏟아내는 것을 보면 건축가들의 비유가 적절한 것 같다. 그래서 건축가들은 뼈와 살을 주재료로 삼아 자기 나름의 방법으로 창조물을 설계한다는 자부심이 있다고 한다.

그런데 신학자들은 생각이 다르다.

모든 생명체는 신의 창조물이라고 한다.

그들의 주장에 의하면 인간은 뭇 동물을 만든 후 맨 나중에 창조하였다.

인간의 육체는 신 자신이 머물러야 할 집이었기 때문에 치밀한 설계를 토대로 가장 정교하게 만들어야만 했기 때문이다.

얼마나 신경을 써서 만들었는지 인간을 만든 후 7일째 되는 날에는 전지전능한 신께서도 하루를 쉬었다고 한다.

우리의 육체에는 영혼과 함께 우리를 창조한 신이 머물고 있는 신전이다.

그래서 신이 깃들어 있는 우리도 7일째 되는 일요일에 휴식을 취하는지도 모른다.

그런데 정교하게 건축된 신전들이 관리소홀로 균열이 생기기도 하고 무너지기도 한다.

허물어져 황폐화된 신전에는 신도 머물지 않을 것이다.

우리의 생명은 쓸데없이 우연히 주어진 것이 아니다.

우리는 이 세상에 인간으로 태어난 특별한 이유가 있다.

신이 우리에게 생명을 부여한 이유가 무엇일까?

인간은 신으로부터 육체라 불리는 신전을 관리하도록 위임받은 관리자들이다.

그러므로 신전을 함부로 다루거나 망가트리는 일이 없도록 잘 보존해야만 한다.

그렇지 않으면 신이 관리자의 생명을 거두어 갈지도 모른다.

우리는 매일 순간마다 자신을 뒤돌아봐야 한다.

-내가 지금 무슨 일을 하고 있는지?

-신이 위임한 의무를 다하고 있는지?

-신이 빚은 걸작품을 함부로 대하고 있지는 않은지?

우리 주변에는 신이 주신 몸을 함부로 취급하여 망가트리는 사람이 많다.

불요불급한 흡연과 지나친 음주로 병을 얻어 병원에 누워 있는 사람.

자신의 안전을 소홀히 하여 각종 사고를 당한 사람.

식욕을 참을 수 없어 비만으로 고생하는 사람.

이들은 모두 신의 각별한 배려를 모르는 사람들이다.

생명에 대한 외경심으로 자신을 되돌아봐야 한다.

우리는 각자 신이 빚은 작품을 존중해야한다.

나의 신체는 나의 것이 아니다.

신이 잠시 맡겨둔 관리자일 뿐이다.

관리자로서 역할을 충실히 할 때 인간의 영혼도 신이 머무는 신전에 오래도록 머물 수 있을 것이다.

불면증 치료방법

남이 잔다고
나도 같이 억지로 잘 필요 없어…

요즈음 불면증으로 고통 받는 사람들이 많다고 한다.

그런데 불면증은 육체노동자에게는 나타나지 않는다.

주로 정신근로자나 주부들이 불면증을 호소하며 병원을 찾는다.

불면증은 피로강도가 적거나 극심한 갈등, 번뇌, 고민 등이 있을 때 나타난다. 하지만 잠이 저절로 올만큼 피로도가 쌓이면 졸음이 오기 마련이다.

즉 불면증은 잠이 부족하지 않거나 육체적인 운동량이 부족한 사람에게 오는 자연스런 현상이지 병이 아니다.

잠이 오지 않는데도 굳이 억지로 잠을 청하려니 짜증스러운 것이다.

남들이 다 잠자는 시간이라고 나도 같이 잘 필요는 없다.

'시간은 금보다 값지다'라는 말이 있듯이 오지 않는 잠을 억지로 청하면서 짜증낼 게 아니라 그 시간을 활용해야 한다.

운동을 하면서 심신을 단련하거나 산책을 하면서 내일의 계획을 다듬는 것도 좋다.

자신에게 온전하게 주어진 그 시간을 생산적인 활동에 사용한다면 잠이 오지 않는 현상을 오히려 즐거워해야 한다.

잠이 오지 않는 현상을 병으로 생각하고 병원을 찾는 것은 부질없는 일이다.

의사는 기껏해야 신경안정제나 몇 알 줄 것이다.

우리 몸의 생체리듬은 정교한 메커니즘에 의해서 움직이므로 잠이 오지 않는다고 걱정할 필요가 없다.

오히려 더 열심히 일을 하거나 생산적인 활동을 하라는 우리 몸의 강력한 신호로 받아 들여야 한다.

시골 머슴이 '잠이 오지 않아서 잠을 못 잤다'는 말은 이제껏 들어보지 못했다.

잠이 오지 않는 시간을 적극적으로 활용하여 유쾌하고 즐거운 인생으로 가꾸어야 한다.

사라지는 역사의 산 증인들

늙은 말이 위기탈출 출구 찾아

춘추시대에 제나라 환공이 군사를 이끌고 연나라를 도와 산융족을 토벌하기 위해 전쟁에 나섰다.

하지만 투항한 척 계략을 핀 산융의 장수에게 속아 첩첩산 중 깊은 골짜기에서 길을 잃고 말았다.

삭막한 유목민족의 땅에 혹독한 겨울이 찾아와 출구를 찾지 못하면 꼼짝없이 죽을 판이었다.

이때 재상 관중이 말하길 '늙은 말을 앞세우면 능히 길을 찾을 수 있습니다'라며 말의 고삐를 풀어 앞길을 인도하도록 했다.

제나라 군사들은 경험이 많은 말들을 따라감으로써 미로에서 벗어나 무사히 귀로에 오를 수 있었다고 전해진다.

우리가 주목해야 할 것은 제환공이 추위와 배고픔에 시달리면서도 늙은 말들을 버리지 않았다는 점이다.

만약 기동력이 떨어지는 늙은 말들을 버리고 행군을 했더라면 계곡에 갇혀 모두 죽었을 것이다.

요즈음 신문지상에 노부부가 스스로 목숨을 끊었다는 기사를 자주 본다.

그들은 조국을 위해 목숨을 걸고 전쟁을 치렀으며, 험난한 보릿고개를 넘는 어려운 여건 속에서도 자식들을 훌륭히 키워낸 분들이다.

자식이 잘못되면 "내 잘못입니다. 내가 잘못 가르쳐서 그렇습니다"라며 부모자신의 잘못으로 자책하는 사람들이 대한민국의 어버이들이다.

심지어 자식의 키가 작은 것도 "내가 잘 먹이지 못해서 키가 작다"고 가슴 아파했다.

이렇듯 자식에게 정성을 쏟아 훌륭히 키워낸 그들은 여생을 건강하고 행복하게 살 권리가 있다.

떠나는 배는 환송박수를 받지만, 거친 파도와 수많은 역경을 극복하고 무사히 항해를 마친 배를 환영하지 않는 것은 큰 잘못이다.

오늘의 대한민국이 있게 한 세대들이 비참한 죽음을 선택하도록 방관하는 것은 도리가 아니다.

험난했던 시대를 이겨낸 그분들의 수많은 경험과 귀중한

지식들도 함께 사라지는 것 같아 안타깝다.

강인하고 끈질긴 의지로 생사를 오가는 전쟁도 극복했지만, 계속되는 생활고와 외로움에 지쳐 고단한 삶을 포기하는 것이다.

갈수록 어려워지는 국제정세 속에서 우리가 나아갈 길을 물어야 할 그분들이 버림받아서는 안 된다.

더 늦기 전에 그분들이 최악의 선택을 하지 않도록 배려를 해야 한다.

역사의 산 증인들이 간직하고 있는 경험과 지혜는 위기를 극복할 수 있는 처방이며 국가의 소중한 자산이다.

입에 쓴 약이 중병을 고치는 특효약인 것처럼 누군가를 올바른 길로 이끌어주는 말일수록 귀에 거슬리는 경우가 많다.

삶에 풍요로움을 더하거나 위기를 벗어나는데 도움이 될 진심어린 충고나 제언이더라도 예외가 아니다.

최근 서점가에 매달 쏟아져 나오는 수백 권의 책들 가운데 한 권의 책을 고르는데도 이와 비슷한 상황을 가정해 볼 수 있다. 정상적인 생각이나 가치관, 규범을 송두리째 부정하거나 뒤집어놓은 기상천외한 정치, 경제, 사회변혁 논리를 펼치는 책들이 세간의 화제로 떠오르는가하면 정관계 인사들의 스캔들이나 그들과의 은밀한 치정관계를 폭로하는 선정적인 내용의 책들이 독자의 호기심을 자극해 베스트셀러 목록에 오르기도 한다.

그러나 이 같은 베스트셀러에 호기심을 느낀 독자들이 과연 새로운 실체적 진실을 발견했거나, 세상을 새롭게 바라다보는 성숙한 안목을 갖게 되었는지는 의문이다.

그래서 독자를 유혹하려는 기발하고 달콤한 문구나 호기심을 자극하는 충격적이거나 선정적인 내용은 배제하고 명약처럼 입에 쓰지만 행복한 삶을 누리는데 조금이나마 도움이 되는 책을 만들기 위해 나름 최선을 다했다.

돌이켜보면 많은 사람들이 별다른 생각 없이 안전규정을 소홀히 하여 개인의 불행은 물론 대형사고로 이어져 막대한 인명 및 재산손실을 빚은 사례들이 얼마나 많은가?

결국 철저한 안전생활이 개인과 기업의 성장과 발전은 물론이고 가정의 행복을 이루고 국가의 경쟁력을 높이는 핵심적 요소이다.

그래서 단순히 건설현장에서 벌어진 안전과 관련된 단편적인 에피소드가 아니라 어느 누구라도 일상생활 속에서 흔히 접할 수 있는 친숙하면서도 흥미로운 사례들을 담았다.

이 책을 계기로 많은 분들이 평소의 생활태도를 되돌아보고 앞으로 스스로의 행복과 발전을 위해 어떤 대비를 해야 할지 진지하게 고민하고 개선방향을 찾았기를 기대한다.